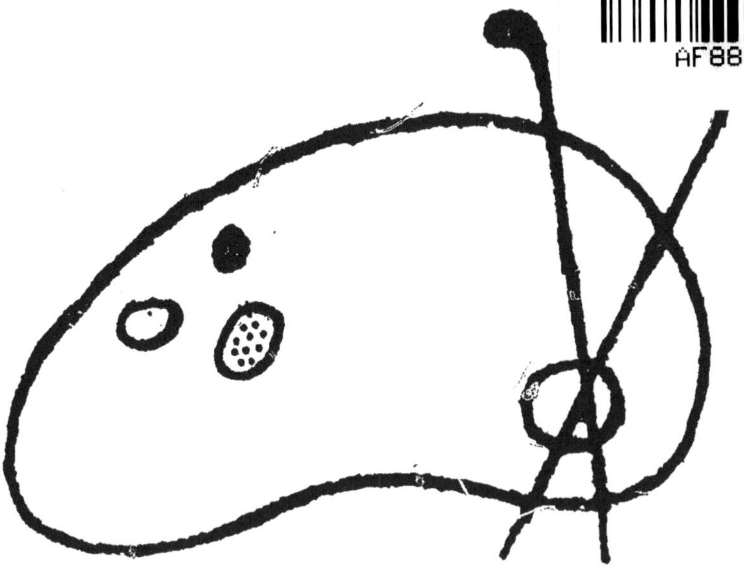

Début d'une série de documents
en couleur

COLLECTION D'AUTEURS ÉTRANGERS

ŒUVRES COMPLÈTES DE FRÉDÉRIC NIETZSCHE

PUBLIÉES SOUS LA DIRECTION DE HENRI ALBERT

FRÉDÉRIC NIETZSCHE

Considérations inactuelles

DEUXIÈME SÉRIE

Schopenhauer éducateur

Richard Wagner à Bayreuth

TRADUIT PAR

HENRI ALBERT

PARIS

MERCVRE DE FRANCE

XXVI, RVE DE CONDÉ, XXVI

MCMXXII

MERCVRE
DE
FRANCE

Paraît le 1er et le 15 du mois.

DIRECTEUR : ALFRED VALLETTE

Le *Mercure de France*, fondé en 1890, est à la fois une revue de lecture comme toutes les revues et une revue documentaire d'actualité. Chacune des livraisons se divise en deux parties très distinctes. La première est établie selon la conception traditionnelle des revues en France, et, en même temps que toutes les questions dans les préoccupations du moment y sont traitées, on y lit des articles ou des études d'histoire littéraire, d'art, de musique, de philosophie, de science, d'économie politique et sociale, des poésies, des contes, nouvelles et romans. La seconde partie est occupée par la « Revue de la Quinzaine », domaine exclusif de l'actualité, qui expose, renseigne, rend compte avec des aperçus critiques, attentive à tout ce qui se passe à l'étranger aussi bien qu'en France et à laquelle n'échappe aucun événement de quelque portée.

Le *Mercure de France* paraît en copieux fascicules in-8, formant dans l'année 8 forts volumes d'un maniement aisé. Une table générale des Sommaires, une Table alphabétique par noms d'Auteurs et une Table chronologique de la « Revue de la Quinzaine » par [illegible] que des Rubriqu[illegible] avec le numéro [illegible] et permettent les [illegible] rapides dans la masse considérable d'environ 7.000 pages que comprend l'année complète.

Il n'est pas inutile de signaler que le *Mercure de France* donne plus de matières que les autres grands périodiques français et qu'il coûte moins cher.

Envoi franco d'un numéro spécimen sur demande adressée 26, rue de Condé, Paris-6e

POITIERS. — IMP. MARC TEXIER

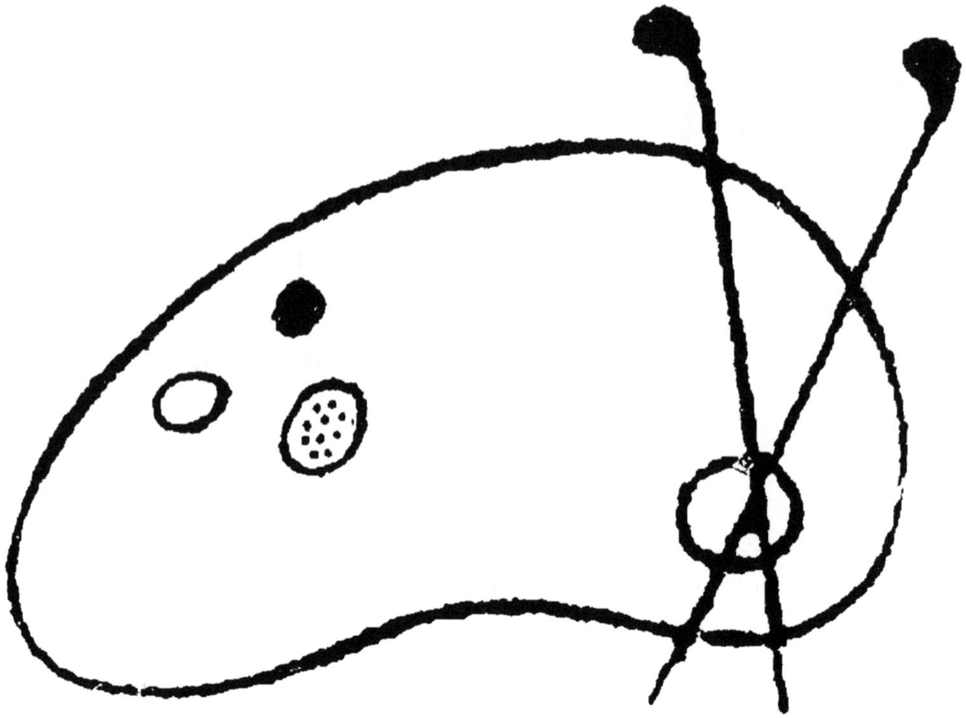

Fin d'une série de documents
en couleur

CONSIDÉRATIONS INACTUELLES

DEUXIÈME SÉRIE

OUVRAGES DU MÊME AUTEUR :

PAGES CHOISIES, publiées par HENRI ALBERT, avec une préface. Portrait de Frédéric Nietzsche gravé sur bois par JULIEN TINAYRE .... 1 vol.

L'ORIGINE DE LA TRAGÉDIE, ou *Hellénisme et Pessimisme*, traduit par JEAN MARNOLD et JACQUES MORLAND....... 1 vol.

CONSIDÉRATIONS INACTUELLES *(David Strauss. Les Etudes historiques)*, traduit par HENRI ALBERT................ 1 vol.

HUMAIN, TROP HUMAIN (Ire partie), traduit par A.-M. DESROUSSEAUX .... 2 vol.

LE VOYAGEUR ET SON OMBRE, *Opinions et Sentences mêlées (Humain, trop humain*, IIe partie), traduit par HENRI ALBERT.................................. 1 vol.

AURORE *(Réflexions sur les Préjugés moraux)* ; traduit par HENRI ALBERT.................................. 1 vol.

LE GAI SAVOIR *(La Gaya Scienza)*, traduit par HENRI ALBERT 1 vol.

AINSI PARLAIT ZARATHOUSTRA, traduit par HENRI ALBERT.. 1 vol.

PAR DELA LE BIEN ET LE MAL, *Prélude d'une philosophie de l'Avenir*, traduit par HENRI ALBERT................. 1 vol.

LA GÉNÉALOGIE DE LA MORALE, traduit par HENRI ALBERT.. 1 vol.

LE CRÉPUSCULE DES IDOLES, LE CAS WAGNER, NIETZSCHE CONTRE WAGNER, L'ANTÉCHRIST, traduits par HENRI ALBERT.................................. 1 vol.

LA VOLONTÉ DE PUISSANCE, *Essai d'une transmutation de toutes les valeurs*, traduit par HENRI ALBERT............ 2 vol.

ECCE HOMO, suivi des POÉSIES, traduit par HENRI ALBERT.. 1 vol.

ŒUVRES COMPLÈTES DE FRÉDÉRIC NIETZSCHE
PUBLIÉES SOUS LA DIRECTION DE HENRI ALBERT

FRÉDÉRIC NIETZSCHE

Considérations inactuelles

DEUXIÈME SÉRIE

Schopenhauer éducateur
Richard Wagner à Bayreuth

TRADUIT PAR

HENRI ALBERT

PARIS
MERCVRE DE FRANCE
XXVI, RVE DE CONDÉ, XXVI

MCMXXII

IL A ÉTÉ TIRÉ :

12 exemplaires sur Hollande van Gelder numérotés à la presse de 1 à 12.

JUSTIFICATION DU TIRAGE :

660

I

SCHOPENHAUER ÉDUCATEUR

(1874)

I.

Ce voyageur, qui avait vu beaucoup de pays et de peuples, et visité plusieurs parties du monde, et à qui l'on demandait quel était le caractère général qu'il avait retrouvé chez tous les hommes, répondait que c'était leur penchant à la paresse. Certaines gens penseront qu'il eût pu répondre avec plus de justesse : ils sont tous craintifs. Au fond, tout homme sait fort bien qu'il n'est sur la terre qu'une seule fois, en un exemplaire unique, et qu'aucun hasard, si singulier qu'il soit, ne réunira, pour la seconde fois, en une seule unité, quelque chose d'aussi multiple et d'aussi curieusement mêlé que lui. Il le sait, mais il s'en cache, comme s'il avait mauvaise conscience. Pourquoi ? Par crainte du voisin, qui exige la convention et s'en enveloppe lui-même. Mais qu'est-ce qui force l'individu à craindre le voisin, à penser, à agir selon le mode du troupeau, et à ne pas être content de lui-même ? La pudeur peut-être chez certains, mais ils sont rares. Chez le plus grand nombre, c'est le goût des aises, la nonchalance, bref ce penchant à la paresse dont parle le voyageur. Il a raison : les hommes sont encore plus paresseux que craintifs, et ce qu'ils craignent le plus ce sont les embarras que leur occasionneraient la sincérité et la loyauté absolues. Les artistes seuls détestent cette attitude relâchée, faite de convention et d'opinions empruntées, et ils dévoilent le mystère, ils montrent la mauvaise conscience de chacun, affirmant que tout homme est un mystère unique. Ils osent nous montrer l'homme tel qu'il est lui-même et lui seul, jusque dans tous ses mouvements musculaires; et mieux encore, que, dans la stricte conséquence de son individualité, il est beau et digne d'être contemplé, qu'il est nouveau et incroyable comme toute œuvre de la nature, et nullement ennuyeux. Quand le grand penseur méprise les hommes, il méprise leur paresse, car c'est à cause d'elle qu'ils ressemblent à une marchandise fabriquée, qu'ils paraissent sans intérêt, indignes qu'on s'occupe d'eux et qu'on les éduque. L'homme qui ne veut pas faire partie de la masse n'a qu'à cesser de s'accommoder de celle-ci; qu'il obéisse à sa conscience qui lui dit : «Sois toi-même ! Tout ce que tu fais maintenant, tout ce que tu penses et tout ce que tu désires, ce n'est pas toi qui le fais, le penses et le désires.»

Toute jeune âme entend cet appel de jour et de nuit, et il la fait frémir, car elle devine la mesure de bonheur qui lui est départie de toute éternité quand elle songe à sa véritable délivrance. Mais ce bonheur elle ne saurait l'atteindre d'aucune façon, tant qu'elle demeure prisonnière dans les chaînes des opinions et de la crainte. Et combien, sans cette délivrance, la vie peut être désespérante et dépourvue de signification ! Il n'y a pas, dans la nature, de créature plus morne et plus répugnante que l'homme qui a échappé à son génie, et qui maintenant louche à droite et à gauche, derrière lui et partout. En fin de compte, on ne peut plus même attaquer un pareil homme, car il est tout de surface, sans noyau véritable ; il est comme un vêtement défraîchi, mis à neuf et que l'on fait bouffer, comme un fantôme galonné qui ne peut plus inspirer la crainte et certainement pas la pitié. Si l'on dit à juste titre du paresseux qu'il tue le temps, il faut veiller sérieusement à ce qu'une époque qui place son salut dans l'opinion publique, c'est-à-dire dans la paresse privée, soit véritablement une fois mise à mort ; je veux dire par là qu'elle doit être rayée de l'histoire de la délivrance véritable de la vie. Combien grande devra être la répugnance des générations futures, lorsqu'elles auront à s'occuper de l'héritage de cette période au cours de laquelle ce ne furent pas des hommes vivants qui gouvernèrent, mais des apparences d'hommes pensant publiquement. A cause de cela notre époque passera peut-être, aux yeux de quelque lointaine postérité, pour la tranche la plus obscure et la plus immense de l'histoire, parce que la plus inhumaine.

Je parcours les nouvelles rues de nos villes et j'imagine que de toutes ces affreuses maisons construites par la génération de ceux qui pensent publiquement il ne restera plus rien dans un siècle et qu'alors les opinions de ces constructeurs de maisons se seront probablement écroulées elles aussi. Combien, au contraire, ceux qui n'ont pas le sentiment qu'ils sont les citoyens de ce temps ont le droit d'être pleins d'espérance. S'ils étaient de ce temps ils contribueraient à sa destruction et périraient avec lui, tandis qu'au contraire ils veulent éveiller le temps à une vie nouvelle, pour se perpétuer dans cette vie même.

Mais, lors même que l'avenir ne nous laisserait rien espérer, la singulière existence que nous menons, précisément dans cet « aujourd'hui », nous encourage le plus fortement à vivre selon notre propre mesure, conformément à nos propres lois. N'est-il pas inexplicable que nous vivions en ce moment, alors qu'un temps infini nous a formés, que nous ne disposions que de notre brève existence actuelle, au cours de laquelle nous devons montrer pourquoi et dans quel dessein nous sommes nés précisément aujourd'hui ? Nous avons à répondre de notre existence devant nous-mêmes ; c'est pourquoi nous voulons être aussi les véritables pilotes de cette existence et ne pas permettre que notre vie ressemble à un hasard sans idées directrices. Il faut la traiter avec quelque peu d'audace et l'envisager dangereusement, d'autant plus qu'au meilleur comme au pire des cas, il ne peut nous arriver que de la perdre. Pourquoi s'attacher à cette glèbe, pourquoi tenir à tel métier, pourquoi tendre l'oreille pour écouter ce que dit le voisin ? C'est bien « petite ville » que de s'engager à des opinions qui ne comptent plus à des centaines de lieux de distance. L'orient et l'occident n'ont d'autre valeur que celle de quelques traits à la craie que quelqu'un dessine devant nos yeux pour se moquer de notre poltronnerie.

« Je veux faire l'essai de parvenir à la liberté », se dit la jeune âme ; et elle devrait en être empêchée parce que le hasard veut que deux nations se haïssent et se combattent, ou qu'il y ait une mer entre deux parties du monde, ou qu'autour d'elle on enseigne une religion qui, pourtant, il y a quelques milliers d'années, n'existait pas encore. « Tout cela, ce n'est pas toi, se dit-elle. Personne ne peut te construire le pont sur lequel toi tu devras franchir le pont de la vie, personne hormis toi seul. » Il est vrai qu'il existe d'innombrables sentiers et d'innombrables ponts et d'innombrables demi-dieux qui veulent te conduire à travers le fleuve ; mais le prix qu'ils te demanderont ce sera le sacrifice de toi-même ; il faut que tu te donnes en gage et que tu te perdes. Il y a dans le monde un seul chemin que personne ne peut suivre en dehors de toi. Où conduit-il ? Ne le demande pas. Suis-le. Qui donc a prononcé ces paroles : « un homme ne s'élève jamais plus haut que lorsqu'il ne sait pas où son chemin peut le conduire ? » Mais comment pouvons-nous nous retrouver nous-mêmes ? Comment l'homme peut-il se connaître ? Ce sont là des questions difficiles à résoudre. Si le lièvre a sept peaux, l'homme peut s'en enlever sept fois septante sans qu'il puisse dire ensuite : « Cela est maintenant véritablement toi, ce n'est plus seulement une enveloppe. » De plus, c'est là un geste cruel et dangereux que de fouiller ainsi soi-même sa chair pour descendre brutalement, par le plus court chemin, dans le fond de son être. Comme il arrive facilement qu'on se blesse, sans qu'aucun médecin puisse nous guérir ! A quoi cela servirait-il, en outre, si tout témoigne de notre être, nos amitiés et nos inimitiés, notre regard et nos serrements de mains, notre mémoire et ce que nous oublions, nos livres et les traits de notre plume ? Mais il y a un moyen pour faire cette enquête importante.

Que la jeune âme jette un coup d'œil sur sa vie passée et qu'elle se pose cette question : Qui as-tu véritablement aimé jusqu'à présent ? Qu'est-ce qui t'a attiré et, tout à la fois, dominé et rendu heureux ? Fais défiler devant tes yeux la série des objets que tu as vénérés.

Peut-être leur essence et leur succession te révèleront-elles une loi, la loi fondamentale, de ton être véritable. Compare ces objets, rends-toi compte qu'ils se complètent, s'élargissent, se surpassent et se transfigurent les uns les autres, qu'ils forment une échelle dont tu t'es servi jusqu'à présent pour grimper jusqu'à toi. Car ton essence véritable n'est pas profondément cachée au fond de toi-même ; elle est placée au-dessus de toi à une hauteur incommensurable, ou du moins au-dessus de ce que tu considères généralement comme ton moi. Tes vrais éducateurs, tes vrais formateurs te révèlent ce qui est la véritable essence, le véritable noyau de ton être, quelque chose qui ne peut s'obtenir ni par éducation ni par discipline, quelque chose qui est, en tous les cas, d'un accès difficile, dissimulé et paralysé. Tes éducateurs ne sauraient être autre chose pour toi que tes libérateurs.

C'est le secret de toute culture, elle ne procure pas de membres artificiels, un nez en cire ou des yeux à lunettes ; par ces adjonctions on n'obtient qu'une caricature de l'éducation. Mais la culture est une délivrance ; elle arrache l'ivraie, déblaye les décombres, éloigne le ver qui blesse le tendre germe de la plante ; elle projette des rayons de lumière et de chaleur ; elle est pareille à la chute bienfaisante d'une pluie nocturne. Imitant et adorant la nature, lorsque celle ci est maternelle et compatissante, elle accomplit l'œuvre de la nature lorsqu'elle prévient ses coups impitoyables et cruels, pour les faire tourner au bien, lorsqu'elle jette un voile sur ses impulsions de marâtre et ses tristes déraisons.

Certes, il existe d'autres moyens de se retrouver,

de revenir à soi-même de l'engourdissement où l'on vit généralement comme enveloppé d'un sombre nuage, mais je n'en connais point de meilleur que de revenir à son éducateur, à celui qui nous a formés. Et c'est pourquoi je veux me souvenir aujourd'hui de ce maître et de ce censeur dont je puis me glorifier, d'Arthur Schopenhauer, quitte à rendre plus tard hommage à d'autres encore.

2.

Si je veux décrire quel événement ce fut pour moi lorsque je jetai un premier coup d'œil sur les écrits de Schopenhauer, il faut que je m'arrête un peu à cette image qui, dans ma jeunesse, se présentait à mon esprit, fréquente et impérieuse, comme nulle autre. Lorsque je me laissais aller jadis à vagabonder à plaisir pour formuler des souhaits, je me disais que le terrible effort et l'impérieux devoir de m'éduquer moi-même pourraient m'être enlevés par le destin s'il m'arrivait de trouver à temps un philosophe qui serait mon éducateur, un vrai philosophe à qui l'on pourrait obéir sans hésitation parce qu'on aurait plus confiance en lui qu'en soi-même. Il m'arrivait alors de me demander quels seraient les principes en vertu desquels il m'éduquerait, et je réfléchissais à ce qu'il penserait des deux principes d'éducation en usage aujourd'hui. L'un exige de l'éducateur qu'il reconnaisse immédiatement les dons particuliers de ses élèves et qu'il dirige ensuite toutes les forces et toutes les facultés vers cette unique vertu pour l'amener à la maturité véritable et à la fécondité.

L'autre maxime veut, par contre, que l'éducateur discerne et cultive toutes les forces pour établir entre elles un rapport harmonieux. Mais faudrait-il contraindre celui qui a un penchant décidé vers l'orfèvrerie à cultiver, à cause de cela, la musique ? Devrait-on donner raison au père de Benvenuto Cellini, qui obligea son fils, à retourner toujours au « doux cornet », alors que celui-ci ne parlait de son instrument qu'en l'appelant « ce maudit sifflet » ? On n'approuvera pas un pareil procédé en face de dons qui s'affirment avec tant de précision. Cette maxime du développement harmonieux ne devrait donc être appliquée que sur des natures plus faibles, qui sont peut-être un repaire de besoins et de penchants, mais, si on les prend isolément, ou en bloc, ne signifient pas grand'chose.

Or, où donc trouvons-nous l'ensemble harmonieux et la consonance de plusieurs voix en une seule nature, où donc admirons-nous davantage l'harmonie, si ce n'est précisément chez des hommes tels que Cellini en était un, des hommes chez qui tout, la connaissance, le désir, l'amour, la haine tendaient vers un noyau, vers une force originelle et où naît précisément, par la prépondérance impérieuse et souveraine de ce centre vivant, un système harmonieux de mouvements? Il se peut donc que les deux maximes ne soient pas du tout en contradiction. Peut-être l'une affirme-t-elle seulement que l'homme doit avoir un centre et l'autre qu'il doit avoir aussi une périphérie. Ce philosophe éducateur, dont je rêvais à part moi, ne se contenterait probablement pas de découvrir la force centrale, mais il saurait éviter aussi qu'elle exerce une action destructive sur les autres forces : la tâche de son œuvre éducatrice devrait être, à mon sens, de transformer l'homme tout entier en un système solaire et planétaire, vivant et mouvant, et de reconnaître la loi de sa mécanique supérieure.

Toujours est-il que ce philosophe me manquait et je continuai à tâtonner çà et là. Je me rendis compte à quel point nous sommes d'aspect misérable, nous autres hommes modernes, si on nous compare aux Grecs et aux Romains, ne fût-ce que par rapport à la compréhension sévère et sérieuse des tâches éducatrices. On peut parcourir toute l'Allemagne avec le cœur animé d'un pareil besoin, on peut aller d'une Université à l'autre sans trouver ce que l'on cherche ; des désirs infiniment moindres et beaucoup plus simples n'y trouvent pas leur réalisation. Celui qui, parmi les Allemands, voudrait par exemple faire sérieusement son éducation d'orateur, celui qui aurait l'intention de se mettre à l'école de l'écrivain, ne trouverait nulle part ni maître, ni école. On ne paraît pas encore avoir songé ici que parler et écrire sont des arts qui ne peuvent être acquis sans la direction la plus attentive et l'apprentisage le plus laborieux.

Mais rien ne démontre, d'une façon plus marquée et plus humiliante, le sentiment de satisfaction prétentieuse que les contemporains éprouvent à l'égard d'eux-mêmes, si ce n'est la médiocrité, moitié parcimonieuse, moitié étourdie, des prétentions qu'ils imposent aux éducateurs et aux maîtres. De quoi se contente-t-on, même parmi les gens les plus distingués et les mieux éduqués, sous le nom de « précepteur » ! Quel ramassis de cerveaux confus et d'organisations démodées est souvent désigné sous le nom de « gymnase » et trouvé bon? Qu'est-ce qui nous suffit à tous comme établissement supérieur d'instruction publique, comme Université, quels conducteurs, quelles institutions, quand on songe à la difficulté de la tâche qui consiste à éduquer un homme pour qu'il devienne un homme? Même la façon tant admirée dont les savants allemands se jettent sur leur tâche montre avant tout que ceux-ci pensent plus à la science qu'à l'humanité, qu'on leur inculque le désir de se sacrifier à la science comme une troupe perdue, pour dresser ensuite de nouvelles générations à ce sacrifice. La fréquentation de la science, si elle n'est dirigée et endiguée par les maximes les plus élevées de l'éducation, mais si on la déchaîne toujours davantage, d'après le principe que « plus il y en a, mieux cela vaudra », cette fréquentation est certainement aussi dangereuse pour les savants que le principe économique du « laisser faire » pour la moralité des peuples tout entiers. Qui donc se souvient encore que l'éducation des savants, chez qui l'humanité ne doit être ni abandonnée ni desséchée, est un des problèmes les plus difficiles! Et pourtant on peut en apercevoir la difficulté si l'on fait attention aux nombreux exemplaires qui ont été déformés par un abandon trop précoce à la science et qui ont conservé de cette occupation même une gibbosité. Mais il existe encore une preuve plus importante, qui témoigne de l'absence de toute éducation supérieure, une preuve plus imposante, plus dangereuse et, avant tout, plus générale, s'il apparaît, dès l'abord, clairement pourquoi un orateur, un écrivain, ne peuvent être éduqués aujourd'hui, — parce qu'il n'y a pour eux point d'éducateurs —; s'il apparaît presque tout aussi clairement pourquoi un savant s'altère et se tortille maintenant forcément l'esprit — parce que c'est la science, c'est-à-dire une abstraction inhumaine qui doit l'éduquer, — on peut se demander un jour où se trouvent au fond, pour nous tous, savants et ignorants, nobles et vilains, les modèles moraux, les célébrités parmi nos contemporains qui seraient l'incarnation visible de toute morale créatrice de ce temps? Où donc a passé toute réflexion au sujet des questions morales dont se sont préoccupées de tous temps les sociétés les plus évoluées ? Il n'existe plus d'hommes illustres qui cultivent ces questions ; personne ne se livre plus à des méditations qui s'y rattachent ; de fait, on se nourrit sur le capital de moralité que nos ancêtres ont amassé et que nous ne nous entendons pas à augmenter au lieu de le gaspiller ; dans notre société, ou bien on ne parle pas de pareilles choses, ou bien on en parle avec une maladresse et une inexpérience naturalistes qui provoquent forcément la répugnance. C'est au point que nos écoles et nos maîtres font maintenant abstraction de toute éducation morale ou qu'ils se tirent d'affaire avec des formules : et le mot vertu est un mot qui ne dit plus rien ni au maître ni à l'élève, un mot de l'ancien temps dont on sourit ; et c'est pis encore lorsqu'on ne sourit pas, car alors on fait l'hypocrite.

L'explication de cette mollesse et de l'étiage inférieur de toutes les forces morales est difficile et compliquée. Mais nul ne peut considérer l'influence du christianisme victorieux sur la moralité du monde ancien, sans tenir compte aussi de la répercussion qu'exerce la défaite du christianisme, c'est-à-dire le sort qui l'attend à notre époque avec une certitude de plus en plus grande. Le christianisme, par l'élévation de son idéal, a tellement renchéri sur les anciens systèmes de morale et sur le naturel qui régnait également dans tous ces systèmes, qu'en face de ce naturel les sens se sont émoussés jusqu'à l'écœurement; ensuite, tout en admettant encore cette qualité supérieure sans être capable de la réaliser, on n'était capable, quoi qu'on en eût, de revenir au bien et à la grandeur, c'est-à-dire à cette vertu antique. Dans ce va-et-vient entre le christianisme et l'antiquité, entre un timide et mensonger christianisme de mœurs et un goût de l'antiquité tout aussi découragé et tout aussi embarrassé, vit l'homme moderne et il s'en trouve fort mal; la crainte héréditaire du naturel et encore le charme renouvelé de ce naturel, le désir de trouver un appui quel qu'il soit, la faiblesse de la connaissance qui vacille entre le bien et le meilleur, tout cela engendre dans l'âme moderne une inquiétude et un désordre qui la condamnent à être stérile et sans joie. Jamais on n'avait davantage besoin d'éducateurs moraux et jamais il ne fut plus improbable qu'on les trouverait. A des époques où les médecins sont le plus nécessaires, dans les cas de grandes épidémies, ils sont aussi le plus exposés au danger. Car où sont les médecins de l'humanité moderne, assez bien portants et assez solides sur leurs jambes pour pouvoir soutenir quelqu'un d'autre et le conduire par la main? Il y a un certain assombrissement, une sorte d'apathie qui pèse sur les meilleures personnalités de notre temps, un éternel mécontentement provoqué par la lutte entre la simulation et la loyauté qui se livre au fond de leur être, une inquiétude qui leur enlève la confiance en eux-mêmes, et c'est celle qui les rend tout à fait incapables d'être à la fois les conducteurs et les censeurs des autres.

C'est donc vraiment s'écarter du but de ses désirs que de s'imaginer trouver comme éducateur un vrai philosophe qui pourrait nous sortir de l'insuffisance conditionnée par la misère de notre époque, pour nous enseigner à être de nouveau *simples* et *honnêtes* aussi bien dans notre pensée que dans notre vie, c'est-à-dire inactuels, le mot pris dans son sens le plus profond ; car les hommes sont maintenant devenus si multiples et si compliqués, qu'il leur faut devenir déloyaux dès qu'ils veulent parler, poser des affirmations et agir d'après celles-ci.

Etant ainsi agité par des aspirations, des besoins et des désirs, j'appris à connaître Schopenhauer.

J'appartiens à ces lecteurs de Schopenhauer qui, après qu'ils ont lu de lui la première page, savent avec certitude qu'ils liront l'œuvre entière et qu'ils écouteront chacune des paroles qu'il a écrites. Ma confiance en lui fut soudaine et aujourd'hui elle est encore la même que celle qu'elle était il y a neuf ans. Je le compris comme s'il avait écrit à mon intention ; ceci pour m'exprimer d'une façon intelligible bien qu'immodeste et sotte. De là vint que je n'ai jamais trouvé chez lui un paradoxe, bien que j'aie relevé çà et là de petites erreurs, car que sont les paradoxes sinon des affirmations qui n'inspirent pas confiance, parce que l'auteur les lança sans y croire vraiment, voulant seulement briller et séduire par leur moyen, simplement se donner une attitude ? Schopenhauer ne prend jamais d'attitude, car il écrit pour lui-même et personne n'aime à être dupé, le philosophe moins que quiconque, lui qui a même érigé en règle : ne trompe personne, pas même toi-même ! Ne trompe même pas avec la complaisante duperie sociale que comporte presque chaque entretien et que les écrivains imitent presque inconsciemment ; moins encore au moyen de la duperie plus consciente qui part de la tribune de l'orateur et qui se sert des moyens artificiels de la rhétorique. Schopenhauer, tout au contraire, se parle à lui-même, et si l'on veut, à tout prix, s'imaginer un auditeur, qu'on songe au fils que son père instruit. C'est un épanchement loyal, rude et cordial, devant un auditeur qui écoute avec amour. Des écrivains de ce genre nous font défaut. Un sentiment de bien-être vigoureux s'empare de nous dès que nous entendons le son de sa voix ; il en est de nous comme si nous pénétrions dans une haute futaie : nous respirons soudain plus librement et nous nous sentons renaître. « Il y a ici un air fortifiant, toujours pareil », nous disons-nous; il y a ici un calme et un naturel inimitables, tels que l'éprouvent des hommes qui se sentent maîtres dans leur propre maison, dans une très riche maison, et cela en opposition avec les écrivains qui, quand ils ont une fois été spirituels, s'en étonnent le plus eux-mêmes, leur débit prenant de ce fait quelque chose d'inquiet et d'antinaturel. De même, quand Schopenhauer parle, nous ne nous rappelons pas le savant que la nature a doué de membres engourdis et inhabiles, le savant à la poitrine étroite, au geste anguleux et embarrassé ou à la démarche arrogante. Tout au contraire, l'âme rude et un peu sauvage de Schopenhauer apprend, non tant à regretter qu'à mépriser la souplesse et la grâce de courtisans des bons écrivains français, et personne ne découvrirait chez lui cette imitation apparente, en quelque sorte plaquée des Français, dont certains écrivains allemands tirent vanité.

L'expression de Schopenhauer me fait souvenir çà et là quelque peu de Gœthe, mais autrement elle ne me rappelle aucun modèle allemand. Car Schopenhauer s'entend à dire simplement ce qui est profond et ce qui est émouvant sans rhétorique, ce qui est sévèrement scientifique sans pédanterie. De quel maître allemand aurait-il pu apprendre cela? Aussi se tient-il éloigné de la manière pointilleuse et mobile à l'excès de Lessing, cette manière très peu allemande, s'il m'est permis de la qualifier ainsi ; et ceci constitue un mérite, vu que Lessing, pour ce qui est de l'expression en prose, est l'auteur allemand le plus séduisant. Et pour dire dès maintenant le suprême de ce que je puis dire de son procédé d'exposition, je veux rapporter à lui-même cette phrase qu'il a écrite: « Il faut qu'un philosophe soit très loyal pour ne se servir d'aucun accessoire poétique ou rhétorique. » Que la probité soit quelque chose, que ce soit même une vertu, c'est là, à vrai dire, à notre époque d'opinion publique, une de ces opinions privées dont l'affirmation est interdite. Et c'est pourquoi je n'aurai pas loué Schopenhauer, mais je l'aurai seulement caractérisé lorsque j'aurai répété : il est loyal, même en tant qu'écrivain; si peu d'écrivains le sont que l'on devrait en somme se méfier de tous les hommes qui écrivent. Il n'y a qu'un seul écrivain que je place au même rang que Schopenhauer pour ce qui est de la probité, et je le place même plus haut, c'est Montaigne. Qu'un pareil homme ait écrit, véritablement la joie de vivre sur terre s'en trouve augmentée. Pour ma part, du moins, depuis que j'ai connu cette âme, la plus libre et la plus vigoureuse qui soit, il me faut dire ce que Montaigne disait de Plutarque : « A peine ai-je jeté un coup d'œil sur lui qu'une cuisse ou une aile m'ont poussé (1). » C'est avec lui que je tiendrais, si la tâche m'était imposée de m'acclimater sur la terre.

En dehors de la probité, il y a encore une autre qualité que Schopenhauer a en commun avec Montaigne, c'est une véritable sérénité rassérénante, *aliis lætus, sibi sapiens*. Car il existe deux façons très différentes de sérénité. Le penseur véritable rassérène et réconforte toujours quoi qu'il exprime, sa gravité ou sa plaisanterie, son entendement humain ou son indulgence divine ; il le fait sans gestes moroses, mains tremblantes ou yeux mouillés, mais avec assurance et simplicité, avec force et courage, peut-être d'une façon chevaleresque et dure, en tous les cas comme quelqu'un qui est victorieux. Or, c'est cela précisément qui rassérène le plus profondément et le plus cordialement de voir le dieu victorieux à côté de tous les monstres qu'il a combattus. Songez, par contre, à la sérénité telle qu'on la rencontre de-ci de-là chez les écrivains médiocres et chez les penseurs à courte vue ; la lecture seule suffit

(1) Nietzsche cite d'après une traduction. Voici le passage exact de Montaigne : « Il me fait défaut d'être si fort exposé au pillage de ceux qui le hantent [Plutarque] ; je ne le puis si peu raccointer, que je ne tire cuisse ou aile. » Voir les *Essais*, livre III, chapitre V (*Sur des vers de Virgile*). Edition Charpentier, tome III, page 446.

pour nous autres à nous plonger dans la misère ; c'est le sentiment que j'ai éprouvé, par exemple, devant la sérénité de Strauss. On a véritablement honte d'avoir des contemporains aussi sereins, parce qu'ils compromettent votre époque et nous autres hommes auprès de la postérité. Ces joyeux compagnons ne voient pas les souffrances et les calamités qu'ils prétendent apercevoir et combattre en leur qualité de penseurs ; leur sérénité chagrine, car elle est une duperie, parce qu'elle veut faire croire qu'il y a là une victoire. La sérénité cependant n'existe en somme que lorsqu'elle est le résultat d'une victoire ; il en est ainsi dans les œuvres des vrais penseurs, aussi bien que dans toute œuvre d'art.

Que la matinée soit terrible et sérieuse, autant que peut l'être le problème de l'existence, l'œuvre ne paraîtra accablante et obsédante que lorsque le demi-penseur ou le demi-artiste l'aura étouffée sous les exhalaisons de sa médiocrité ; tandis que l'homme ne peut rien recevoir en partage de plus joyeux et de meilleur que de s'approcher d'un de ces victorieux qui, parce qu'ils ont imaginé ce qu'il y a de plus profond, devront précisément aimer ce qu'il y a de plus vivant et qui, en sages, devront finir par s'incliner vers le beau. Ils parlent véritablement, ils ne se contentent pas de répéter en bégayant ; ils se meuvent et vivent véritablement, non pas en se dissimulant d'une façon inquiétante sous un masque, comme font généralement les hommes, c'est pourquoi nous éprouvons dans leur voisinage quelque chose de vraiment humain et de naturel et que nous aimerions nous écrier comme Gœthe : « Combien une chose vivante est magnifique et délicieuse ; avec quelle mesure elle remplit ses conditions; elle est vraie, elle existe! »

Je ne fais que décrire la première impression, en quelque sorte physiologique, que Schopenhauer a produite en moi : ce rayonnement mystérieux de la puissance intime, qu'un produit de la nature exerce sur un autre dès la première et la plus légère approche; et quand je décompose après coup cette impression, j'y trouve trois éléments, car j'ai trouvé chez Schopenhauer de la loyauté, de la sérénité et de la constance. Il est honnête parce qu'il se parle et s'écrit à lui-même et pour lui-même, rasséréné parce qu'il a vaincu par la réflexion ce qu'il y a de plus difficile, et constant parce qu'il convient qu'il soit ainsi. Sa force s'élève comme une flamme par un temps calme, droite et légère, indifférente, sans tremblement et sans inquiétude. Il trouve son chemin dans tous les cas, sans que nous remarquions même qu'il l'a cherché; comme s'il y était contraint par la loi de la pesanteur, il marche devant lui, sûr et agile, poussé par une nécessité. Celui qui a jamais senti ce que cela veut dire, à notre époque d'humanité niaise, de trouver une fois un être naturel, d'un seul jet, suspendu dans ses propres gonds, un être sans entraves et sans préjugés, celui-ci comprendra le bonheur et l'étonnement qui s'emparèrent de moi lorsque j'eus trouvé Schopenhauer. Je me doutais que j'avais découvert en lui cet éducateur et ce philosophe que j'avais si longtemps cherchés. Hélas! je n'en possédais que l'expression à travers les livres et c'était là une véritable pénurie. Je m'efforçais d'autant plus à voir à travers le livre et à me figurer l'homme vivant dont je pouvais lire le grand testament et qui promettait de n'instituer ses héritiers que ceux qui voulaient et pouvaient être plus que simplement ses lecteurs : ses fils et ses élèves.

3.

Je ne me soucie d'un philosophe qu'autant qu'il est capable de donner un exemple. Que par l'exemple il puisse tirer après lui des peuples tout entiers, il n'y a à cela aucun doute ; l'histoire de l'Inde, qui est presque l'histoire de la philosophie hind. ue, le démontre. Mais l'exemple doit être donné par la vie apparente et non point seulement par les livres, c'est-à-dire de la façon dont enseignaient les philosophes de la Grèce, par la mine, l'attitude, le costume, la nourriture, les mœurs, plus que par la parole ou même les écrits. Combien de choses nous font encore défaut en Allemagne pour arriver à cette courageuse visibilité d'une vie philosophique ? C'est peu à peu seulement que chez nous les corps se délivrent, quand les esprits paraissent déjà délivrés depuis longtemps ; et pourtant c'est une illusion de croire qu'un esprit est libre et indépendant, cette indépendance sans limites une fois réalisée — et qui n'est au fond que la limitation volontaire du créateur — n'est pas, démontrée à nouveau par chaque regard, à chaque pas, du matin au soir. Kant s'accrocha à l'Université, se soumit au Gouvernement, conserva l'apparence d'une foi religieuse, supporta de vivre parmi des collègues et des étudiants. Il est donc naturel que son exemple engendra surtout des professeurs d'Université et une philosophie de professeurs. Schopenhauer ne s'embarrasse pas des castes savantes, il se sépare et aspire à être indépendant de l'Etat et de la Société. C'est là un exemple qu'il nous donne, un modèle qu'il nous propose d'imiter, si nous voulons prendre ici, comme point de départ, des circonstances extérieures. Mais beaucoup de degrés dans la libération de la vie philosophique sont encore inconnus parmi les Allemands et ne pourront pas le rester toujours.

Nos artistes vivent plus audacieusement et plus honnêtement; le plus puissant exemple que nous ayons devant nos yeux, celui de Richard Wagner, nous montre comment le génie ne doit pas craindre de se mettre en opposition rigoureuse avec les formes et les prescriptions établies, quand il veut élever à la lumière l'ordre et la vérité supérieurs qui vivent en lui. La « vérité », cependant, que nos professeurs ont sans cesse à la bouche, apparaît, à vrai dire, comme un être beaucoup moins exigeant, dont il ne faut craindre ni désordre ni infraction à l'ordre établi; elle apparaît comme une créature bonasse et aimant ses aises, qui donne sans cesse, à tous les pouvoirs établis, l'assurance qu'elle ne causera jamais à personne le moindre embarras, car elle n'est, après tout, que la « science pure ». Or je voulais affirmer que la philosophie en Allemagne doit désapprendre de plus en plus d'être une «science pure» et l'homme qu'est Schopenhauer devrait nous servir d'exemple.

Mais c'est véritablement un miracle et ce n'est rien moins que le fait qu'il ait pu s'élever à devenir cet exemple humain, car du dehors et du dedans il était assailli en quelque sorte par les dangers les plus formidables qui eussent étouffé ou éparpillé toute créature plus faible. Il y avait, à ce qu'il me semble, une forte probabilité que Schopenhauer disparaîtrait en tant qu'homme, pour laisser au moins comme résidu de la « science pure » ; mais cela encore seulement dans le cas le plus favorable, car il semblait fort probable qu'il dût sombrer aussi bien comme homme que comme science.

Un Anglais moderne décrit de la façon suivante le danger que courent le plus souvent les hommes extraordinaires qui vivent dans une société médiocre : « Ces caractères exceptionnels commencent par être humiliés, puis ils deviennent mélancoliques, pour tomber malades ensuite et mourir enfin. Un Shelley n'aurait pas pu vivre en Angleterre et toute une race de Shelley eût été impossible. » Nos Hœlderlin et nos Kleist, d'autres encore, périrent parce qu'ils étaient extraordinaires et qu'ils ne parvenaient pas à supporter le climat de ce qu'on appelle la « culture » allemande. Seules des natures de bronze, comme Beethoven, Gœthe, Schopenhauer et Wagner, parviennent à supporter l'épreuve. Mais chez eux aussi apparaît, dans beaucoup de traits et beaucoup de rides, l'effet de cette lutte et de cette angoisse déprimante entre toutes : leur respiration devient plus pénible et le ton qu'ils prennent est souvent forcé. Ce diplomate sagace qui n'avait vu Gœthe et ne lui avait parlé que superficiellement déclara à ses amis : « Voilà un homme qui a de grands chagrins ! » Gœthe interpréta ces paroles en traduisant : « En voilà un qui ne s'est épargné aucune peine ! » Et il ajoutait : « Si sur les traits de notre visage les traces de souffrances surmontées, d'actions accomplies ne peuvent s'effacer, il n'est pas étonnant que ce qui reste de nous et de nos efforts porte aussi ces traces. »

C'est là ce Gœthe que nos philistins de la culture désignent comme le plus heureux des Allemands, pour démontrer leur affirmation que, quoi qu'on dise, il doit être possible de trouver le bonheur parmi eux. Ce disant ils ont l'arrière-pensée qu'il ne faut pardonner à personne qui, au milieu d'eux, serait malheureux et solitaire. C'est pourquoi, avec une grande cruauté, ils ont posé et expliqué pratiquement le principe que son isolement est la conséquence d'une faute secrète. Or, ce pauvre Schopenhauer avait, lui aussi, sur le cœur, une faute secrète, celle de mettre plus de prix à sa philosophie qu'à ses contemporains ; de plus, il avait le malheur de savoir précisément par Gœthe qu'il lui fallait à tout prix défendre sa philosophie dans son existence même contre l'indifférence de ses contemporains. Car il existe une sorte de censure inquisitoriale que les Allemands, selon le jugement de Gœthe, ont poussée à son extrême limite, c'est le silence inviolable. Par ce silence ils avaient déjà atteint une chose, c'est que la plus grande partie des exemplaires de la première édition de l'œuvre principale de Schopenhauer fut mise au pilon. Devant le danger qui le menaçait de voir sa grande action réduite à néant par l'indifférence il fut pris d'une inquiétude terrible et difficile à maîtriser ; aucun adepte de quelque importance ne se montrait. Nous sommes attristés de le voir enquête de la moindre trace de notoriété et son triomphe tardif, triomphe retentissant, trop retentissant, à l'idée de se voir enfin véritablement lu (*legor et legar*) a pour nous quelque chose de saisissant et de douloureux. Tous les traits, où il ne laisse pas voir la dignité du philosophe, montrent précisément l'homme qui souffre, inquiet de ses biens les plus sacrés. C'est ainsi qu'il était tourmenté par le souci de perdre sa petite fortune et de ne plus pouvoir conserver son attitude véritablement antique vis-à-vis de la philosophie; c'est ainsi que, dans son désir de rencontrer des hommes absolument confiants et compatissants, il fit souvent fausse route, revenant toujours avec un regard mélancolique à son chien fidèle. Ermite, il l'était absolument ; aucun ami partageant ses idées ne le consolait. Entre un seul et aucun, comme entre le moi et le néant il y a ici un infini. Quiconque a de véritables amis sait ce que c'est que la vraie solitude, lors même qu'il aurait autour de lui le monde entier comme adversaire. Je vois bien que vous ne savez pas ce que c'est que l'esseulement.

Partout où il y a eu des sociétés, des gouvernements puissants, des religions, des opinions publiques dominantes, bref, partout où il y eut jamais de la tyrannie, les philosophes solitaires ont été détestés ; car la philosophie ouvre aux hommes un asile où aucune tyrannie ne peut pénétrer, les cavernes de l'être intime, le labyrinthe de la poitrine, et c'est ce qui exaspère les tyrans. Voilà le refuge des solitaires, mais là aussi un grand danger les guette. Ces hommes, dont la liberté s'est réfugiée au fond d'eux mêmes, sont aussi condamnés à vivre extérieurement, à être visibles, à se faire voir ; ils ont d'innombrables relations humaines par leur naissance, leur milieu, leur éducation, leur patrie, par les circonstances du hasard et par l'importunité des autres; de même on leur suppose d'innombrables opinions, parce que ces opinions sont les opinions dominantes ; toute mimique qui n'est pas une dénégation paraît être de l'approbation ; tout geste qui n'est pas un geste destructeur est interprété comme un consentement. Ils savent, ces solitaires et ces libres d'esprit, que sans cesse ils paraîtront, en une circonstance quelconque, différents de ce qu'ils sont ; tandis qu'ils ne veulent que la vérité et la loyauté, ils sont pris dans les mailles d'un réseau de malentendus, et leur désir ardent ne peut empêcher que leur moindre action s'enveloppe d'une nuée d'opinions fausses, d adaptation, de demi-aveux, de silences discrets, d'interprétations erronées. Un voile de mélancolie enveloppe alors leur front, car l'idée que la simulation est une nécessité paraît à de semblables natures plus détestable que le vent ; si leur amertume persiste ils accumulent au fond d'eux-mêmes des pensées qui menacent de produire une explosion volcanique.

De temps en temps, ils se vengent de cette obligation de se cacher, de leur réserve forcée. Ils sortent de leur caverne avec des airs terribles ; leurs paroles et leurs actes sont alors des explosions et il est possible que leur nature même les fasse périr. C'est ainsi que Schopenhauer vivait dangereusement. De pareils solitaires ont besoin d'aimer, ils ont besoin de compagnons devant lesquels il leur est permis d'être ouverts et simples comme devant eux-mêmes, en présence desquels cessent les convulsions des réticences et de la dissimulation. Enlevez ces compagnons et vous engendrez un danger croissant. Cette désaffection a fait périr Henri de Kleist et c'est le plus terrible antidote contre des hommes extraordinaires de les replonger ainsi profondément en eux-mêmes, de telle sorte que leur retour à la surface est chaque fois semblable à une explosion volcanique. Pourtant il existe encore des demi-dieux qui sont capables de vivre dans des conditions aussi abominables, de vivre même victorieusement; si vous voulez entendre les chants solitaires d'un de ces demi-dieux, écoutez la musique de Beethoven.

Demeurer solitaire, tel fut donc le premier danger dont l'ombre environna Schopenhauer. Mais il était exposé encore à un autre danger, celui de désespérer de la vérité. Ce danger accompagne tout penseur qui prend comme point de départ la philosophie kantienne, en admettant qu'il soit un homme vigoureux et complet, aussi bien dans ses souffrances que dans ses passions et non point seulement une bruyante machine à penser et à calculer. Or, nous savons tous fort bien ce qu'il y a d'humiliant dans cette condition préalable que nous posons. Il me semble même que c'est seulement chez un petit nombre d'hommes que l'influence de Kant s'est fait sentir d'une façon vivante, pénétrant le sang et la sève. On affirme partout, à vrai dire, ainsi qu'on l'écrit, que depuis l'acte de ce modeste savant une révolution a éclaté dans tous les domaines intellectuels, mais je ne puis y croire. Car je n'aperçois point d'une façon précise les traces de cette révolution chez les hommes qui devraient pourtant être atteints avant que des domaines entiers aient été révolutionnés. Mais, dès que nous apercevons l'influence populaire de Kant, celle-ci apparaîtra devant nos yeux sous la forme d'un scepticisme et d'un relativisme qui rongent et qui émiettent; et c'est seulement chez les esprits les plus actifs et les plus nobles, n'ayant jamais toléré de vivre dans l'incertitude que se présenterait, au lieu de cet esprit, le sentiment de douter et désespérer de toute vérité, tel que nous le retrouvons par exemple chez Henri de Kleist, comme un effet de la philosophie kantienne.

« Récemment, écrit-il une fois sur le ton saisissant qui lui était coutumier, récemment j'ai pris contact avec la philosophie kantienne et il faut que je te communique mes idées à son sujet, sans devoir craindre qu'elle ne t'ébranle aussi profondément, aussi douloureusement que moi... Nous ne pouvons pas décider si ce que nous appelons vérité est véritablement la vérité ou si elle nous paraît seulement telle. Dans le dernier cas, la vérité que nous cherchons ici-bas n'est plus rien après la mort et tout effort est vain d'acquérir un bien qui nous suit dans la tombe... Si la pointe de cette idée ne touche pas ton cœur, ne souris pas d'un autre qu'elle a blessé profondément, jusqu'en son tréfonds le plus sacré. Mon seul but, mon but le plus sacré, s'est évanoui et je n'en ai plus d'autre. »

Quand donc les hommes éprouveront-ils de nouveau de la sorte des sentiments naturels comme ceux qu'éprouva Kleist, quand sauront-ils mesurer de nouveau le sens d'une philosophie à l'étiage de leur « tréfonds le plus sacré » ? Et pourtant il devrait en être ainsi, pour que nous puissions apprécier ce que, après Kant, Schopenhauer peut être pour nous, à savoir le chef qui, des cimes du découragement sceptique ou du renoncement critique mène plus haut, jusqu'au sommet de la contemplation tragique, tandis que l'infini de la voûte nocturne constellée d'étoiles se déploie au-dessus de nous. Ce chef a lui-même été le premier à suivre cette voie. Il considéra l'image de la vie comme un ensemble et l'interpréta comme un ensemble. C'est en cela qu'il fut grand, tandis que les esprits les plus sagaces ne peuvent se délivrer de l'erreur qui consiste à croire que l'on serre de plus près cette interprétation, quand on examine minutieusement les couleurs qui ont servi à peindre cette image, la toile sur laquelle elle est fixée et que l'on est peut-être arrivé à ce résultat que c'est une toile dont la trame est embrouillée et que les couleurs ne peuvent s'analyser chimiquement. Il faut deviner le peintre pour comprendre l'image, c'est ce que savait Schopenhauer. Or toute la tribu des gens de science s'applique à comprendre cette toile et ces couleurs, sans comprendre l'image. On peut même dire que celui-là seul qui a fixé ses regards sur l'ensemble du tableau de la vie et de l'être pourra se servir des sciences spéciales sans en éprouver de dommages car, sans ces vues et ces règles générales, les sciences spéciales ne sont que des traquenards, et nous nous sentons alors pris dans les mailles d'un filet interminable, où notre existence s'embrouille dans un labyrinthe sans fin.

C'est en cela, je le répète, que Schopenhauer est grand, qu'il poursuit cette image, comme Hamlet poursuivit le spectre, sans se laisser détourner à la manière des savants, ou sans s'abandonner à la scolastique abstraite, comme c'est le sort des dialecticiens indomptés. L'étude des demi-philosophes n'a d'attrait que parce que l'on se rend compte que ceux-ci tombent toujours, dans les constructions édifiées par les grandes philosophies, sur les endroits où il est possible d'exercer la critique savante, où la réflexion, le doute, la contradiction sont permis. De la sorte, ils échappent aux exigences de la grande philosophie qui, dans son ensemble, affirme toujours qu'elle est l'échange de la vie et que par elle on peut apprendre le sens de sa propre vie. Et, invrseement, il te suffira de savoir lire dans ta propre vie pour y deviner les hiéroglyphes de la vie universelle. Voilà aussi l'interprétation qu'il faudra toujours donner en premier lieu à la philosophie de Schopenhauer ; elle devra être individuelle, comme un retour de l'individu à lui-même, pour qu'il comprenne sa propre misère et ses propres besoins, sa propre limitation, et qu'il connaisse les antidotes et les consolations qui ne peuvent être que le sacrifice de son propre moi, la soumission aux intentions les plus nobles, avant tout à la justice et à la miséricorde. Schopenhauer nous apprend à distinguer entre l'augmentation réelle et apparente du bonheur humain ; il nous montre comment ni le fait de s'enrichir ni le fait d'acquérir des honneurs et des connaissances ne peuvent tirer l'individu du mécontentement que lui cause la non-valeur de sa vie et comment l'aspiration à ces biens n'a de sens que quand on l'éclaire par un but supérieur et universel: acquérir de la puissance pour aider la nature et corriger quelque peu ses folies et ses maladresses. Il s'agit tout d'abord d'agir pour soi-même, mais par soi-même, enfin, pour la collectivité. C'est là, à vrai dire, une tendance qui ne peut aboutir qu'à une profonde résignation, car que peut-on améliorer encore dans l'individu et dans la généralité?

Si nous appliquons ces paroles à Schopenhauer, nous touchons au troisième danger, le plus particulier celui-là, au milieu duquel il vivait et qui se tenait caché dans l'édifice même de son être. Tout homme trouve en lui-même une limitation, aussi bien de ses dons que de sa volonté morale, qui le remplit de désirs et de mélancolie ; de même que le sentiment de son péché le fait aspirer à la sainteté : en tant qu'être intellectuel il porte en lui l'appétit profond du génie. C'est ici que nous touchons à la racine véritable de toute culture et si j'entends par là le désir de l'homme de renaître génie ou saint, je sais qu'on n'a pas besoin d'être bouddhiste pour comprendre ce mythe. Partout où nous trouvons ces dons intellectuels sans ce désir, dans les milieux savants aussi bien que parmi les gens qui se prétendent cultivés, ils n'éveillent chez nous que de la répugnance ou du dégoût ; car nous nous doutons que de pareils hommes, avec tout leur esprit, ne développent point, mais entravent tout au contraire toute culture qui serait en train de naître, de même que la création du génie qui est le but de toute culture. Il y a là un état d'endurcissement qui équivaut, par sa valeur, à cette vertu fière d'elle-même, habituelle et froide, qui est ce qu'il y a de plus éloigné et qui éloigne le plus de la sainteté véritable. La nature de Schopenhauer était double. Condition singulière et particulièrement dangereuse ! Peu de penseurs ont ressenti, dans une pareille mesure et avec une certitude incomparable, que le génie habitait en eux. Le génie de Schopenhauer lui permettait ce qu'il y a de plus haut et qu'il n'y aurait pas de sillon plus profond que celui que le soc de sa charrue graverait dans le sol de la nouvelle humanité. C'est ainsi qu'une moitié de son être, rassasiée et pleine, restait sans désirs, certaine de sa force ; c'est ainsi qu'il accomplissait sa tâche avec grandeur et dignité, dans sa perfection victorieuse. Dans l'autre moitié de son être s'agitait un désir impétueux; nous comprenons son désir en apprenant qu'il se détourna avec un regard douloureux du grand fondateur de la Trappe, Rancé, en s'écriant : « C'est affaire de la grâce. » Car le génie aspire profondément à la sainteté, parce que du haut de son observatoire il a vu plus loin et plus clairement que tout autre homme ; plus profondément, jusqu'à la réconciliation de l'Etre et du Connaître ; plus loin jusqu'au royaume de la paix et de la négation du vouloir, au delà, jusqu'à l'autre rive dont parlent les Hindous. Mais c'est là précisément ce qu'il y a de merveilleux : combien la nature de Schopenhauer a dû être incompréhensible et indestructible, si ce désir même n'a pas pu la détruire, mais ne l'a pas non plus endurcie ! Ce que cela signifie, chacun le comprendra dans la mesure où il peut se juger lui-même ; mais dans toute sa gravité personne ne sera en mesure de le compendre.

Plus on réfléchit aux trois dangers que je viens de décrire, plus il semblera étrange que Schopenhauer ait pu s'en défendre avec une telle vigueur et qu'il ait pu sortir de la lutte dans un tel état de santé. A vrai dire, il conserva des cicatrices et des blessures ouvertes et un état d'esprit qui paraîtra un peu trop rude et parfois trop belliqueux. Le plus grand homme même voit s'élever au-dessus de lui son propre idéal. Que Schopenhauer puisse être donné en exemple, cela est certain, malgré toutes ces cicatrices et toutes ces tares. On pourrait même dire que ce que son être avait d'imparfait et de trop humain nous rapproche précisément de lui dans le sens le plus humain, car nous voyons en lui quelqu'un qui souffre et un compagnon d'infortune, sans nous arrêter seulement à l'altière réserve du génie.

Ces trois dangers constitutionnels qui menacent Schopenhauer nous menacent tous. Chacun porte en lui une originalité productive qui est le noyau même de son être; et s'il est conscient de cette originalité une étrange auréole se dessine autour de lui, celle de l'extraordinaire. Pour la plupart des gens, c'est là quelque chose d'insupportable, parce qu'ils sont paresseux et que toute originalité est chargée de chaînes pénibles et lourdes à porter. Il n'en faut point douter, pour l'être extraordinaire qui se charge de ces chaînes, la vie sera privée de tout ce que l'on désire durant sa jeunesse, la sévérité, la sûreté d'une carrière facile, l'honneur ; son sort, que lui offriront en cadeau ses prochains, sera l'isolement ; où qu'il vive ce sera pour lui le désert et la caverne. Qu'il prenne alors garde à ne pas se laisser asservir, à ne pas être affligé et mélancolique ! C'est pourquoi il devra s'entourer des images de bons et braves lutteurs tels que Schopenhauer en fut un. Mais le second danger qui menaça Schopenhauer n'est pas rare non plus. De-ci de-là quelqu'un est doué par la nature de perspicacité, ses pensées suivent volontiers la double voie de la dialectique ; il lui arrive alors facilement de lâcher étourdiment la bride à ses talents, au point qu'il se laisse périr en tant qu'homme et qu'il ne vit même pour ainsi dire plus qu'une vie de fantôme dans la « science pure », habitué à rechercher dans les choses le pour et le contre, il ne comprend plus rien à la vérité et qu'il lui faille vivre sans courage et sans confiance, dans la négation, le doute, la corrosion, le mécontentement, abandonné aux derniers espoirs, attendant les déceptions et affirmant qu'« un chien même ne voudrait plus vivre ainsi ! »

Le troisième danger c'est l'endurcissement, tant au point de vue moral qu'au point de vue intellectuel; l'homme déchire le lien qui le rattachait à son idéal; il cesse d'être fécond sur tel ou tel domaine, il renonce à se développer et, au sens de la culture, il devient nuisible ou inutile. L'originalité de son être s'est résolue en un atome indivisible et isolé, en une masse refroidie. Ainsi l'originalité aussi bien que la crainte de l'originalité peuvent faire périr quelqu'un; il trouvera sa perte dans son moi, aussi bien que dans le renoncement au moi, dans le désir comme dans l'endurcissement. Vivre, n'est-ce pas d'une façon générale être en danger ?

En dehors de ces dangers de toute sa constitution, auxquels Schopenhauer aurait pu être exposé — quel que soit le siècle au cours duquel il ait vécu — il y a encore les dangers que son *époque* lui faisait courir. Cette distinction entre les dangers constitutionnels et les dangers de l'époque est essentielle pour comprendre ce qu'il y a de symbolique et d'éducatif dans la nature de Schopenhauer. Imaginons l'œil du philosophe posé sur l'existence : il veut en fixer à nouveau la valeur. Car ce fut toujours le travail particulier de tous les grands penseurs d'être les législateurs pour la mesure, la monnaie et le poids des choses. Que d'obstacles se dressent en face de lui, quand l'humanité qu'il aperçoit devant ses yeux est un fruit flétri et rongé des vers! Combien il lui faut ajouter à la valeur médiocre du temps présent, pour pouvoir rendre justice à l'existence dans sa totalité! S'il est utile d'étudier l'histoire des peuples anciens et étrangers, cette étude est particulièrement précieuse pour le philosophe qui veut formuler un jugement équitable sur l'ensemble des destinées humaines sans se contenter de l'humanité moyenne, voulant connaître les plus hautes destinées réservées aux individus et aux peuples tout entiers. Or, tout ce qui appartient au présent est indiscret, l'œil s'en voit influencé et déterminé, lors même que le philosophe ne le veut point; involontairement, sans une appréciation d'ensemble, on le taxe trop haut. C'est pourquoi le philosophe doit évaluer son temps, en le différenciant exactement des autres époques, surmontant à part lui le présent même dans l'image que celui-ci donne de la vie; et, dans ce cas, surmonter le présent c'est le rendre imperceptible, le masquer en quelque sorte sous d'autres couleurs. C'est là une tâche difficile, presque impossible à résoudre

Le jugement des anciens philosophes grecs sur la valeur de l'existence a une toute autre signification qu'un jugement moderne, parce que ces philosophes voyaient devant et autour d'eux la vie elle-même dans sa pleine perfection, et parce que chez eux le sentiment du penseur n'était pas troublé comme chez nous par l'antinomie entre le désir de liberté, de beauté, de majesté de la vie et l'instinct de vérité qui se pose cette question : « Que vaut au juste la vie ? » Pour tous les temps, il importe de savoir ce qu'Empédocle a affirmé au sujet de la vie, alors que la joie de vivre, vigoureuse et exubérante, animait la culture grecque. Son jugement est d'un poids d'autant plus considérable qu'il n'est contredit par aucun jugement contraire d'aucun grand philosophe de la même grande époque. C'est lui qui parle avec le plus de précision, mais, au fond, si l'on sait ouvrir les oreilles, ils disent tous la même chose. Un penseur moderne, je l'ai déjà dit, souffrira toujours d'un désir non réalisé, il exigera qu'on lui montre de nouveau de la vie, de la vie vraie, rouge et saine, pour qu'il formule ensuite son jugement sur elle. Pour lui, du moins, il estimera qu'il est nécessaire qu'il soit un homme vivant avant d'avoir le droit de croire qu'il peut être un juge équitable. Voilà pourquoi ce sont précisément les nouveaux philosophes qui font partie des plus puissants accélérateurs de la vie; voilà pourquoi ils aspirent à s'évader de leur propre époque affaiblie, vers une nouvelle culture, vers une nature transfigurée. Mais chez eux cette aspiration est aussi un *danger*. En eux combat le réformateur de la vie et le philosophe, c'est-à-dire le juge de la vie. De quelque côté que penche la victoire ce sera toujours une victoire accompagnée de pertes. Comment donc Schopenhauer a-t-il échappé à ce dernier danger ?

Si tout grand homme doit avant tout être considéré comme l'enfant authentique de son temps et souffre certainement de toutes ses infirmités d'une façon plus intense et plus sensible que tous les hommes moindres, la lutte d'un pareil grand homme *contre* son temps n'est en apparence qu'une lutte insensée et destructive contre lui-même. En apparence seulement, car en combattant son temps il combat ce qui l'empêche d'être grand, c'est-à-dire libre et complètement lui-même. Il s'ensuit que son inimitié est au fond dirigée précisément contre ce qui n'est pas lui-même, bien qu'il en soit lui-même affligé, c'est-à-dire contre l'impur mélange et l'impur côte-à-côte de choses qui ne sauraient se mêler et se confondre, contre la soudure artificielle de l'actuel et de l'inactuel. En fin de compte, le prétendu enfant de l'époque apparaît seulement comme un enfant utérin de celle-ci. Ainsi Schopenhauer, dès sa plus tendre jeunesse, s'éleva contre cette mère indigne, fausse et vaniteuse qu'est notre époque, et, en l'expulsant en quelque sorte de lui-même, il purifia et guérit son être et se retrouva lui-même dans toute la santé et la pureté qui lui appartenaient. C'est pourquoi les écrits de Schopenhauer doivent être utilisés comme des miroirs du temps et cela ne tient certainement pas à un défaut du miroir si tout ce qui est actuel y apparaît comme déformé par la maladie, amaigri et pâle, avec les yeux caves et la mine fatiguée, expression visible des souffrances de cette hérédité mauvaise.

Chez Schopenhauer, le désir d'une nature vigoureuse, d'une humanité saine et simple n'était que le désir de se retrouver lui-même ; et sitôt qu'il eut vaincu en lui l'esprit du temps, il découvrit nécessairement aussi le génie qui cuvait en son âme. Le secret de son être lui fut alors révélé, le dessein de lui cacher ce génie qu'avait cette marâtre, notre temps, fut mis à néant. L'empire de la nature transfigurée était découvert! Dès lors, quand il tournait son regard intrépide vers la question : « Que vaut la vie ? » il n'avait plus à condamner une époque confuse et affadie, une existence obscure et hypocrite. Il savait bien qu'on peut trouver et atteindre sur cette terre quelque chose de plus altier et de plus pur qu'une existence aussi actuelle et que ce serait pour chacun faire injustice à la vie que de ne la connaître et évaluer que d'après la laideur de cet aspect. Non, le génie seul est invoqué maintenant, afin de savoir s'il peut justifier le fruit suprême de la vie, peut-être la vie elle-même. L'homme magnifique et créateur doit répondre à ces questions : « Peux-tu justifier du fond du cœur cette existence? Te suffit-elle? Veux-tu être son avocat, son sauveur? Une seule affirmation véridique de ta bouche libérera la vie sur laquelle pèse une si lourde accusation. » Que répondras-tu? — Tu donneras la réponse d'Empédocle.

4.

Que cette dernière indication demeure provisoirement incomprise, cela est de peu d'importance. Pour moi, il s'agit maintenant de quelque chose de très simple, d'expliquer comment nous tous nous sommes à même de faire notre éducation, *contre* ce temps, en nous servant de l'intermédiaire de Schopenhauer, parce que nous avons l'avantage de *connaître* véritablement notre temps par son entremise. Est-ce là véritablement un avantage? ce qui est certain, c'est que, dans quelques siècles, cette connaissance ne sera plus possible. Je me divertis à l'idée que bientôt l'humanité sera dégoûtée de la lecture aussi bien que des écrivains, qu'un jour le savant se mettra à réfléchir, fera son testament et ordonnera que son corps soit brûlé au milieu de ses livres, surtout des siens. Et si les forêts devenaient de plus en plus rares, ne serait-il pas temps de traiter les bibliothèques comme des matières combustibles, comme du bois, de la paille ou de la broussaille. La plupart des livres ne sont-ils pas nés des vapeurs et des fumées qui sortent du cerveau, qu'ils redeviennent donc vapeurs et fumées. Et, s'il n'y avait pas de feu en eux, que le feu les punisse ! Il serait, par conséquent, possible que, pour un siècle à venir, notre époque soit précisément considérée comme *sæculum obscurum,* parce que ses produits ont servi avec le plus d'empressement et le plus longtemps à se chauffer. Comme nous sommes donc heureux de pouvoir connaître encore ce temps ! Car, s'il y a un intérêt quelconque à s'occuper de son temps, il est heureux qu'on puisse le faire d'une façon aussi consciencieuse que possible, de telle sorte qu'on ne conservera aucun doute à son sujet. Et c'est précisément le cas de Schopenhauer.

Certes, le bonheur serait infiniment plus grand si cet examen pouvait aboutir à la constatation qu'il n'a jamais rien existé de plus fin et de plus riche en espérance que notre époque. Or, il y a actuellement, dans un coin quelconque du monde, par exemple en Allemagne, des gens naïfs qui se préparent à croire quelque chose de semblable, qui vont même jusqu'à affirmer sérieusement que, depuis quelques années, le monde a été amélioré et que celui qui élève, au sujet de l'existence, de sérieuses et sombres objections se voit démenti par les « faits ». Car il en est ainsi selon eux : la fondation du nouvel empire allemand est le coup le plus décisif et le plus écrasant contre toute philosophie « pessimiste ». Ils l'affirment et n'en veulent point démordre.

Or, celui qui se pose la question de savoir quel est, dans notre temps, le rôle du philosophe en tant qu'éducateur, doit s'expliquer au sujet de cette opinion très répandue, en particulier dans les universités, et il le fera de la façon suivante. C'est une honte de voir qu'une flatterie aussi répugnante et aussi servile puisse être exprimée et répétée par des hommes qui se prétendent intelligents et honorables. Et c'est en outre une preuve que l'on ne se doute même plus combien le sérieux de la philosophie est éloigné du sérieux d'un journal. De pareils hommes ont perdu non seulement ce qui leur restait de sentiments philosophiques, mais encore de sentiments religieux. Ils ont remplacé tout cela, non peut-être par l'optimisme, mais par le journalisme, par l'esprit du jour et le manque d'esprit des feuilles quotidiennes. Toute philosophie qui croit qu'un événement politique peut déplacer ou même résoudre le problème de l'existence est une philosophie de plaisanteries, une philosophie de mauvais aloi. Depuis que le monde existe on a souvent fondé des Etats; c'est là une vieille histoire ! Comment une innovation politique devrait-elle suffire pour faire, une fois pour toutes, des hommes de joyeux habitants de la terre? Si quelqu'un croit, cependant, de tout son cœur que cela est possible, qu'il se présente, car il mérite vraiment d'être nommé professeur de philosophie à une université allemande, comme Harms à Berlin, Jürgen Meyer à Bonn et Carrière à Munich.

Mais ici nous apercevons la conséquence de cette doctrine, prêchée récemment encore sur les toits, et qui consiste à affirmer que l'Etat est le but suprême de l'humanité et que, pour l'homme, il n'est pas de but supérieur à celui de servir l'Etat; ce en quoi je ne reconnais pas un retour au paganisme, mais à la sottise. Il se peut qu'un pareil homme, qui voit dans le service de l'Etat son devoir suprême, ne sache véritablement pas quels sont les devoirs suprêmes. Cela n'empêche pas qu'il y ait encore de l'autre côté des hommes et des devoirs, et l'un de ces devoirs qui, pour moi du moins, apparaît comme supérieur au service de l'Etat, incite à détruire la sottise sous toutes ses formes, même sous la forme qu'elle prend ici. C'est pourquoi je m'occupe à l'heure présente d'une espèce d'homme dont la téléologie conduit un peu plus haut que le bien d'un Etat, avec les philosophes et avec ceux-là seulement par rapport à un domaine assez indépendant du bien de l'Etat, celui de la culture. Parmi les nombreux anneaux qui, passés les uns à travers les autres, forment l'humaine chose publique, les uns sont en or, les autres en tombac.

Or, comment le philosophe regarde-t-il la culture de notre temps ? A vrai dire, sous un tout autre aspect que ces professeurs de philosophie qui se réjouissent de leur état. Il lui semble presque apercevoir une destruction et un arrachement complet de la culture, quand il songe à la hâte générale, à l'accélération de ce mouvement de chute, à l'impossibilité de toute vie contemplative et de toute simplicité. Les eaux de la religion s'écoulent et laissent derrière elles des marécages ou des étangs ; les nations se séparent de nouveau, se combattent les unes les autres et demandent à s'entre-déchirer. Les sciences, pratiquées sans aucune mesure et dans le plus aveugle laisser-faire s'éparpillent et dissolvent toute conviction solide ; les classes et les sociétés cultivées sont entraînées dans une grandiose et méprisante exploitation financière. Jamais le monde n'a été davantage le monde, jamais il n'a été plus pauvre en amour et en dons précieux. Les professions savantes ne sont plus que des phares et des asiles, au milieu de toute cette inquiétude frivole ; leurs représentants deviennent eux-mêmes chaque jour plus inquiets, ayant chaque jour moins de pensées, moins d'amour. Tout se met au service de la barbarie qui vient, l'art actuel et la science actuelle ne font pas exception ! L'homme cultivé est dégénéré au point qu'il est devenu le pire ennemi de la culture, car il veut nier la maladie générale et il est un obstacle pour les médecins. Ils se mettent en colère, les pauvres bougres affaiblis, lorsque l'on parle de leurs faiblesses et que l'on combat leur dangereux esprit mensonger. Ils voudraient faire croire qu'ils ont remporté le prix sur tous les siècles et leurs démarches sont animées d'une joie factice. Leurs façons de simuler le bonheur a parfois quelquechose de saisissant, parce que leur bonheur est tout à fait incompréhensible. On ne voudrait pas même leur demander, comme fit Tannhœuser en s'adressant à Biterolf : « Qu'as-tu donc absorbé, malheureux ? » Car hélas ! nous le savons mieux que personne. Il y a sur nous l'oppression d'un jour d'hiver, nous habitons le voisinage d'une haute montagne, notre vie est pleine de dangers et de privations. Toute joie est brève et pâle tout rayon de soleil qui glisse sur nous du sommet glacé. Soudain une musique retentit. C'est un vieillard qui joue de l'orgue de barbarie et les danseurs tournent en rond ... Le voyageur est ému de ce spectacle : tout est si sauvage, si fermé, si incolore, si désespéré et c'est là dedans que retentit un air joyeux, d'une joie bruyante et irréfléchie ! Mais déjà les brumes du soir prématuré jettent leur ombre ; les sons se perdent, les pas du voyageur crissent sur la route ; si loin qu'il peut voir, il n'aperçoit rien que la face déserte et cruelle de la nature.

Pourtant, si l'on risque d'être accusé de partialité quand on ne relève que la faiblesse du dessin et le manque de coloris dans l'image de la vie moderne, le second aspect n'a cependant rien de plus réjouissant et n'apparaît que sous une forme d'autant plus inquiétante. Il existe certaines forces, des forces formidables, mais sauvages et primesautières, des forces tout à fait impitoyables. On les observe avec une attente inquiète, du même œil qu'on eut à regarder la chaudière d'une cuisine infernale : à tout moment des bouillonnements et des explosions peuvent se produire, annonçant de terribles cataclysmes. Depuis un siècle nous sommes préparés à des commotions fondamentales. Si, dans ces derniers temps, on tente d'opposer, à ce penchant profondément moderne de renverser ou de faire sauter la force constitutive de ce que l'on appelle l'Etat national, celui-ci n'en constitue pas moins, et pour longtemps, une augmentation du péril universel et de la menace qui pèse sur nos têtes. Nous ne nous laissons pas induire en erreur par le fait que les individus se comportent comme s'ils ne savaient rien de toutes ces préoccupations. Leur inquiétude montre combien ils sont bien informés ; ils pensent à eux-mêmes avec une hâte et un exclusivisme qui ne se sont jamais recontrés jusqu'à présent ; ils construisent et ils plantent pour eux seuls et pour un seul jour ; la chasse au bonheur n'est jamais si grande que quand elle doit être faite aujourd'hui et demain ; car après-demain déjà la chasse sera peut-être fermée. Nous vivons à l'époque des atomes et du chaos atomique.

Au moyen âge les forces adverses étaient à peu près contenues par l'Eglise et elles s'assimilaient en une certaine mesure les unes aux autres par la forte pression qu'exerçait l'Eglise. Lorsque le lien se déchire et que la pression diminue, les unes se dressent contre les autres. La Réforme décréta que certaines choses étaient *adiaphora*, appartenant à des domaines qui ne devaient pas être déterminés par la pensée religieuse ; c'est à ce prix qu'elles eurent le droit de vivre elles-mêmes. De même le christianisme, opposé à l'antiquité beaucoup plus religieuse, maintient son existence à un prix semblable. Depuis cette époque la séparation s'accentua toujours davantage. Aujourd'hui presque tout ce qui existe sur terre n'est déterminé que par les forces les plus grossières et les plus malignes, par l'égoïsme de ceux qui acquièrent et par la tyrannie militaire. L'Etat, entre les mains de cette tyrannie, de même que l'égoïsme de ceux qui possèdent, fait un effort pour tout organiser à nouveau, par ses propres moyens, de façon à servir de lien et de contrainte pour toutes les forces adverses. Ce qui équivaut à dire que l'Etat souhaite que les hommes professent pour lui le même culte idolâtre qu'ils avaient voué à l'Eglise. Avec quel succès ? Nous finirons par nous en apercevoir. En tous les cas, nous nous trouvons encore aujourd'hui dans le fleuve du moyen âge, un fleuve qui charrie des glaces. Le dégel l'a mis en mouvement et sa puissance ravage tout sur son passage. Les glaçons s'entre-choquent et s'accumulent; tous les rivages sont inondés et d'un accès dangereux. Il est tout à fait impossible d'éviter la révolution, la révolution des atomes. Mais quels sont les éléments indivisibles les plus petits de la société humaine?

Sans aucun doute, à l'approche de semblables périodes, l'humanité se trouve plus encore en danger qu'au moment où se produit l'effondrement et le tourbillon chaotique; et l'attente angoissée et l'exploitation avide de chaque minute suscitent toutes les lâchetés et tous les instincts égoïstes de l'âme, tandis que la détresse véritable et, en particulier, la généralité d'une grande détresse rendent les hommes meilleurs et leur prêtent une âme plus généreuse. A ces époques de péril, qui donc prêtera à la nature humanine, au trésor sacré et intangible que les générations successives ont peu à peu amassé, qui donc prêtera ses offices de gardien et de chevalier servant? Qui donc dressera *l'image de l'homme*, tandis que tous ne sentent au fond d'eux-mêmes que le ver de l'égoïsme et la peur cynique, s'étant détournés de cette image pour retomber dans l'animalité ou dans un rigide mécanisme?

Il y a trois images de l'homme que notre temps moderne a dressées successivement et dont le spectacle enlèvera encore longtemps aux mortels toute velléité de glorifier leur propre vie: celle de l'homme de Rousseau, celle de l'homme de Gœthe et enfin celle de l'homme de Schopenhauer. De ces trois images la première a le plus de feu et elle est certaine de l'effet le plus populaire. La seconde n'est faite que pour le petit nombre, pour ceux qui sont des natures contemplatives de grand style; la foule méconnaît généralement cette image. La troisième exige que ce soient les hommes les plus actifs qui la contemplent. Eux seuls le feront sans dommage, car elle décourage les natures contemplatives et effarouche la foule.

De la première, une force est partie qui poussa aux révolutions impétueuses et y pousse encore; car dans tous les frémissements socialistes et tous les tremblements de terre, c'est toujours l'homme de Rousseau qui se remue comme le vieux Typhon sous l'Etna. Opprimé et à moitié écrasé par des castes orgueilleuses et par des fortunes sans pitié, corrompu par des prêtres et une mauvaise éducation, ayant tout devant soi-même à cause de ses mœurs ridicules, l'homme, dans sa misère, en appelle à la « sainte nature » et il s'aperçoit soudain qu'elle est aussi éloignée de lui que n'importe quel dieu. Ses prières ne l'atteignent pas, tant il est enfoncé dans le chaos de l'anti-naturel. Il rejette avec mépris les parures multicolores qui, il y a peu de temps encore, lui paraissaient précisément être son humanité, ses arts et ses sciences, les avantages d'une vie raffinée; il frappe des poings contre les murs, à l'ombre desquels il a à ce point dégénéré; il en appelle à la lumière,au soleil, à la forêt, au rocher. Et lorsqu'il s'écrie: « La nature seule est bonne, seul l'homme naturel est humain », c'est qu'il se méprise lui-même et qu'il aspire à se dépasser. Dans de semblables conditions, l'âme est prête aux décisions les plus terribles, mais aussi à appeler de ses propres profondeurs ce qu'il y a de plus noble et de plus rare.

L'homme de Gœthe n'est pas une puissance aussi menaçante ; il est même, dans une certaine mesure, un correctif et un calmant pour cette dangereuse excitation à laquelle se trouve abandonné l'homme de Rousseau. Gœthe lui-même, avec tout son cœur aimant, avait été attaché durant sa jeunesse à l'évangile de la nature bienfaisante. Son *Faust* était l'image la plus élevée et la plus audacieuse de l'homme à la Rousseau, du moins dans la mesure où l'avidité de vivre, l'inquiétude et le désir de cet homme, son commerce avec les démons du cœur pouvaient être représentés poétiquement. Mais que l'on observe donc ce qui peut sortir de tous ces nuages accumulés ! Ce ne sera certainement pas l'éclair de la foudre ! Et ici se révèle précisément la nouvelle image de l'homme, de l'homme selon la formule de Gœthe. On pourrait croire que Faust, à travers une vie partout menacée, serait conduit, en révolté insatiable et en libérateur, force négatrice par bonté, génie le plus essentiel du bouleversement religieux et démoniaque, en quelque sorte à l'opposé de son compagnon si profondément anti-démoniaque, bien qu'il ne pût se débarrasser de ce compagnon et qu'il dût à la fois utiliser et mépriser sa méchanceté sceptique et sa négation — car tel est le sort tragique de tout révolté et de tout libérateur. Mais on se trompe si l'on s'attend à quelque chose de semblable. L'homme de Gœthe évite ici la rencontre de l'homme de Rousseau, car il déteste tout ce qui est violent, tout ce qui fait des bonds, mais cela veut dire qu'il déteste toute action. Et ainsi, Faust, rédempteur du monde, devient en quelque sorte seulement un voyageur à travers le monde. Tous les domaines de la vie et de la nature, tous les passés, tous les arts, toutes les mythologies, toutes les sciences voient passer devant eux en hâte l'insatiable contemplateur; les désirs les plus profonds sont éveillés et calmés aussitôt ; Hélène elle-même ne le retient pas plus longtemps ; et alors le moment arrive immanquablement que guette son ironique compagnon. En un point quelconque de la terre, le vol s'arrête, les ailes s'abaissent et Méphistophélès est là prêt à intervenir. Quand l'Allemand cesse d'être Faust il n'y a pas de danger plus proche que de le voir devenir philistin et de s'abandonner au diable. Seules des puissances divines peuvent le sauver de cette éventualité.

L'homme de Gœthe est, comme je l'ai dit, l'homme contemplatif de grand style, qui ne se consume pas sur la terre seulement parce qu'il amasse tout ce qui a jamais été grand et mémorable, tout ce qui a jamais été et qui est encore pour en faire sa nourriture et qui vit ainsi, bien que ce ne soit là qu'une vie qui va de désir en désir. Il n'est point l'homme actif. Tout au contraire : quand, en un point ou en un autre, il s'introduit dans l'activité générale, on peut être convaincu qu'il n'en sortira rien de bien et avant tout qu'aucun « ordre établi » ne sera renversé. Ce fut par exemple le cas quand Gœthe fit preuve d'une si vive ardeur pour les choses du théâtre. L'homme à la manière de Gœthe est une force conservatrice et conciliante, mais il court le danger de dégénérer au point de tomber au philistin, de même que l'homme de Rousseau peut facilement devenir un anarchiste. Un peu plus de force musculaire et de sauvagerie naturelle chez le premier et toutes ses vertus auraient plus d'ampleur. Il semble bien que Gœthe n'ignorait pas en quoi consiste le danger et la faiblesse de l'homme qu'il préconisait. Du moins l'indique-t-il dans les paroles que Jarno adresse à Wilhelm Meister : « Vous êtes mécontent et d'humeur chagrine; c'est fort bien ainsi. Quand vous vous fâcherez une fois sérieusement, ce sera mieux encore. »

Donc, à parler franc, il est nécessaire que nous nous fâchions une fois pour le bon, pour que les choses tournent mieux. Et à cela l'image de l'homme de Schopenhauer doit nous encourager. *L'homme de Schopenhauer prend sur lui la souffrance volontaire de la véracité*, et cette souffrance lui sert à tuer sa volonté personnelle et à préparer cette complète transformation, ce renversement de son être, dont la réalisation est le sens véritable de la vie. Cette expression de la vérité apparaît aux autres hommes comme une explosion de la méchanceté, car ils considèrent que la conservation de leurs imperfections et de leurs faiblesses est un devoir d'humanité et ils estiment qu'il faut être méchant pour leur gâter ainsi leur jeu. Ils sont tentés de s'écrier, comme fit Faust, en s'adressant à Méphistophélès : « C'est ainsi que tu opposes à la force toujours en mouvement, à la force créatrice et bienfaisante, la froide main du diable. » Et celui qui voudrait vivre à la façon de Schopenhauer ressemblerait probablement plutôt à un Méphistophélès qu'à un Faust, mais seulement aux yeux des êtres faibles et modernes qui voient toujours dans la négation le signe du mal.

Mais il y a une façon de nier et de détruire qui est

précisément l'expression de ce puissant désir de sanctification et de délivrance, dont le premier imitateur philosophique, Schopenhauer, se présenta parmi nous autres hommes profanateurs et véritablement frivoles. Toute existence qui peut être niée mérite aussi de l'être; être véridique, cela équivaut à croire en une existence qui ne saurait absolument être niée et qui est elle-même vraie et sans mensonge. C'est pourquoi l'homme véridique prête à son activité un sens métaphysique, un sens qui peut être expliqué par les lois d'une autre vie supérieure, profondément affirmatif, quoi qu'il fasse pour apparaître comme le destructeur et le briseur des lois de cette existence. Tout ce qu'il fera deviendra nécessairement une longue souffrance, mais il sait ce que savait déjà Maître Eckhard : « L'animal le plus rapide qui vous porte à la perfection est la souffrance. » Il me semble que chacun de ceux qui s'imaginent une pareille direction de vie doit sentir son âme s'élargir et qu'en lui doit naître un désir ardent de devenir un homme comme l'a conçu Schopenhauer, un homme qui, pour lui et son bien personnel, serait pur et d'une singulière résignation, dont la connaissance serait pénétrée d'un feu ardent et destructeur, loin de la neutralité méprisable de de ce que l'on appelle l'homme scientifique, qui se sentirait planer bien au-dessus du dénigrement chagrin et morose, s'offrant toujours le premier en sacrifice à la vérité reconnue, mais restant convaincu, au fond de sa conscience, du sentiment que des souffrances seules pourront naître de sa véracité. Certes, par sa bravoure, il anéantit son bonheur sur cette terre ; il lui faut s'opposer même aux hommes qu'il aime, aux institutions dont il est sorti ; il lui faut être en état de guerre, ne ménager ni les hommes ni les choses, bien qu'il souffre lui aussi des blessures qui leur sont faites ; il sera méconnu et passera longtemps pour l'allié des puissances qu'il exècre ; malgré sa soif de justice et quoi qu'il mette à son jugement une mesure humaine, il devra être injuste. Mais il pourra s'encourager et se consoler avec les paroles dont se servit un jour Schopenhauer, son grand éducateur :

« Une vie heureuse est impossible. Le but suprême que l'homme peut atteindre est une *carrière héroïque*. Celui-là l'accomplit qui, de n'importe quelle façon et dans n'importe quelle circonstance, lutte avec les plus grandes difficultés pour ce qui peut, de quelque façon que ce soit, profiter à tous et qui finalement remporte la victoire, sans être autrement récompensé, ou en l'étant mal. Alors il finira par demeurer pétrifié, mais comme le prince dans le *Re corvo* de Gozzi, en une attitude noble et avec des gestes héroïques. Son souvenir demeure et sera célébré comme celui d'un héros ; sa volonté, mortifiée durant toute sa vie par la peine et le travail, la mauvaise fortune et l'ingratitude du monde, s'éteint dans le nirvana. »

Une pareille carrière héroïque, sans oublier les mortifications qu'elle comporte, ne correspond pas, à vrai dire, aux conceptions médiocres de ceux qui lui consacrent le plus d'éloquence, qui célèbrent des fêtes en mémoire des grands hommes et qui s'imaginent que le grand homme est grand comme ils sont petits, par grâce spéciale, pour leur propre plaisir, ou par le moyen d'un mécanisme spécial dans une obéissance aveugle à une contrainte intérieure, de telle sorte que celui qui n'a pas reçu le don ou qui ne sent pas la contrainte possède le même droit à être petit que l'autre à être grand. Mais être gratifié ou contraint, voilà des paroles méprisables par quoi l'on s'efforce d'échapper à un avertissement intérieur, voilà des injures à l'adresse de chacun de ceux qui ont écouté ces avertissements, donc à l'adresse du grand homme. Le grand homme est précisément de ceux qui se laissent le moins gratifier et contraindre. Il sait aussi bien que le petit homme comment on peut prendre la vie par son côté facile et combien est molle la couche où il pourrait s'étendre, s'il s'avisait de traiter son prochain avec gentillesse et banalité. Toutes les règles de l'humanité ne sont-elles pas faites de telle sorte que les atteintes de la vie, par une perpétuelle distraction des pensées, ne puissent être *senties*? Pourquoi veut-il exactement le contraire, avec une telle force de sa volonté, veut-il précisément sentir la vie, ce qui équivaut à souffrir de la vie ? Parce qu'il s'aperçoit qu'on veut le duper au sujet de lui-même et qu'il existe une sorte d'entente qui consiste à le faire sortir de sa propre caverne. Alors il se rebiffe, il dresse l'oreille et il décide : « Je veux continuer à m'appartenir à moi-même ! » C'est là une décision terrible et il ne s'en rend compte que peu à peu. Car maintenant il lui faut plonger dans les profondeurs de l'existence, ayant sur les lèvres une série de questions insolites : Pourquoi est-ce que je vis ? Quelle leçon doit me donner la vie ? Comment suis-je devenu ce que je suis et pourquoi cette condition me fait-elle souffrir ? Il se tourmente et il s'aperçoit que personne ne se tourmente ainsi, qu'au contraire les mains de ses semblables se tendent passionnément vers les fanstamagories qui se jouent sur le théâtre politique, que ses semblables se pavanent sous cent masques différents, jeunes gens, hommes ou vieillards, pères, citoyens, prêtres, fonctionnaires, commerçants, tous occupés avec ardeur à jouer leur propre comédie et ne songeant nullement à s'observer eux-mêmes. Si on leur posait la question : « Pourquoi vis-tu ? » tous répondraient avec fierté : « Pour *devenir* un bon citoyen, un savant ou un homme d'Etat. » Et pourtant ils *sont* quelque chose qui jamais ne pourrait devenir quelque chose de différent. Pourquoi sont-ils précisément *cela* ? Pourquoi cela et non point quelque chose de meilleur ?

Celui qui ne comprend sa vie que comme un point dans l'évolution d'une race, d'un Etat ou d'une science et qui par conséquent veut entièrement se subordonner au développement d'une matière déterminée, à l'histoire dont il fait partie, n'a pas compris la tâche que lui impose l'existence et il lui faudra l'apprendre une autre fois. Cet éternel devenir est un guignol mensonger qui fait que l'homme s'oublie lui-même, c'est le divertissement qui disperse l'individu à tous les vents, c'est la joie sans fin de la badauderie que ce grand enfant qu'est notre temps joue devant nous et avec nous. L'héroïsme de la véracité consiste précisément en ceci que l'on cesse un jour d'être son jouet. Dans le devenir tout est creux, trompeur et plat, tout est digne de notre mépris. L'énigme que doit deviner l'homme, il ne peut la deviner que dans l'être, dans le conditionné, dans l'impérissable. Dès lors, il commencera à examiner combien profondément il se rattache au devenir, combien profondément il se rattache à l'être. Une tâche formidable se dressera devant son âme : détruire tout ce qui est dans son devenir, mettre au jour tout ce qu'il y a d'erroné dans les choses. Lui aussi veut tout connaître, mais il le veut autrement que l'homme de Gœthe, non pas en faveur d'une noble mollesse, pour se conserver et se divertir de la multiplicité des choses. Au contraire,il sera lui-même le premier sacrifice qu'il apportera. L'homme héroïque méprise son bien-être et son mal-être, ses vertus et ses vices, il dédaigne de mesurer les choses à sa propre mesure ; il n'espère plus rien de lui-même et de toutes choses, il veut voir le fond sans espérance. Sa force réside en l'oubli de soi et,s'il pense à lui-même, il mesure l'espace qui le sépare de son but élevé et il lui semble voir derrière lui et autour de lui un amas chétif de scories.

Les penseurs anciens cherchaient de toute leur force le bonheur et la vérité ; et jamais personne ne doit trouver ce qu'il doit chercher, dit un mauvais principe de la nature. Mais celui qui cherche le mensonge en toutes choses et qui volontairement se joint au malheur, celui-là se prépare peut-être un autre miracle de déception : quelque chose d'inexprimable s'approche de lui, quelque chose dont le bonheur et la vérité ne sont que des copies idolâtres, la terre perd sa pesanteur, les événements et les puissances du monde prennent l'aspect d'un songe, il y a autour de lui comme la transfiguration d'un soir d'été. Celui qui sait voir est dans la situation d'un homme qui s'éveille et qui voit encore flotter autour de lui les nuées d'un rêve. Celles-là aussi finiront par se disperser. Alors ce sera le jour.

5.

Mais j'ai promis de montrer, d'après les expériences que j'ai faites, *Schopenhauer éducateur*, il ne suffit donc pas qu'avec des expressions imparfaites, je peigne cet homme idéal qui agit en Schopenhauer et autour de lui, en quelque sorte comme son idée platonicienne. Il me reste à dire ce qu'il y a de plus difficile, comment, en partant de cet idéal, on peut conquérir un nouveau cercle de devoirs, et comment on peut se mettre en communication avec un but aussi transcendant par une activité régulière, bref à démontrer encore que cet idéal est *éducateur*. Autrement on pourrait croire qu'il n'est pas autre chose qu'une conception du bonheur, une conception même enivrante, résultat de quelques rares moments, mais qui nous abandonne aussitôt pour nous livrer à un déplaisir d'autant plus profond. Ce qu'il y a de certain c'est que c'est ainsi que *commencent* nos rapports avec cet idéal, avec des contrastes soudains de lumière et d'obscurité, d'ivresse et de dégoût et qu'une expérience se renouvelle pour nous qui est vieille comme l'idéal lui-même. Mais nous ne devons pas longtemps rester à la porte, car bientôt nous en franchirons le seuil. Il importe donc de poser une question sérieuse et précise. Est-il possible de rapprocher ce but si infiniment élevé, de façon à ce qu'il nous éduque pendant qu'il nous élève ? Il ne faut pas que la grande parole de Gœthe s'accomplisse à nos dépens. Gœthe a dit: « L'homme est né pour une condition limitée ; il est capable de comprendre des desseins simples, proches et déterminés ; mais, dès qu'il trouve de l'espace en face de lui, il ne sait plus ce qu'il veut et ce qu'il doit et il est tout à fait indifférent qu'il soit distrait par la quantité des objets ou qu'il soit mis hors de lui par l'élévation et la dignité de ceux-ci. C'est toujours un malheur pour lui d'être poussé à aspirer à quelque chose qui est incompatible avec une activité personnelle et régulière. »

On peut employer ces arguments avec une certaine apparence de justesse, précisément contre l'homme de Schopenhauer. Sa dignité et son élévation ne peuvent que nous mettre hors de nous-mêmes et par là nous éloignent de nouveau de toute communauté avec ceux qui agissent. Le lien qui unit les devoirs, le courant de la vie disparaissent. Peut-être l'un ou l'autre s'habituera-t-il à s'éloigner de mauvaise grâce et à vivre suivant une double direction, ce qui veut dire qu'il sera en contradiction avec lui-même, qu'il hésitera çà et là, ce qui le rendra tous les jours plus faible et plus stérile. Un autre renoncera peut-être par principe à agir encore et à peine voudra-t-il encore être spectateur, quand d'autres agissent. Il y a toujours danger, lorsque l'on rend la tâche trop difficile pour l'homme et lorsqu'il n'est pas capable de *remplir* des devoirs; les natures les plus fortes peuvent être ainsi détruites, les plus faibles, qui sont les plus nombreuses, tombent dans une paresse contemplative et leur paresse finit par leur faire perdre le goût de la contemplation.

En face de pareilles objections je ne veux concéder qu'une seule chose. Notre tâche ne fait que commencer ici et d'après ma propre expérience je ne vois et ne sais qu'une seule chose, qu'il est possible, en partant de cette image idéale, de nous charger d'une chaîne de devoirs qui sont à notre portée, et quelques uns d'entre nous sentent déjà le poids de cette chaîne. Mais, pour pouvoir exprimer délibérément la formule, par quoi je voudrais résumer ce nouvel ordre de devoirs, il faut que je présente tout d'abord les considérations préalables qui vont suivre.

Les hommes d'esprit plus profond ont, de tous temps, eu pitié des animaux, précisément parce qu'ils souffrent de la vie et parce qu'ils n'ont pas la force de tourner contre eux-mêmes l'aiguillon de la vie et de donner à leur existence une signification métaphysique ; on est toujours profondément révolté de voir souffrir sans raison. C'est pourquoi, en un endroit de la terre, naquit la supposition que les âmes des hommes chargés de fautes seraient passées sur les corps de ces animaux et que la souffrance sans raison, révoltante à première vue, prendrait, devant la justice éternelle, le sens, la signification de punition et d'expiation. C'est, à vrai dire, une lourde punition de vivre ainsi sous une forme animale, avec la faim et les désirs, et de ne pouvoir se rendre compte de ce que signifie cette vie. L'on ne saurait imaginer sort plus douloureux que celui de la bête fauve, chassée à travers le désert par le supplice qui la ronge, rarement satisfaite, alors que l'assouvissement devient une souffrance dans la lutte meurtrière avec d'autres animaux, ou dans l'asservissement et les envies répugnantes. Tenir à la vie aveuglément et follement, sans attendre une récompense, sans savoir que l'on est puni et pourquoi l'on est ainsi puni, mais aspirer précisément à cette punition comme à un bonheur, avec toute la bêtise d'un épouvantable désir, — c'est là ce qui s'appelle être animal, et si toute la nature se presse autour de l'homme, elle donne par là à entendre qu'il lui est nécessaire pour qu'elle puisse se racheter de la malédiction qu'est la vie animale et qu'enfin, par l'homme, l'existence se met en face d'un miroir au fond duquel la vie n'apparaît plus sans signification, mais prend toute son importance métaphysique. Mais qu'on y réfléchisse bien : où cesse l'animal, où commence l'homme ? Où commence cet homme qui seul importe à la nature ? Aussi longtemps que quelqu'un aspire à la vie comme il aspire à un bonheur, il n'a pas encore élevé le regard au-dessus de l'horizon animal, si ce n'est qu'il veut avec plus de conscience ce que l'animal cherche aveuglément. Mais il en est ainsi de nous, durant la plus grande partie de la vie : nous ne sortons généralement pas de l'animalité, nous sommes nous-mêmes les animaux dont la souffrance semble être sans signification.

Il y a cependant des moments *où nous comprenons tout cela.* Alors les images se déchirent et nous nous apercevons qu'avec toute la nature nous nous pressons autour de l'homme comme autour de quelque chose qui s'élève bien au-dessus de nous. Dans cette clarté soudaine, nous regardons en frissonnant autour de nous et derrière nous et nous voyons courir les fauves raffinés et nous sommes au milieu d'eux. La prodigieuse mobilité des hommes sur le vaste désert de la terre ; leur hâte à fonder des villes et des Etats, à faire la guerre, à se réunir sans cesse pour de nouveau se séparer ; leur tendance à s'imiter les uns les autres, à se duper et à se fouler aux pieds ; leurs cris dans la détresse et leurs hurlements de joie dans la victoire — tout cela n'est qu'une continuation de l'animalité. Il en est comme si l'homme était soumis intentionnellement à un phénomène de régression et frustré de ses dispositions métaphysiques, comme si la nature, après avoir longtemps aspiré à créer l'homme, s'était soudain reculée de lui avec effroi et qu'elle ait préféré retourner à l'inconscient de l'instinct. Elle avait besoin de suivre la vie de la connaissance et elle a peur de la connaissance qu'il lui eût fallu. C'est pourquoi la flamme vacille, inquiète, comme si elle était effrayée devant elle-même et elle saisit mille choses avant de saisir ce pour quoi la nature a précisément besoin de la connaissance. Nous nous en apercevons tous dans certains moments, où nous ne faisons les plus longs préparatifs de notre vie que pour finir nos tâches véritables; où nous voudrions cacher notre tête n'importe où, pourvu que notre conscience aux cent yeux ne puisse nous saisir; où nous abandonnons notre cœur en hâte à l'État, au gain lucratif, à la société, à la science, simplement pour que ce cœur ne soit plus en notre possession; où nous nous abandonnons nous-mêmes aveuglément à la dure tâche quotidienne plus qu'il ne serait nécessaire pour nous — et tout cela parce qu'il nous semble plus indispensable encore de ne pas reprendre conscience de nous-mêmes.

La hâte est générale, parce que chacun est en fuite devant lui-même, générale aussi la farouche pudeur que l'on met à cacher cette hâte, parce que l'on voudrait paraître satisfait et dérober sa misère au spectateur perspicace, et général enfin le besoin de nouveaux mots sonores dont il convient d'affubler la vie pour lui prêter un air de bruit et de fête. Chacun connaît l'état d'âme singulier qui s'empare de nous quand soudain des souvenirs désagréables s'imposent à nous et que nous nous efforçons, par des gestes violents et des paroles bruyantes à les agiter. Mais les gestes et les paroles de la vie quotidienne laissent deviner que nous nous trouvons tous et toujours dans une condition semblable, par crainte du souvenir et des pensées intimes. Qu'est-ce donc qui s'empare si souvent de nous, quelle mouche nous a piqués et nous empêche de dormir ? Des fantômes s'agitent autour de nous, chaque instant de la vie veut nous dire quelque chose, mais nous ne voulons pas écouter cette voix surnaturelle. Quand nous sommes seuls et silencieux, nous craignons qu'on nous murmure quelque chose à l'oreille et c'est pourquoi nous détestons le silence, pourquoi nous nous étourdissons en société.

Tout cela, nous le comprenons seulement de-ci de-là et nous nous étonnons grandement de la peur et de la hâte vertigineuse, et de l'état de songe où se déroule notre vie et qui, semblant craindre de s'éveiller, rêve avec d'autant plus de vivacité et d'inquiétude que l'éveil est proche. Mais nous sentons en même temps que nous sommes trop faibles pour supporter longtemps ces moments de profond recueillement, et nous sentons que ce n'est pas nous qui sommes les êtres vers lesquels toute la nature se sent pressée pour obtenir sa délivrance. C'est beaucoup déjà que nous puissions nous hausser un peu et redresser la tête pour nous rendre compte que nous sommes profondément enfoncés dans le fleuve. Et, pour cela encore, notre propre force ne suffit pas. Si nous émergeons à la surface, si nous nous éveillons pour un court moment, c'est parce que nous avons été soutenus et élevés. Quels sont ceux qui nous élèvent ?

Ce sont ces *hommes* véridiques, ces hommes qui se séparent du règne animal, *les philosophes, les artistes, les saints*. A leur apparition, et par leur apparition, la nature, qui ne saute jamais, fait son bond unique, et c'est un bond de joie, car elle sent que pour la première fois elle est arrivée au but, c'est-à-dire là où elle comprend qu'il lui faut désapprendre d'avoir des buts et qu'en jouant avec la vie et le devenir elle avait eu affaire à trop forte partie. Cette connaissance la fait s'illuminer et une douce lassitude du soir — ce que les hommes appellent « beauté » — repose sur son visage. Maintenant, par son air transfiguré, elle veut exprimer le grand *éclaircissement* sur le sens de l'univers ; et ce que les hommes peuvent désirer de plus haut, c'est de participer sans cesse, en ayant l'oreille aux aguets, à cet éclaircissement. Si quelqu'un songe à ce que Schopenhauer, par exemple, a dû *entendre* au cours de sa vie, il se dira probablement après coup : « Mes oreilles qui n'entendent pas, mon cerveau vide, ma raison hésitante, mon cœur rétréci, tout ce qui est à moi, hélas, comme je méprise tout cela ! Ne pas savoir voler, mais seulement voleter ! Voir plus haut que soi-même et ne pas pouvoir monter jusque-là ! Connaître le chemin qui mène à cet immense point de vue du philosophe, s'y être déjà engagé, et retourner en arrière après quelques pas ! Et si le plus ardent de tous les vœux ne se réalisait qu'un seul jour, combien volontiers on donnerait en échange tout le reste de sa vie ! Monter aussi haut que jamais personne n'est monté, dans l'air pur des Alpes et des glaces, là où il n'y a plus ni brouillards ni nuages, où l'essence même des choses s'exprime d'une façon dure et rigide, mais avec une précision inévitable! Il suffit de songer à tout cela pour que l'âme devienne solitaire et infinie! Si son désir s'accomplissait, si le regard tombait sur les choses, droit et lumineux, si la honte, la crainte et le désir s'évanouissaient, quels termes faudrait-il trouver pour dénommer un pareil état d'âme, pour qualifier cette émotion, nouvelle et énigmatique, sans agitation, cette émotion qui rendrait son âme pareille à celle de Schopenhauer, étendue sur les prodigieux hiéroglyphes de l'existence, sur la doctrine pétrifiée du devenir, non point comme la nuit est étendue, mais pareille à la lumière rouge et ardente qui rayonne sur la vie? Et quel serait, en outre, le sort de celui qui irait assez avant dans la divination de la destinée particulière et du bonheur singulier du philosophe, pour éprouver toute l'incertitude et tout le malheur, tout le désir sans espoir de celui qui n'est pas philosophe! Savoir que l'on est le fruit de l'arbre qui, parce qu'il reste dans l'ombre, ne mûrira jamais, et voir devant soi, tout proche, le rayon de soleil qui vous fait défaut! »

Ces réflexions pourraient être une telle source de souffrances que celui qui s'y livrerait deviendrait aussitôt envieux et méchant, s'il lui était possible de le devenir, mais il est fort probable qu'il finira par retourner son âme pour qu'elle ne se consume pas en vains désirs. Ce sera alors, pour lui, le moment de *découvrir* un nouveau cercle de devoirs.

J'en arrive ici à répondre à cette question : Est-il possible d'entrer en communication avec l'idéal supérieur de l'homme tel que l'a conçu Schopenhauer par une activité personnelle et régulière? Mais, avant tout, ceci est établi : les devoirs nouveaux ne sont pas les devoirs d'un solitaire ; en les accomplissant on appartient, bien au contraire, à une puissante communauté dont les membres, bien qu'ils ne soient pas liés par des formes et des lois extérieures, se retrouvent cependant dans une même idée fondamentale. Cette idée fondamentale est la *culture*, en tant qu'elle place chacun de nous devant une seule tâche: *accélérer la venue du philosophe, de l'artiste et du saint, en nous-mêmes et en dehors de nous, de façon à travailler de la sorte à l'accomplissement de la nature*. Car, de même que la nature a besoin du philosophe, l'artiste lui est nécessaire, et ceci dans un but métaphysique, pour l'éclairer sur elle-même, pour que lui soit enfin opposé, sous une forme pure et définitive, ce que, dans le désordre de son devenir, elle ne voit jamais clairement — donc pour que la nature prenne conscience d'elle-même. C'est Gœthe qui, dans une parole orgueilleuse et profonde, fit entendre que toutes les tentations de la nature ne valent qu'en tant que l'artiste devine ses balbutiements, qu'il va au-devant de la nature et exprime le sens de ces tentatives. « Je l'ai souvent dit, s'écrie-t-il une fois, et le répéterai souvent encore, la cause finale des luttes du monde et des hommes, c'est l'œuvre dramatique. Car autrement ces choses ne pourraient absolument servir à rien. » — Et enfin la nature a besoin du saint, du saint dont le moi s'est entièrement fondu, dont la vie de souffrance a presque perdu, ou même tout à fait perdu son sens individuel, pour se confondre, dans un même sentiment, avec tout ce qui est vivant ; du saint qui subit ce miracle de transformation, qui n'est jamais le jouet des hasards du devenir, cette dernière et définitive humanisation, où pousse sans cesse la nature pour se délivrer d'elle-même. Il est certain que nous tous nous avons des liens et des affinités qui nous attachent au saint, tout comme une parenté d'esprit nous unit à l'artiste et au philosophe. Il y a des moments et en quelque sorte des étincelles du feu le plus vif et le plus aimant à la clarté desquels nous ne comprenons plus le mot « moi » ; il y a au delà de notre être quelque chose qui, en de pareils moments, passe de notre côté, et c'est pourquoi, du fond de notre cœur, nous désirons qu'il soit construit des ponts entre ici et là-bas.

Il est vrai que, dans notre état d'esprit habituel, nous ne pouvons contribuer en rien à la création de l'homme rédempteur, c'est pourquoi nous nous haïssons nous-mêmes lorsque nous sommes dans cet état d'une haine qui est la source de ce pessimisme que Schopenhauer dut enseigner de nouveau à notre époque, mais qui existe depuis qu'il existe un désir de culture. La source de ce pessimisme, mais non point son épanouissement ; son assise inférieure en quelque sorte, non pas son faîte ; son point de départ, non point son aboutissement, car, un jour, il nous faudra apprendre à détester quelque chose d'autre et de plus général, non point seulement notre individu et sa misérable limitation, ses vicissitudes et son âme inquiète, le jour où nous nous trouverons dans cette condition supérieure où nous aimerons aussi autre chose que ce que nous pouvons aimer maintenant.

C'est seulement quand, à l'âge actuel ou dans un âge futur, nous avons admis dans cette communauté supérieure des philosophes, des artistes et des saints, que notre amour et notre haine se verront également assigner un but nouveau. D'ici là nous, avons notre tâche et notre cercle de devoirs, notre haine et notre amour. Car nous savons ce que c'est que la culture. Elle exige, pour appliquer le principe de l'homme conçu par Schopenhauer, que nous préparions, que nous accélérions la création d'hommes semblables, en apprenant à connaître et en faisant disparaître ce qui est une entrave à la venue de ces hommes, bref, que nous luttions infatigablement contre tout ce qui nous a empêchés de réaliser la forme supérieure de notre existence en ne nous permettant pas de devenir nous-mêmes ces hommes tels que les avait conçus Schopenhauer.

6.

Il est parfois plus facile de convenir d'une chose que de la comprendre. La plupart de ceux qui réfléchiront à la parole suivante seront dans ce cas : « L'humanité doit travailler sans cesse à engendrer quelques grands hommes... cela et nulle autre chose doit être sa tâche. » Combien volontiers voudrait-on appliquer à la société et à son but un enseignement que l'on peut tirer de l'étude de toutes les espèces du monde animal et végétal. On constatera alors que seuls importent quelques exemplaires supérieurs, où seul ce qui est extraordinaire, puissant, compliqué et terrible joue un rôle ; on le ferait volontiers, si les préjugés que l'on tient de l'éducation n'y opposaient la plus vive résistance. Il est en somme facile de comprendre que le but de l'évolution se trouve réalisé quand une espèce a atteint sa limite extrême et qu'elle a réalisé le type intermédiaire qui conduit à une espèce supérieure, et non point lorsque l'espèce présente un nombre considérable d'exemplaires pareils et que ces exemplaires jouissent du plus grand bien-être ou même qu'ils sont les derniers venus dans la même catégorie. Ce but semble être réalisé tout au contraire par les existences qui paraissent dispersées au hasard et qui rencontrent çà et là des conditions favorables à leur développement. On devrait comprendre tout aussi aisément que l'humanité, étant capable d'arriver à la conscience de son but, a le devoir de rechercher et d'établir ces conditions favorables, nécessaires à la création de grands hommes rédempteurs. Mais voilà que l'on soulève je ne sais trop quelles objections : on prétend que le but final doit être dans le bonheur de tous ou du plus grand nombre, qu'il faut le chercher dans l'épanouissement des grandes communautés, et si quelqu'un se décide en hâte à sacrifier sa vie au service d'un Etat, il y mettrait beaucoup plus de façons et il y réfléchirait à deux fois si ce sacrifice était réclamé non pas par un Etat, mais par un individu. Il paraît absurde qu'un homme puisse exister à cause d'un autre homme. Qu'il existe au contraire pour tous les autres, ou du moins pour le plus grand nombre possible ! Voilà ce que l'on exige ! Mais, brave homme que tu es, serait-il donc moins absurde de laisser décider le nombre quand il s'agit de mérite et de valeur? Car la question se pose ainsi : Comment ta vie, la vie de l'individu, atteint-elle sa valeur la plus haute, sa signification la plus profonde? Comment faire pour la gaspiller le moins possible? Cela ne peut être qu'en vivant au profit des exemplaires les plus rares et les plus précieux, non point au profit du plus grand nombre, c'est-à-dire, individuellement, des exemplaires les plus précieux. Il faut précisément implanter et cultiver dans l'âme du jeune homme ce sentiment qu'il est lui-même en quelque sorte une œuvre manquée de la nature, mais qu'il est en même temps le témoignage des intentions les plus hautes et les plus merveilleuses de cette artiste. Elle n'a pas atteint son but, devra-t-il se dire, mais je veux honorer sa haute intention en me mettant à son service, de façon à ce que, un jour, elle réussisse mieux.

Avec ce dessein il se place dans le domaine de la culture, car celle-ci est, pour chacun, l'enfant de la connaissance de soi et du sentiment de l'insuffisance individuelle. Chacun de ceux qui se déclarent son partisan déclare par là : « Je vois au-dessus de moi quelque chose de supérieur et de plus humain que moi-même; aidez-moi tous pour que je parvienne à l'atteindre, de même que je veux aider tous ceux qui témoignent comme moi et qui souffrent du même mal que moi, pour qu'enfin puisse naître de nouveau l'homme qui se sent complet et infini, dans la connaissance et dans l'amour, dans la contemplation et dans le pouvoir, l'homme qui, dans sa totalité, tient à la nature, juge et évaluateur des choses. » Il est difficile de placer quelqu'un dans cette condition d'intrépide connaissance de soi-même, parce qu'il est impossible d'enseigner l'amour. L'amour seul permet à l'âme de se juger elle-même avec un regard lucide, analyseur et méprisant et l'anime du désir de voir plus loin qu'elle-même, pour s'enquérir, de toutes ses forces, d'un moi supérieur, qui se tient encore caché quelque part. Donc, celui-là seul qui s'est attaché de tout cœur à un grand homme, quel qu'il soit, reçoit par là *la première consécration de la culture.* Les signes qui la font reconnaître sont l'humilité sans dépit, la haine que l'on a de sa propre étroitesse et de son manque d'élan, la compassion avec le génie qui sut s'arracher toujours à nouveau de notre atmosphère lourde et sèche, la divination de tous ceux qui se développent et qui luttent et, enfin, la conviction de rencontrer presque partout la nature dans sa détresse, la nature qui tente de s'approcher de l'homme, qui s'aperçoit avec douleur que l'œuvre est encore manquée, bien qu'elle puisse enregistrer des réussites partielles, des traits, des esquisses de l'œuvre parfaite. Il en est alors des hommes au milieu desquels nous vivons comme d'une accumulation d'ébauches artistiques et précieuses, où tout nous invite à mettre la main à la pâte, à terminer, à assembler ce qui doit être réuni, à compléter ce qui aspire à la perfection.

J'ai appelé « la première consécration de la culture » cette somme de conditions intérieures. Il me faut maintenant peindre l'effet de la *seconde* consécration et je sais fort bien qu'ici ma tâche est plus difficile, car il convient de faire le passage entre le fait intime et l'appréciation du fait extérieur; le regard doit se porter au loin pour retrouver, dans l'agitation du vaste monde, ce désir de culture tel qu'il le connaît d'après ces premières expériences. L'individu doit utiliser ses désirs et ses aspirations comme un *chiffre* qui lui permet de lire dès lors les aspirations des hommes. Mais, là encore, il ne faut pas qu'il s'arrête. De ce degré il devra s'élever au degré supérieur. La culture n'exige pas seulement de lui ces expériences personnelles, non seulement l'appréciation du monde extérieur qui l'entoure, mais encore et principalement un acte déterminé, à savoir, la lutte pour la culture et la guerre à toutes les influences, toutes les habitudes, toutes les lois, toutes les institutions dans lesquelles il ne reconnaît pas son but, la production du génie.

Celui là donc qui est capable de se placer sur le second degré est frappé tout d'abord de voir combien *ce but* échappe généralement à la sphère de la connaissance, combien, par contre, la préoccupation de la culture est universelle et combien sont énormes les forces que l'on emploie à son service. On se demande avec étonnement si une pareille connaissance est indispensable. La nature n'atteindrait-elle pas son but, lors même que le plus grand nombre saurait mal déterminer la raison de ses propres préoccupations? Celui qui s'est habitué à croire beaucoup en la finalité inconsciente de la nature n'aura pas de peine à répondre : « Il en est ainsi! Laissez les hommes dire et penser ce qu'ils veulent de leur but final, ils ont conscience qu'une obscure poussée les mène sur le droit chemin. »

Pour pouvoir soulever ici des objections, il faut avoir vécu quelque peu; mais celui qui est véritablement convaincu que c'est le but de la culture d'accélérer la venue des grands hommes et que la culture ne saurait avoir d'autre but, et qui compare maintenant, celui-là s'apercevra que la formation d'un pareil homme, malgré tout l'étalage et la pompe de la culture, ne se distingue pas beaucoup d'une cruauté persistante, telle qu'on l'inflige aux animaux. Il jugera alors qu'il est nécessaire que « l'obscure poussée » soit enfin remplacée par une volonté constante. Un autre argument se présentera encore à son esprit : il ne faut plus qu'il soit possible que cet instinct, inconscient de son but, cette obscure poussée tant vantée, soient utilisés à des fins toutes différentes et conduits sur des chemins où ce but supérieur, la création du génie, ne pourra jamais être atteint. Il existe, hélas ! une sorte de culture profanée et asservie ! Pour s'en apercevoir, il suffit de regarder autour de soi. Ce sont précisément les forces qui prétendent aujourd'hui accélérer la culture de la façon la plus active qui sont animées d'arrière-pensées et dont l'activité en faveur de la culture n'est ni pure ni désintéressée.

Voici tout d'abord *l'égoïsme des acquéreurs*, qui a besoin de se servir de la culture et qui, par gratitude, lui vient en aide, mais qui voudrait également lui prescrire son but et ses limites. C'est de ce côté-là que vient le théorème et le sorite qui disent à peu près ceci : Autant de connaissance et de culture que possible, pour cela autant de besoins que possible, pour cela autant de production que possible, pour cela autant de gain et de bonheur que possible. Telle est la formule séductrice. Les adhérents de la culture définiraient celle-ci : l'intelligence que l'on mettrait à accommoder ses besoins et leur satisfaction à l'époque actuelle, en disposant, en même temps, des meilleurs moyens pour gagner de l'argent aussi facilement que possible. Former autant d'hommes que possible qui circuleraient à peu près comme une monnaie a cours, c'est à cela qu'ils viseraient, et, d'après cette conception, un peuple serait d'autant plus heureux qu'il posséderait beaucoup de ces hommes qui circuleraient comme argent courant. C'est pourquoi les établissements pédagogiques modernes se proposeraient de développer chacun de leurs élèves selon sa valeur, à devenir *courant*, à l'éduquer de telle sorte qu'il puisse bénéficier, selon la mesure de sa compétence et de son savoir, de la plus grande somme de bonheur et d'avantages. On exige ici que l'individu, appuyé sur une pareille culture générale, soit capable de se taxer exactement lui-même de façon à savoir ce qu'il doit exiger de la vie. Et, en fin de compte, on affirme qu'il existe une union naturelle et nécessaire « de l'intelligence et de la propriété », « de la richesse et de la culture », mieux encore, que cette union est une nécessité *morale*. Toute culture paraît répréhensible qui rend solitaire, qui impose des buts plus élevés que l'argent et le profit, qui use de beaucoup de temps. On a l'habitude de calomnier ces façons plus sérieuses de cultiver l'esprit en le traitant d' « égoïsme raffiné » ou d' « épicuréisme immoral ». Il est vrai que pour se conformer ici à la mode courante, on prise précisément le contraire, à savoir une culture rapide qui mène à devenir bientôt un être qui gagne de l'argent et que cette culture soit juste assez profonde pour que cet être puisse gagner beaucoup d'argent. On ne permet à l'homme qu'autant de culture qu'il en est besoin dans l'intérêt du profit général et des usages du monde, mais on l'exige aussi de lui. On dit, en résumé, que l'homme a un droit indispensable au bonheur sur la terre, c'est pourquoi la culture lui est nécessaire, mais à cause de cela seulement !

Voici, en second lieu, *l'égoïsme de l'Etat*, car l'Etat exige également une généralisation et un développement aussi considérables que possible de la culture et il tient entre les mains les instruments les plus efficaces pour satisfaire ses désirs. En admettant qu'il se sache assez fort pour pouvoir non seulement enlever les entraves mais encore pour imposer son joug à temps, en admettant que son fondement soit assez large pour pouvoir supporter tout l'édifice de la culture, c'est lui qui, dans la lutte avec les autres Etats, bénéficiera toujours lui-même de la vulgarisation de la culture parmi ses citoyens. Partout où l'on parle maintenant « d'Etats civilisés » on impose la tâche de développer les facultés intellectuelles d'une génération, au point que ces facultés servent et soient utiles aux institutions établies, mais on n'admet pas que ce développement aille plus loin. Il en est comme d'un ruisseau de montagne, détourné partiellement de son cours par des digues et des barrages, pour que sa force motrice serve à faire tourner un moulin, tandis que si son courant impétueux était utilisé tout entier, il deviendrait plutôt dangereux qu'utile pour le moulin. Le déchaînement apparent des forces se présente ainsi plutôt comme une contrainte. Qu'on se rappelle plutôt ce qu'est devenu le christianisme au cours des temps et sous la domination égoïste de l'Etat. Le christianisme est certainement la révélation la plus pure de ce besoin de culture et de la création toujours renouvelée des saints. Mais, comme il a été utilisé de cent façons pour faire tourner les moulins des pouvoirs publics, il s'est peu à peu corrompu jusqu'à la moelle, il est devenu hypocrite et mensonger et il a dégénéré jusqu'à être en contradiction avec son but primitif. Sa dernière aventure, la Réforme allemande, n'aurait eu que la durée d'un feu de paille, si elle n'avait puisé une nouvelle force et de nouvelles ardeurs dans la lutte et les incendies des Etats.

Voici, en troisième lieu, la culture qu'encouragent tous ceux qui se savent *laids* ou *ennuyeux* et qui voudraient se tromper sur eux-mêmes par ce qu'ils appellent les « *belles formes* ». Avec un vernis extérieur, avec des paroles, des attitudes, des ornements, de l'apparat, des bonnes manières, le spectateur doit être dupé sur le *contenu*, car il est admis que l'on juge généralement l'intérieur d'après l'extérieur. Il me semble parfois que les hommes modernes s'inspirent réciproquement un ennui démesuré et qu'ils finissent par juger nécessaire de se rendre intéressants au moyen de tous les arts. Les voilà qui se font servir, eux-mêmes, par leurs artistes comme des mets succulents et épicés ; les voilà qui versent sur leur propre personne tous les aromes d'Orient et d'Occident, et certes ! ils prennent alors une odeur très intéressante, ils sentent tout l'Orient et tout l'Occident. Les voilà qui s'arrangent à satisfaire à tous les goûts et chacun doit être servi, soit qu'il ait envie de bonnes ou de mauvaises odeurs, qu'il goûte l'alambiqué ou les grossièretés paysannes, le grec ou le chinois, les tragédies ou les malpropretés dramatiques. Les plus célèbres cuisiniers de ces hommes modernes qui veulent être à tout prix intéressés et intéressants se trouvent, comme on sait, parmi les Français, les plus mauvais parmi les Allemands. Ceci est en somme plus consolant pour les premiers que pour les derniers, et nous n'en voudrons nullement aux Français s'ils se moquent de nous précisément à cause de notre manque d'intérêt et d'élégance et si, chez certains Allemands, le besoin de distinction et de manières leur rappelle les Indiens, qui demandent qu'on leur mette un anneau dans le nez et qui poussent des cris pour être tatoués.

Et ici rien ne me retient de me laisser aller à une digression. Depuis la dernière guerre avec la France bien des choses ont changé et se sont déplacées en Allemagne et il apparaît clairement que l'on a aussi rapporté de là-bas quelques nouveaux vœux qui concernent la culture allemande. Cette guerre fut pour bien des gens le premier voyage dans la partie élégante du monde. De quel magnifique désintéressement ferait preuve le vainqueur s'il ne dédaignait pas d'apprendre un peu de culture chez le vaincu ! C'est en particulier sur le domaine de l'art appliqué que l'on voudrait sans cesse rivaliser avec le voisin cultivé. L'installation de la maison allemande doit ressembler à celle de la maison française. La langue allemande elle-même, par l'entremise d'une académie fondée sur le modèle français, doit s'attribuer le «bon goût » et se débarrasser de l'influence néfaste que Gœthe a exercée sur elle. C'est du moins ce qu'a affirmé récemment l'académicien berlinois Dubois-Reymond. Nos théâtres ont depuis longtemps aspiré, tranquillement et honnêtement, au même but. On a même inventé le savant allemand qui serait élégant ! Il fallait donc s'attendre à voir écarté tout ce qui jusqu'à présent ne semblait pas se soumettre à cette loi de l'élégance, la musique, la tragédie et la philosophie allemandes.

Mais, vraiment, il n'y aurait pas de quoi remuer le petit doigt en faveur de la culture allemande, si l'Allemand, sous le nom de culture, qui lui fait encore défaut et qu'il devrait acquérir maintenant, n'entendait que les artifices et les agréments qui enjolivent la vie, y compris l'ingéniosité des maîtres de danse et des tapissiers, s'il ne devait s'appliquer, dans son langage, qu'aux règles académiques et à une certaine civilité générale. La dernière guerre et le contact personnel avec les Français ne semblent pourtant pas avoir suscité d'aspirations plus hautes et je soupçonne souvent l'Allemand de vouloir se dérober au devoir ancien que lui imposent ses dons merveilleux et la singulière profondeur, le sérieux de sa nature. Il aimerait beaucoup mieux s'amuser à faire le singe, apprendre des manières et des tours qui rendraient sa vie plus divertissante. On ne saurait faire une injure plus grave à l'esprit allemand qu'en le traitant comme s'il était de cire, malléable au point que l'on pourrait un jour, par un simple modelage, lui donner de l'élégance. Et s'il était malheureusement vrai qu'un grand nombre d'Allemands se sentiraient disposés à se laisser ainsi modeler et redresser, il faudrait répéter sans cesse, jusqu'à ce que l'on finisse par l'entendre : « Elle n'habite plus du tout en vous, cette vieille façon allemande, qui, bien qu'elle soit dure, âpre et pleine de résistance, est pourtant la matière la plus précieuse, celle que seuls les grands sculpteurs peuvent utiliser, parce que seule elle est digne d'eux. Ce que vous avez en vous est, par contre, une matière molle et pâteuse. Faites-en ce que vous voulez, pétrissez d'élégantes poupées et des idoles intéressantes, le mot de Richard Wagner demeurera toujours vrai : « L'Allemand est anguleux et gauche lorsqu'il veut affecter de bonnes manières, mais il apparaît sublime et supérieur à tous quand on le met au feu .» Les élégants ont toutes les raisons de se mettre en garde contre ce feu allemand, car il pourrait les délivrer un jour, eux, leurs poupées et leurs idoles de cire.

On pourrait, à vrai dire, trouver encore une autre origine, une origine plus profonde, à ce penchant vers les «belles formes» qui prévaut en Allemagne. Il tient à la hâte, à cet empressement essoufflé à saisir le moment, à la précipitation qui fait cueillir le fruit quand il est encore vert, à cette course et cette chasse qui met sur le visage de tous l'empreinte de la peur et qui maquille en quelque sorte tout ce qu'il peut. Comme s'ils agissaient sous l'empire d'une boisson qui ne les laisse plus respirer librement, ils continuent, dans leur choquante insouciance, à être les esclaves tourmentés des trois M, le moment, le milieu et la mode. Leur manque de dignité et de pudeur saute alors aux yeux, à tel point qu'une élégance mensongère devient nécessaire pour pouvoir masquer la maladie de la hâte sans dignité. Car, chez l'homme moderne, la mode avide des belles formes correspond à la laideur du contenu : celle-là doit cacher, celle-ci doit être cachée. Etre cultivé, cela veut dire maintenant ne pas laisser voir combien on est misérable et mauvais, combien l'avidité de parvenir prend les allures de la bête fauve, combien on est insatiable dans le désir de collectionner, égoïste et sans pudeur dans le besoin de la jouissance.

Souvent, lorsque je montrais à quelqu'un l'absence de

toute culture allemande, je m'entendais objecter : « Mais cette absence est toute naturelle, car les Allemands ont été jusqu'à présent trop pauvres et trop modestes. Attendez que nos compatriotes soient devenus riches et conscients d'eux-mêmes, alors ils auront aussi une culture ! » Il se peut que la foi sauve, en tous les cas cette façon de foi ne me sauve point, parce que je sens que la culture allemande à laquelle on ajoute foi ici—celle de la richesse, du vernis et de la simulation maniérée—est précisément l'antipode hostile de la culture allemande à laquelle moi j'ajoute foi. Certes, celui qui doit vivre parmi les Allemands souffre beaucoup de la grisaille si décriée de leur vie et de leurs sens, de l'absence complète du goût de la forme qui se manifeste chez eux, de leur esprit stupide et apathique, de la candeur qu'ils mettent dans les rapports délicats avec leurs semblables, plus encore de ce qu'ils ont de louche, de quelque peu dissimulé et de malpropre dans le caractère. Il est douloureusement affecté par le plaisir indéracinable qu'ils prennent à tout ce qui est faux et contrefait, à l'imitation grossière, à la traduction de ce qu'il y a de bon à l'étranger en quelque chose de national qui est mauvais. Maintenant que s'ajoute encore à tout cela comme le pire des maux l'inquiétude fiévreuse, cette fureur du succès et du gain, cette estimation trop haute des choses du moment, il est révoltant de devoir penser que toutes ces maladies et toutes ces faiblesses ne doivent par principe jamais être guéries, mais seulement et sans cesse couvertes d'un fard au moyen de cette « culture des formes intéressantes » ! Et il en est ainsi chez un peuple qui a produit Schopenhauer et Wagner, chez un peuple qui doit encore souvent produire des individualités du même genre. Ou bien nous tromperions-nous peut-être de la façon la plus désolante? Tous deux ne devraient-ils pas nous garantir que des forces semblables aux leurs existent encore dans l'esprit allemand, dans l'âme allemande? Seraient-ils eux-mêmes des exceptions, les derniers aboutissants et les dernières mascottes, si je puis dire, de qualités que l'on tenait autrefois pour allemandes? Je ne sais trop que répondre ici et je reviens à mon sujet, pour reprendre mes considérations générales, dont j'ai été détourné par des doutes pleins d'inquiétudes.

Je suis loin d'avoir énuméré toutes les puissances qui encouragent peut-être la culture, sans que l'on puisse cependant discerner le but que celle-ci doit atteindre : la production du génie. Trois de ces puissances ont été nommées : l'égoïsme de ceux qui veulent acquérir des biens ; l'égoïsme de l'État ; l'égoïsme de tous ceux qui ont des raisons de dissimuler et de se cacher sous une apparence différente de ce qu'ils sont. Je mentionne en troisième lieu l'*égoïsme de la science* et la singulière attitude de ses serviteurs, les *savants*.

La science est à la sagesse ce que la vertu est à la sainteté ; elle est froide et sèche, elle est sans amour et ne sait rien d'un sentiment profond d'imperfection et d'une aspiration plus haute. Elle est tout aussi utile à elle-même qu'elle est nuisible à ses serviteurs, en ce sens qu'elle transporte sur ses serviteurs son propre caractère et que par là elle dessèche ce qu'ils peuvent avoir d'humain en eux. Tant que l'on entend par culture l'encouragement de la science, elle passe avec une froideur implacable à côté des grands hommes passionnés, car la science ne voit partout que des problèmes de la connaissance et, dans le domaine qu'elle s'est réservé, la souffrance apparaît comme quelque chose d'insolite et d'incompréhensible et devient, par conséquent, elle aussi, un problème.

Qu'on s'habitue à transformer toute expérience en un jeu de questions et de réponses dialectiques, en une simple affaire de raisonnement et l'on s'apercevra qu'au bout de fort peu de temps, avec une activité pareille, l'homme en est réduit à agiter ses os comme un squelette. Chacun sait et voit cela. Mais comment est-il alors possible que la jeunesse ne s'effraye pas du spectacle qu'offrent ces squelettes et qu'elle ne cesse de s'abandonner à la science, aveuglément, sans choix et sans mesure. Le prétendu « instinct de vérité » ne joue ici aucun rôle, car comment un instinct pourrait-il pousser à rechercher la connaissance pure, froide et sans suite ? Ce que sont, au contraire, les véritables forces actives dont sont animés les serviteurs de la science, l'esprit dépourvu de préventions ne le comprend que trop bien. Il conviendrait donc d'examiner et de disséquer une fois les savants, après qu'ils se sont eux-mêmes habitués à tâter et à décomposer audacieusement tout au monde, sans excepter ce qu'il y a de plus vénérable. Si je dois dire ce que je pense, j'affirmerai que le savant se compose d'un mélange compliqué d'impulsions et de réactions très dissemblables, il est à tous les points de vue un métal impur. On trouve chez lui, tout d'abord, une forte curiosité, qui s'accroît toujours davantage, l'aspiration aux aventures de la connaissance, la suggestion continuelle et toujours plus puissante de ce qui est nouveau et rare, une opposition à ce qui est vieux et ennuyeux. Il faut y ajouter un certain instinct de jeux et de recherches dialectiques, la joie du chasseur qui, dans le domaine de la pensée, dépiste les ruses du renard, de telle sorte que ce n'est pas la vérité que l'on cherche, mais que la recherche l'intéresse par elle-même et que le plaisir essentiel consiste à couvrir les pistes, à cerner, à réduire habilement à merci. En outre, l'instinct de la contradiction se plaît à se manifester ; la personnalité veut s'affirmer et se faire sentir envers et contre tous ; le combat devient un plaisir, la victoire individuelle un but, tandis que la lutte pour la vérité n'est plus qu'un prétexte.

On rencontre encore chez le savant, pour une bonne part, la volonté de découvrir *certaines* « vérités », et cela par soumission à l'égard de certaines personnalités puissantes, de certaines castes, opinions, églises, par soumission à l'égard de certains gouvernements, parce qu'il sent qu'il se rend utile à lui-même en mettant la « vérité » de leur côté. Le savant se distingue aussi, moins régulièrement mais encore assez souvent, par les qualités suivantes :

En premier lieu, l'honnêteté et le sens de la simplicité, vertus très appréciables quand elles sont autre chose que de la maladresse et le manque d'habitude dans la dissimulation, ce pourquoi il faut encore un certain esprit. En effet, partout où l'esprit et la souplesse frappent à première vue, il faut être quelque peu sur ses gardes et douter de la droiture de caractère. D'autre part cette honnêteté ne vaut souvent pas grand'chose et sur le domaine de la science elle est rarement féconde, vu qu'elle est affaire d'habitude et qu'elle ne dit généralement la vérité que quand il s'agit de choses simples ou indifférentes, car il y a là une certaine paresse à vouloir dire plutôt la vérité qu'à la taire. Tout ce qui est nouveau exigeant un changement de point de vue, l'honnêteté vénère, autant que cela est possible, l'opinion ancienne et elle reproche, à celui qui défend la nouveauté, son manque de jugement. La doctrine de Copernic a certainement rencontré de l'opposition parce qu'elle avait l'évidence et l'habitude contre elle. La haine de la philosophie, qui se rencontre souvent chez les savants, est avant tout une haine des syllogismes et des démonstrations artificielles. On peut même dire qu'au fond chaque génération de savants possède sans le vouloir une mesure déterminée de perspicacité permise ; tout ce qui dépasse cette mesure est mis en doute et presque considéré comme un argument à invoquer contre l'honnêteté.

En deuxième lieu, un regard pénétrant pour tout ce qui se trouve dans le proche voisinage, allié à la plus grande myopie quand il s'agit de juger ce qui est lointain et d'ordre général. Le champ visuel du savant est généralement très étroit et pour apercevoir les objets il faut qu'il s'en approche de très près. S'il veut passer d'un point qu'il vient d'étudier à un autre, il est obligé de déplacer tout son appareil visuel vers ce point. Il découpe l'image en une série de taches, comme quelqu'un qui, au théâtre, se sert d'une lorgnette pour voir la scène et dont le regard embrasse tour à tour une tête, le morceau d'un vêtement, mais sans parvenir à regarder l'ensemble. Ces taches différentes, il ne les voit jamais réunies et il se voit dans l'obligation d'inférer au lien qui les rattache, c'est pourquoi il n'a jamais de forte impression d'ensemble. Il jugera, par exemple, un écrit dont il n'est pas en état de voir l'ensemble d'après quelques morceaux, quelques phrases, quelque fautes ; il serait prématuré de prétendre que pour lui un tableau à l'huile n'est qu'un sauvage amas de pâtés.

En troisième lieu l'insipidité et la vulgarité de sa nature, qu'il montre dans ses sympathies et ses antipathies. Doué de ces qualités, il réussit surtout dans les travaux historiques, quand il conforme les mobiles qu'il prête aux hommes du passé aux mobiles qui lui sont connus. C'est dans une taupinière qu'une taupe se retrouve le plus facilement. Il est gardé contre toutes les hypothèses d'ordre artistique et contre toutes les licences. S'il a de la persévérance, il fouille dans les motifs du passé, car il en trouve en lui-même qui sont du même ordre. A vrai dire, pour cette raison, il est généralement incapable de comprendre et d'apprécier ce qui est rare, sublime, exceptionnel, par conséquent ce qui est seul important et essentiel.

En quatrième lieu, la pauvreté de sentiment et la sécheresse. Ces qualités prédisposent le savant à la vivisection. Il ne se doute pas des souffrances que l'entendement apporte souvent avec soi, c'est pourquoi il ne craint pas de s'aventurer sur les domaines où d'autres sentent leur cœur frémir. Il est froid, de sorte que volontiers on le tiendrait pour cruel. On pourrait aussi le croire audacieux, mais il ne l'est point, pareil au mulet qui côtoie l'abîme sans connaître le vertige.

En cinquième lieu, l'idée médiocre qu'il a de lui-même, sa modestie. Les savants, bien qu'ils soient relégués parfois dans un coin misérable, n'ont pas le sentiment du sacrifice, de l'abandon. Ils semblent parfois se rendre compte, dans leur for intérieur, qu'ils n'appartiennent pas à la gent ailée, mais à la gent rampante. Cette qualité les rend presque touchants.

En sixième lieu, la fidélité qu'ils vouent à leurs maîtres et à leurs conducteurs. A ceux-là ils voudraient aider de tout cœur et ils savent bien que c'est avec la vérité qu'ils leur aideraient le mieux. Car ils sont doués de reconnaissance, parce que c'est par la reconnaissance seule qu'ils ont pu pénétrer dans le vénérable portique de la science, où jamais leur propre effort n'eût pu leur donner accès. Celui qui sait aujourd'hui s'ériger en maître dans un domaine accessible aux esprits médiocres qui peuvent y travailler avec succès, celui-là devient un homme célèbre dans le temps le plus bref, tant est considérable le nombre de ceux qui veulent se presser autour de lui. Il est vrai que chacun de ces fidèles et de ces obligés devient aussi pour le maître une calamité, parce que, tous, ils veulent l'imiter et qu'alors ses infirmités semblent comme démesurées et exagérées, quand on les aperçoit sur des êtres aussi médiocres, alors qu'au contraire les vertus du maître sont diminuées dans la même proportion dès qu'on les retrouve chez les disciples.

En septième lieu, la routine professionnelle qui pousse le savant à suivre toujours la même voie où il a été poussé, la véracité par inadvertance, conformément à une habitude prise. De pareilles natures deviennent des collectionneurs, des commentateurs, des confectionneurs d'index et d'herbiers; ils s'instruisent et font des recherches sur le même domaine, simplement parce qu'ils ne songent jamais qu'il existe d'autres domaines encore. Leur assiduité a quelque chose de la formidable bêtise inhérente à la pesanteur, c'est pourquoi ils arrivent souvent à abattre beaucoup de besogne.

En huitième lieu, la fuite devant l'ennui. Tandis que le véritable penseur ne désire rien autant que les loisirs, le savant ordinaire les fuit, parce qu'il ne sait qu'en faire. Sa consolation, ce sont les livres, c'est-à-dire qu'il écoute comment les autres pensent et qu'il passe ainsi tout le long du jour à s'occuper agréablement. Il choisit en particulier les livres auxquels il prend d'une façon quelconque une part personnelle, dont la lecture peut éveiller quelque peu ses sympathies et ses antipathies. Ces ouvrages auront trait à sa propre activité, à celle de sa caste, ils toucheront à ses opinions politiques et esthétiques ou seulement à ses idées grammaticales; s'il possède lui-même une spécialité scientifique, il ne manquera pas de moyens pour tuer les mouches et dissiper son ennui.

En neuvième lieu, le mobile du gagne-pain, qui équivaut en somme aux fameux « borborygmes d'un estomac délabré ». On sert la vérité, lorsqu'elle est capable de nous conduire directement à des traitements ou à des situations plus élevées, ou du moins de nous faire acquérir les bonnes grâces de ceux qui ont à dispenser les places et les honneurs. Mais c'est *cette* vérité seule qu'on est prêt à servir, c'est pourquoi on peut tracer une limite rigoureuse entre les vérités avantageuses, servies par un grand nombre, et les vérités désavantageuses, auxquelles ne s'adonnent que quelques-uns, dont on ne peut pas dire : *ingenii largitor venter*.

En dixième lieu, l'estime des confrères, la crainte de leur mépris. Mobile plus rare, mais supérieur au précédent, que l'on rencontre encore assez fréquemment. Tous les membres de la confrérie se surveillent les uns les autres de la manière la plus jalouse, de telle façon que la vérité dont tant de choses dépendent, le pain, la position, l'honneur, soit authentiquement baptisée au nom de son inventeur. On rend rigoureusement hommage à l'autre pour la vérité qu'il a trouvée, afin qu'il vous rende la pareille si l'on se trouvait dans le cas de trouver un jour, à son tour, une vérité. La contre-vérité, l'erreur, sont dévoilées avec fracas, pour que le nombre des compétiteurs ne devienne pas trop grand. Mais parfois aussi on fait crever la vérité véritable, de façon à faire de la place pour un temps à l'erreur opiniâtre et audacieuse. Ici, pas plus qu'ailleurs, les « idiotismes moraux », que l'on appelle généralement tours de fripons, ne font défaut.

En onzième lieu, le savant par vanité, espèce déjà beaucoup plus rare. Il veut, autant que possible, posséder un domaine à lui tout seul et dans ce but il tourne son attention vers les curiosités, surtout si ces curiosités lui occasionnent des frais extraordinaires, des voyages, des fouilles, des relations nombreuses dans tous les pays. Il se contente généralement d'être, lui aussi, l'objet d'une curiosité étonnée et ne songe pas à gagner son pain par le moyen de ses savantes recherches.

En douzième lieu, le savant par passion du jeu. Son amusement consiste à trouver des devinettes dans les sciences et à les résoudre; il le fera sans grand effort pour ne pas perdre le sentiment qu'il agit en joueur. C'est pourquoi il évitera aussi de pénétrer dans les profondeurs, mais il lui arrivera parfois de percevoir quelque chose que le savant qui fait de la science son gagne-pain, avec son regard rampant, n'apercevra jamais.

Si, en fin de compte, j'indiquais encore, en treizième lieu, comme modèle de savant, l'instinct de justice, on pourrait m'objecter que cet instinct noble jusqu'à être métaphysique est particulièrement difficile à distinguer des autres et qu'il paraît être, pour l'œil humain, insaisissable et indéfinissable. C'est pourquoi j'ajoute cette dernière catégorie, en souhaitant que, parmi les savants, l'instinct de justice soit plus fréquent et plus agissant qu'il n'est visible. Car il suffit qu'une étincelle du foyer de justice tombe dans l'âme d'un savant pour que sa vie et son activité en soient embrasées et purifiées, de telle sorte qu'il ne trouve plus de repos et qu'il s'échappe à tout jamais de cet état d'esprit tiède ou glacé dans lequel les savants ordinaires accomplissent leur tâche quotidienne.

Qu'on imagine maintenant tous ces éléments profondément mêlés les uns aux autres, ou quelques-uns d'entre eux seulement réunis en un alliage, et l'on saura comment se forment les serviteurs de la vérité. Il est extrêmement curieux de constater comment, au bénéfice d'une affaire, qui est, en somme, extrahumaine et surhumaine, la connaissance pure est détachée de toute causalité, par conséquent dépourvue de passion, de constater comment une quantité de petites passions de tout ordre se trouvent fondues en une combinaison chimique et comment la *résultante* du savant parvient à se transfigurer à la lumière de cette affaire sublime et supérieure et absolument désintéressée, au point que l'on oublie complètement les mélanges et les combinaisons qui ont été nécessaires à sa protection. Il y a cependant des moments où il faut y penser et en faire souvenir, c'est quand l'importance du savant par rapport à la culture est mise en question. Car celui qui sait observer s'apercevra que le savant, conformément à sa nature, est *infécond*, ce qui est une conséquense de sa formation, et qu'il est animé d'une sorte de haine naturelle contre les hommes féconds. Ceci explique pourquoi, de tous temps, les génies et les savants se sont combattus. Les uns veulent tuer la nature, la décomposer et la comprendre, les autres entendent l'augmenter par une nouvelle nature vivante. Il en résulte, par conséquent, une opposition de sentiments et d'activités. Les époques complètement heureuses n'avaient pas besoin du savant et l'ignoraient, les époques malades et rechignées le considéraient comme l'homme le plus élevé et le plus digne et le plaçaient au premier rang.

Qui donc serait assez médecin pour pouvoir dire où en est notre temps quant à l'état de santé et quant aux maladies ? Ce qu'il y a de certain, c'est que, maintenant encore, sur bien des domaines, le savant est estimé trop haut; voilà pourquoi son influence est néfaste, surtout pour ce qui concerne le génie naissant. Le savant n'a pas de cœur pour la misère de celui-ci; il parle de lui avec une voix sévère et froide, et trop vite il hausse les épaules lorsqu'il se trouve en présence de quelque chose d'étrange et d'absurde dont il n'a ni le temps ni l'envie de s'occuper. Lui aussi ne sait pas quel est le but de la culture.

Mais, pour parler d'une façon plus générale, à quel résultat sommes-nous arrivés par toutes ces considérations? Nous avons acquis la conviction que, partout où la culture paraît aujourd'hui le plus fortement encouragée, on ne sait rien de ce but. Que l'Etat fasse valoir hautement le zèle qu'il a dépensé en faveur de la culture, il ne la favorise que pour se favoriser lui-même et ne conçoit pas qu'il y ait un but qui soit supérieur à son bien et à son existence. Ce que veulent les profiteurs en demandant sans cesse l'instruction et l'éducation, ce n'est, en fin de compte, que le profit. Quand ceux qui se réclament de la forme s'attribuent le véritable travail en faveur de la culture et s'imaginent par exemple que tout art leur appartient et se trouve au service de leurs besoins, il n'apparaît qu'une chose avec certitude, c'est qu'ils veulent s'affirmer eux-mêmes en affirmant la culture et que par conséquent, eux aussi, n'ont pas pu s'élever au-dessus du malentendu qui existe au sujet de ce problème. Je viens de parler à satiété du savant. Quel que soit donc le zèle que mettent les quatre puissances réunies à se préoccuper de la manière dont elles pourraient utiliser la culture à leur profit, elles n'en apparaissent pas moins débiles et dépourvues d'esprit dès que leur intérêt n'est pas en jeu. Voilà pourquoi les conditions nécessaires à la création du génie ne se sont pas améliorées en ces temps derniers. La répugnance qu'inspirent les hommes originaux a, tout au contraire, augmenté au point que Socrate n'aurait pas pu vivre parmi nous et qu'en tout cas, il n'aurait pas atteint l'âge de soixante-dix ans.

Je rappelle ici ce que j'ai déjà exposé dans mon troisième chapitre. Notre monde moderne n'a pas un aspect définitif et durable au point que l'on pourrait prophétiser que l'idée de culture possède, elle aussi, un caractère permanent. On peut même considérer comme probable que le millénaire qui va venir verra naître quelques nouvelles inventions, dont, pour le moment, l'énoncé ferait dresser les cheveux sur la tête de nos contemporains. La croyance en la *signification métaphysique de la culture* n'apparaîtrait pas, en fin de compte, si effrayante, mais il n'en serait pas ainsi de quelques déductions que l'on pourrait en tirer pour l'éducation et l'enseignement public.

A vrai dire, une dose tout à fait inusitée de réflexion serait aujourd'hui nécessaire pour s'abstraire des établissements pédagogiques actuels, en vue d'envisager des institutions absolument différentes et autrement organisées, alors que la seconde ou la troisième génération qui suivra la nôtre en apercevra déjà la nécessité, tandis que les efforts de nos éducateurs de l'enseignement supérieur actuel aboutissent à ce résultat qu'ils produisent des savants, des fonctionnaires de l'Etat, des négociants ou des philistins de la culture ou encore un produit composé de tous ces éléments, ces établissements dont l'invention reste encore à faire, auraient, tout au contraire, une tâche beaucoup plus difficile que d'agir contre la nature en dressant un jeune homme pour en faire un savant. La difficulté réside cependant pour l'homme en ceci qu'il lui faut désapprendre ce qu'il sait en vue de se fixer un but nouveau et il sera extrêmement difficile d'échanger contre des idées nouvelles des principes fondamentaux de notre éducation actuelle, lesquels ont leurs racines dans le moyen-âge et visent à imiter le savant médiéval comme type de l'instruction parfaite.

Maintenant déjà, il paraît opportun d'envisager ces contradictions, car il faut qu'une génération commence la lutte au cours de laquelle la génération suivante remportera la victoire. Maintenant déjà l'individu qui a compris ces nouvelles idées fondamentales de la culture se trouve devant un carrefour. S'il suit l'une des routes qu'il aperçoit, son époque le considérera comme le bienvenu, elle lui prodiguera des couronnes et des récompenses, de puissants partis le soutiendront, il aura derrière lui, aussi bien que devant lui, des hommes qui seront animés du même sentiment, et quand le premier parlera, son mot d'ordre trouvera des échos jusqu'au dernier rang. Le premier devoir sera ici de lutter « dans le rang », le second de traiter en ennemis tous ceux qui sortiront du rang. L'autre route lui réservera la société de singuliers compagnons ; elle est plus difficile, plus tortueuse et plus aride ; ceux qui suivent la première se moquent de lui, parce qu'il ne progresse que péniblement et qu'il court souvent des dangers ; ils essayent même de l'attirer de leur côté. Quand par hasard les deux routes se croisent, il se voit maltraité, jeté à l'écart ou isolé par le vide que l'on fait autour de lui. Or, que signifie l'institution de la culture pour ces voyageurs si différents qui suivent deux routes ? La foule énorme de ceux qui, sur la première route, se pressent vers le but ne voit dans cette institution que des règles et des lois au moyen desquelles l'ordre s'introduit dans ses rangs, en vue d'une poussée en avant, des règles et des lois qui excluent de cette foule tous les récalcitrants et tous les solitaires, tous ceux qui visent à des buts encore plus élevés et plus lointains. Pour l'autre foule, plus petite, qui suit la seconde route, l'institution aurait un tout autre but à remplir; appuyée au rempart d'une organisation solide elle veut éviter, pour son compte, d'être balayée et dispersée par d'autres flots, éviter que les individus qui la composent se flétrissent dans un précoce épuisement ou qu'ils soient même détournés de la grande tâche qu'ils se sont imposée.

Ces individus doivent achever leur œuvre. Voilà le sens de leur réunion, et tous ceux qui prennent part à l'institution doivent s'efforcer de préparer, par une épuration continuelle et une sollicitude mutuelle, en eux et autour d'eux, la naissance du génie et l'aboutissement de son œuvre. Le nombre est assez considérable de ceux qui, bien que doués médiocrement, sont appelés à cette collaboration. C'est seulement en se soumettant à une pareille détermination qu'ils éprouvent le sentiment d'accomplir un devoir et de vivre avec un but une vie pleine d'importance. Mais ce sont précisément ces talents que la voix séductrice de la « culture » à la mode détourne de leur chemin et rend étrangers à leur instinct, et cette tentation s'adresse à leurs penchants égoïstes, à leur faiblesse et à leur vanité ; l'esprit du temps leur murmure à l'oreille avec un zèle insinuant :

« Suivez-moi et n'allez pas là-bas ! Car là-bas vous n'êtes que des serviteurs, des aides, des instruments, éclipsés par des natures supérieures, sans jamais pouvoir vous réjouir de votre originalité ; on vous tire par des fils, on vous met dans des chaînes, on vous traite en esclaves et en automates. Avec moi vous jouissez en maîtres de votre libre personnalité ; vos dons peuvent s'épanouir sans entrave ; vous-mêmes, vous devez être placés au premier rang, vous serez courtisés par une suite énorme et les acclamations de l'opinion publique vous réjouiront certainement plus que cette approbation froide et condescendante qui vous serait accordée du haut des sommets impassibles du génie. »

Les meilleurs succomberont certainement à de pareilles séductions. En fin de compte, ce qui décide ici ce n'est pas la rareté et la puissance des dons, mais l'influence d'une certaine disposition héroïque et le degré de parenté intime et de communion avec le génie. Car il y a des hommes qui considèrent que c'est pour eux une calamité personnelle, quand ils voient le génie lutter péniblement, exposé au péril de se détruire lui-même, ou quand l'œuvre de celui-ci est écartée avec indifférence par l'égoïsme à courte vue de l'Etat, la platitude des acquéreurs et la sèche frugalité des savants. J'espère donc qu'il y en aura quelques-uns qui comprendront ce que je veux dire, lorsque je présente les destinées de Schopenhauer et en vue de quoi, selon mon idée, Schopenhauer éducateur doit éduquer.

7.

Mais, pour écarter, une fois pour toutes, toutes les réflexions qui concernent un avenir lointain et un bouleversement possible du système d'éducation, que devrait-on souhaiter actuellement et, le cas échéant, procurer à un philosophe en voie de développement, pour lui permettre du moins de respirer et, au meilleur cas, de parvenir à l'existence certainement difficile et tout au moins possible que mena Schopenhauer? Que faudrait-il inventer, en outre, pour donner plus d'efficacité à son influence sur ses contemporains? Et quels obstacles conviendrait-t-il d'enlever pour que, avant tout, son exemple puisse avoir son plein effet, pour que le philosophe éduque à son tour des philosophes? C'est ici que notre *Considération* passe dans le domaine pratique et scabreux.

La nature veut toujours être d'une utilité pratique, mais, pour remplir ce but, elle ne s'entend pas toujours à trouver les voies et moyens les plus adroits. C'est là son grand chagrin et c'est ce qui la rend mélancolique. Que pour l'homme elle veuille donner à l'existence une signification et une importance, en créant le philosophe et l'artiste, c'est ce qui apparaît comme certain, étant donné son aspiration à la délivrance. Mais combien incertain, combien faible et pauvre est l'effet qu'elle atteint le plus souvent avec les philosophes et les artistes! Combien rarement elle parvient même à obtenir un effet quelconque! Surtout en ce qui concerne le philosophe, son embarras est grand lorsqu'elle veut donner à celui-ci une utilisation générale. Ses moyens ne semblent être que tâtonnements, idées subtiles inspirées par le hasard, de telle sorte que ses inventions se trouvent le plus souvent en défaut et que la plupart des philosophes ne peuvent être d'aucune utilité générale. Les procédés de la nature prennent l'aspect de gaspillages, mais ce n'est pas là le gaspillage d'une criminelle exubérance, c'est celui de l'inexpérience. Il faut admettre que, si la nature était un homme, elle ne parviendrait pas à se tirer du dépit qu'elle s'occasionnerait à elle-même et des malheurs qui en résultent pour elle. La nature envoie le philosophe dans l'humanité comme une flèche; elle ne vise pas, mais elle espère que la flèche restera accrochée quelque part. Mais, ce faisant, elle se trompe une infinité de fois et elle en a du dépit. Dans le domaine de la culture, elle est aussi prodigue que quand elle plante ou quand elle sème. Elle accomplit ses desseins d'une façon grossière et lourde, ce qui l'oblige à sacrifier beaucoup trop de forces. L'artiste, d'une part, et, d'autre part, les connaisseurs et les amateurs de son art sont entre eux dans le rapport de la grosse artillerie et d'une nuée de moineaux. Seuls les simples d'esprit feront rouler une avalanche pour enlever un peu de neige ou assommeront un homme pour toucher la mouche qui est posée sur son nez. Les artistes et les philosophes sont un argument contre la finalité de la nature dans ses moyens, bien qu'ils constituent une excellente preuve pour la sagesse de ses fins. Ils ne touchent jamais que le petit nombre, alors qu'ils devraient toucher tout le monde, et la façon dont le petit nombre est touché ne répond pas à la force que mettent les philosophes et les artistes à tirer leur grosse artillerie. Il est désolant de devoir évaluer si différemment l'art en tant qu'œuvre et l'art en tant qu'effet : sa cause apparaît formidable, son effet a quelque chose de paralysé, comme s'il n'était qu'un écho affaibli. Sans doute l'artiste accomplit son œuvre selon la volonté de la nature, pour le bien des autres hommes. Pourtant il sait que personne, parmi ces autres hommes, ne comprendra et n'aimera son œuvre comme il la comprend et l'aime lui-même. Ce degré supérieur et unique dans l'amour et la compréhension est donc nécessaire, conformément à une disposition maladive de la nature, pour qu'un degré inférieur soit créé. Le plus grand et le plus noble servent de moyens pour donner naissance à ce qui est médiocre et vulgaire. C'est que la nature est mauvaise ménagère, ses dépenses étant infiniment supérieures au bénéfice qu'elle en tire, de sorte que, malgré toutes ses richesses, elle finira un jour par se ruiner. Elle se serait arrangée d'une façon bien plus raisonnable si elle s'était imposé comme règle de faire moins de dépenses et de s'assurer des revenus centuples, s'il existait par exemple moins d'artistes et que ceux-ci fussent de capacités moindres, mais, par contre, plus d'hommes réceptifs, doués d'une plus grande force d'absorption et d'une espèce plus vigoureuse que les artistes eux-mêmes. De la sorte l'effet de l'œuvre d'art, par rapport à sa cause, apparaîtrait comme un centuple retentissement. Ou bien ne devrait-on pas au moins s'attendre à ce que la cause et l'effet fussent de force égale? Mais combien la nature répond peu à cette attente!

Il semble parfois que l'artiste, et en particulier le philosophe, ne soit qu'*un hasard* dans son époque, qu'il n'y soit entré que comme un ermite, comme un voyageur égaré et resté en arrière. Qu'on se rende donc une fois bien compte combien Schopenhauer est grand, partout et en toutes choses, et combien l'effet produit par son œuvre est médiocre et absurde. Rien ne peut sembler plus humiliant pour un honnête homme de ce temps que de se rendre compte à quel point Schopenhauer y est une apparition fortuite et de quelles puissances, de quelles impuissances a dépendu l'échec de son action. Tout d'abord et longtemps il souffrit de l'absence de lecteurs ; et c'est là une honte durable pour notre époque littéraire ; ensuite, lorsque vinrent les lecteurs, ce fut le manque de conformité de ses premiers témoins publics ; plus encore, à ce qu'il me semble, l'incompréhension de tous les hommes modernes vis-à-vis de tous les livres, car personne à l'heure qu'il est ne veut plus prendre les livres au sérieux. Peu à peu, un nouveau danger s'est ajouté aux autres, né des tentatives multiples qui ont été faites pour adapter Schopenhauer à la débilité du temps ou pour l'ajouter comme un élément étranger, une sorte de condiment agréable que l'on mêlerait aux mets quotidiens en guise de piment métaphysique. C'est de cette façon qu'il a été connu peu à peu et qu'il est devenu célèbre et je crois qu'il y a maintenant plus de gens qui connaissent son nom que celui d'Hegel. Et, malgré cela, il est encore un solitaire, malgré cela, jusqu'à présent, il n'a pas encore exercé d'influence. Ses véritables adversaires littéraires et les aboyeurs peuvent, moins que personne, revendiquer l'honneur d'avoir entravé cette renommée, d'une part, parce qu'il y a peu d'hommes qui aient la patience de le lire et, d'autre part, parce que ceux qui ont cette patience se trouvent directement amenés à Schopenhauer. Qui donc se laisserait empêcher par un ânier de monter un beau cheval, quel que soit l'éloge que celui-ci fasse de son âne aux dépens du cheval ?

Celui donc qui a connu la déraison de la nature dans notre temps devra réfléchir aux moyens de donner ici un coup d'épaule. La tâche qu'il aura à remplir sera de faire connaître Schopenhauer aux esprits libres et à ceux qui souffrent profondément de notre époque, de les réunir et de créer par leur moyen un courant qui soit assez fort pour surmonter la maladresse dont la nature fait preuve généralement et dont elle témoigne de nouveau aujourd'hui, quand il s'agit d'utiliser les philosophes. De pareils hommes se rendront compte que ce sont les mêmes résistances qui empêchent une grande philosophie d'exercer son influence et qui s'opposent à la création du grand philosophe ; c'est pourquoi ils peuvent se fixer le but de préparer la recréation de Schopenhauer, c'est-à-dire du génie philosophique. Mais ce qui veut enfin rendre vain, par tous les moyens, la régénérescence du philosophe, c'est, pour le dire brièvement, la confusion d'esprit qui règne aujourd'hui dans la nature humaine. C'est pourquoi tous les grands hommes en voie de développement doivent dépenser une incroyable quantité de forces pour s'échapper de cette confusion. Le monde où ils entrent maintenant est semé d'absurdes embûches. Il ne suffit vraiment pas de parler de dogmes religieux, mais encore d'idées baroques, telles que le « progrès », la « culture générale », le sentiment « national », l' « Etat moderne », la « lutte pour la culture » (*Kulturkampf*). On peut même aller jusqu'à affirmer que tous les termes généraux portent maintenant un apprêt artificiel et antinaturel ; c'est pourquoi une postérité plus clairvoyante fera à notre époque le grave reproche d'avoir quelque chose de contourné et de difforme, quelle que soit la vanité bruyante que nous tirons de notre « santé ». Les vases antiques, déclare Schopenhauer, tirent leur beauté de ceci qu'ils expriment d'une façon naïve leur destination et leur emploi. Il en est de même de tous les ustensiles des anciens : on sent que si la nature produisait des vases, des amphores, des lampes, des tables, des chaises, des casques, des boucliers, des armures, elle les ferait exactement comme ils ont été faits. Tout au contraire, celui qui observe maintenant comment presque tout le monde s'occupe d'art, d'Etat, de religion, de culture — pour ne rien dire avec raison de nos « vases » — s'apercevra que les hommes sont en proie à une sorte d'arbitraire barbare, à une exagération de l'expression, dont souffre précisément le génie en formation lorsqu'il voit la vogue dont jouissent à son époque des notions aussi bizarres et des besoins aussi baroques. De là vient la lourdeur de plomb qui si souvent arrête sa main, d'une façon invisible et inexplicable, lorsqu'il veut conduire la charrue, à tel point que, même ses œuvres les plus hautes, parce qu'elles se sont élevées avec violence, portent forcément, jusqu'à un certain point, l'expression de cette violence.

Si maintenant je m'applique à rassembler les conditions à l'aide desquelles, dans le cas le plus heureux, un philosophe de naissance échappe au danger d'être écrasé par les travers des esprits actuels que je viens de décrire, j'en arrive à faire une remarque singulière. Ces conditions sont précisément en partie celles qui, d'une façon générale, accompagnèrent le développement de Schopenhauer. A vrai dire, il fut aussi soumis à des conditions opposées. Sa mère, vaniteuse et bel esprit, lui fit approcher de près et d'une façon terrible ce travers de l'époque. Mais le caractère fier et librement républicain de son père le sauva en quelque sorte de sa mère et lui procura ce dont un philosophe a besoin en premier lieu : une virilité inflexible et rude. Ce père n'était ni fonctionnaire ni savant. Il fit souvent avec le jeune homme des voyages dans des pays étrangers. Autant d'avantages pour celui qui doit apprendre à connaître, non point des livres, mais des hommes, à vénérer, non point des gouvernements, mais la vérité. Il apprit à temps à ne pas être assez ou trop sensible à l'étroitesse nationale. En Angleterre, en France, en Italie, il ne vivait pas autrement que dans sa propre patrie et l'esprit espagnol lui inspirait une vive sympathie. En somme, il ne considérait pas que c'est un honneur d'être né parmi les Allemands et je ne crois pas que les nouvelles conditions politiques eussent modifié son opinion. Il estimait, comme on sait, que l'unique tâche de l'Etat consiste à offrir la protection au dehors, la protection à l'intérieur et la protection contre les protecteurs, et que, lorsque l'on imagine pour l'Etat d'autres buts que ceux de protéger, ce but véritable peut facilement se trouver compromis. C'est pourquoi, au grand scandale de ceux qui se nomment libéraux, il légua sa fortune aux descendants de ces soldats prussiens qui, en 1848, étaient tombés dans la lutte pour l'ordre. Il est probable que, dorénavant, le fait que quelqu'un considère simplement l'Etat et les devoirs de celui-ci, constituera de plus en plus une preuve de supériorité intellectuelle. Celui qui a en lui le *furor philosophicus* n'aura même plus le temps de s'adonner au *furor politicus* et il se gardera sagement de lire tous les jours des journaux, ou encore de se mettre au service d'un parti. Quand la patrie est véritablement en danger, il ne faudra néanmoins pas hésiter un instant à faire son devoir. Tous les Etats sont mal organisés, quand ce ne sont pas exclusivement les hommes d'Etat qui s'occupent de politique et la pléthore des politiciens mérite de faire périr ces Etats.

Schopenhauer a joui d'un autre grand avantage du fait qu'il n'était pas destiné et qu'il n'a pas été élevé dès le début en vue de la carrière de savant. De fait, il travailla pendant un certain temps, bien qu'avec répugnance, dans un comptoir commercial et il put en tous les cas respirer, durant toute sa jeunesse, la libre atmosphère d'une grande maison de commerce. Un savant ne peut jamais se transformer en philosophe. Kant lui-même n'en fut point capable et resta jusqu'à sa fin, malgré la poussée naturelle de son génie, en quelque sorte à l'état de chrysalide. Celui qui pourrait croire que par cette affirmation je fais injure à Kant ne sait pas ce que c'est qu'un philosophe. Un philosophe est à la fois un grand penseur et un homme véritable, et quand a-t-on jamais pu faire d'un savant un homme véritable ? Celui qui permet aux notions, aux opinions, aux choses du passé, aux livres de se placer entre lui et les objets, celui qui, au sens le plus large, est né pour l'histoire, ne verra jamais les objets pour la première fois et ne sera jamais lui-même un tel objet vu pour la première fois. Mais ces deux conditions sont inséparables chez le philosophe, parce qu'il doit tirer de lui-même la plupart des enseignements et parce qu'il doit s'utiliser lui-même comme l'image et l'abrégé du monde entier. Si quelqu'un s'analyse au moyen d'opinions étrangères, quoi d'étonnant s'il n'observe sur lui rien autre chose que précisément des opinions étrangères. Et c'est ainsi que sont, vivent et regardent les savants.

Schopenhauer, par contre, a eu le bonheur indescriptible non seulement de voir en lui-même de près le génie, mais encore de le voir en dehors de lui, dans Gœthe. Par la vision de ce double reflet il s'est trouvé profondément renseigné et rendu sage au sujet de toutes les fins et de toutes les cultures savantes. Par le moyen de cette expérience il savait comment l'homme libre et fort doit être fait, l'homme libre et fort auquel aspire toute culture artistique.

Pouvait-il, après ce regard, garder l'envie de s'occuper de ce que l'on appelle « l'art », à la manière savante et hypocrite de l'homme moderne ? N'avait-il pas vu quelque chose de plus sublime encore ? Une scène terrible et supra-terrestre du tribunal, où toute vie, même la vie supérieure et complète, avait été pesée et trouvée trop légère ; il avait vu le Saint comme juge de l'existence. On ne saurait déterminer à quel moment le précoce Schopenhauer a dû contempler cette image de la vie, qu'il tenta de retracer plus tard dans tous ses écrits. On peut démontrer que l'adolescent, je suis presque tenté de dire l'enfant, avait déjà eu cette vision formidable. Tout ce qu'il emprunta plus tard à la vie, aux livres, à toutes les branches de la science n'a été pour lui, presque toujours, que couleur et moyen d'expression. La philosophie kantienne elle-même a été mise à contribution par lui avant tout comme un extraordinaire instrument rhétorique, au moyen duquel il croyait exprimer avec plus de précision cette image, de même qu'il s'est servi à l'occasion, pour remplir le même but, des mythologies bouddhistes et chrétiennes. Pour lui, il n'y avait qu'une seule tâche et cent mille moyens de la remplir; une seule signification et d'innombrables hiéroglyphes pour l'exprimer.

Ce fut une des conditions magnifiques de son existence qu'il put véritablement vivre pour une seule tâche, conformément à sa devise *vitam impendere vero* et qu'aucune nécessité vulgaire de la vie ne lui imposa sa contrainte. On sait de quelle façon grandiose il en remercia son père. En Allemagne, tout au contraire, l'homme théorique réalise le plus souvent sa destinée scientifique en sacrifiant la pureté de son caractère, tel un « gredin plein d'égards », avide de places et d'honneurs, prudent et souple, flattant les hommes influents et les supérieurs hiérarchiques. Schopenhauer n'a malheureusement offensé d'innombrables savants par rien de plus qu'en ne leur ressemblant pas.

8.

Par là, j'ai nommé quelques-unes des modifications nécessaires à la formation du génie philosophique, malgré les pernicieuses influences contraires, lorsqu'il naît à notre époque. Ce sont la virilité du caractère, la connaissance précoce de l'homme, l'absence d'éducation savante et d'étroitesse patriotique, la libération de toute contrainte en vue de gagner son pain et de tout rapport avec l'Etat, bref, la liberté et toujours la liberté. Les philosophes grecs purent grandir dans ce même élément merveilleux et dangereux. Que celui qui veut reprocher au philosophe ce que Niebuhr reprocha à Platon, d'avoir été un mauvais citoyen, le fasse tranquillement et se contente d'être lui-même un bon citoyen. Ainsi il suivra sa vie et Platon fera de même. Un autre interprétera cette grande liberté comme de la présomption. Lui aussi a raison, parce qu'il lui serait impossible de faire quoi que ce soit de cette liberté et que ce serait en effet, de sa part, une grande preuve de présomption s'il la réclamait pour lui-même. Cette liberté est véritablement une lourde faute qui ne peut se racheter que par des actes héroïques. En vérité, le commun des mortels a le droit de jeter un regard de colère sur ceux qui sont ainsi favorisés, mais que les dieux les protègent de jouir eux aussi de pareilles faveurs, c'est-à-dire d'avoir d'aussi terribles devoirs. Leur liberté et leur solitude les feraient périr, l'ennui ferait d'eux des fous, des fous méchants.

De ce qui a été dit jusqu'à présent un père de famille pourrait peut-être apprendre quelque chose et faire pour l'éducation particulière de son fils une utile application, bien qu'il ne faille vraiment pas s'attendre à ce que les pères ne désirent pour fils que des philosophes. Il est plus probable que les pères auront résisté de tout temps, plus que contre tout autre chose, contre la vocation philosophique de leurs fils, considérant celle-ci comme la plus grande toquade. On sait que Socrate fut victime de la colère des pères contre la « subornation de la jeunesse » et, pour la même raison, Platon crut qu'il était nécessaire de créer un Etat tout nouveau, pour ne pas faire dépendre la création des philosophes de la déraison des pères. Dès lors, il semble presque que Platon ait véritablement atteint quelque chose, car l'Etat moderne considère maintenant que c'est sa tâche d'encourager les philosophes et il cherche maintenant sans cesse à rendre heureux un certain nombre d'hommes au moyen de cette « liberté », par quoi nous entendons les conditions essentielles pour la genèse des philosophes. Or, Platon a rencontré dans l'histoire un singulier malheur : chaque fois que naissait une institution qui correspondait à peu près à ses propositions, c'était toujours, à y regarder de plus près, l'enfant supposé d'un lutin, un vilain petit démon. Il en fut ainsi de l'Etat sacerdotal du moyen âge quand on le comparait au règne des « fils des dieux » qu'il avait rêvé. A vrai dire, l'Etat moderne est aussi éloigné que possible du règne des philosophes. Grâce à Dieu! dira le chrétien. Mais l'encouragement des philosophes, tel que l'entend l'Etat moderne, devrait être examiné une fois de telle sorte que l'on puisse se rendre compte si cet encouragement doit être entendu au sens *platonicien*. Je veux dire qu'il faudrait savoir si l'Etat prend sa tâche tellement au sérieux que c'est son dessein de faire naître de nouveaux Platon. Si, généralement, la présence du philosophe dans son temps apparaît comme fortuite, l'Etat s'impose-t-il aujourd'hui véritablement le devoir de transformer consciemment ce caractère fortuit en une nécessité et d'aider ici aussi la nature ?

L'expérience, malheureusement, nous a ouvert les yeux et nous a fait voir qu'il en est tout autrement. Elle nous apprend que, pour ce qui est des grands philosophes auxquels la nature a accordé ses dons, rien ne s'oppose plus à leur création et à leur développement que les mauvais philosophes qui sont philosophes par grâce d'Etat. Sujet pénible, à vrai dire. C'est, comme on sait, le même que celui dont Schopenhauer aborda d'abord l'étude dans son célèbre traité consacré à la philosophie des universités. Je reviens à ce sujet, car il faut contraindre les hommes à le prendre au sérieux, c'est-à-dire à se laisser par lui pousser à un acte ; et je considérerais toute parole écrite inutilement qui ne contiendrait pas une pareille incitation à l'action. En tous les cas, il n'est pas mauvais de démontrer encore une fois les affirmations toujours valables de Schopenhauer, en les rapportant directement à nos contemporains les plus proches, car des personnes trop bien disposées pourraient croire que depuis sa sévère accusation tout en Allemagne est entré dans une meilleure voie. L'œuvre qu'il a entreprise, même sur ce point, si médiocre fût-il, n'a pas encore donné de résultat.

A y regarder de plus près, cette «liberté», dont l'Etat a gratifié certains hommes au bénéfice de la philosophie, n'est pas du tout une liberté, mais seulement un métier qui nourrit son homme. L'encouragement à la philosophie consiste donc simplement en ceci qu'il existe du moins un certain nombre d'hommes qui, par le moyen de l'Etat, sont mis en mesure de *vivre* de leur philosophie en faisant de celle-ci leur gagne-pain. Les sages anciens de la Grèce, par contre, n'étaient pas appointés par l'Etat. Tout au plus leur rendait-on parfois honneur, comme à Zénon, par l'attribution d'une couronne d'or et d'un tombeau en céramique. Je ne saurais dire, d'une façon générale, si l'on sert la vérité en montrant la route qu'il faut suivre pour vivre à ses dépens, car tout dépend de l'espèce et de la qualité de l'individu que l'on invite à s'engager sur cette route. Je pourrais parfaitement imaginer un degré de fierté et d'estime de soi qui pousserait un homme à dire à ses prochains : prenez soin de moi ; pour ma part, j'ai mieux à faire, car j'ai à prendre soin de vous. Chez Platon et chez Schopenhauer une pareille générosité de sentiment et l'expression de cette générosité n'étonneraient pas, c'est pourquoi, eux, du moins, pourraient être philosophes d'Université, comme Platon fut à l'occasion philosophe de cour, sans pour cela abaisser la dignité de la philosophie. Mais Kant fut déjà, comme nous autres savants avons coutume d'être, plein d'égards et de soumission dans ses rapports avec l'Etat. La grandeur lui faisait défaut. A telle enseigne que si la philosophie d'Université était une fois attaquée, il ne saurait la justifier. S'il existait des natures qui, elles, soient capables de la justifier — des natures telles que Platon et Schopenhauer, — je craindrais pourtant une chose, c'est qu'elles n'en eussent jamais l'occasion, parce que jamais un Etat n'oserait favoriser de pareils hommes et les placer dans de telles situations. Pourquoi donc ? Parce que tous les Etats les craignent et qu'ils ne favoriseront jamais que les philosophes dont ils n'ont pas besoin d'avoir peur. Car il arrive parfois que l'Etat ait peur des philosophes d'une façon générale et c'est précisément lorsqu'il en est ainsi qu'il cherche à attirer à lui d'autant plus de philosophes qui peuvent faire croire qu'il a la philosophie de son côté. Car alors il aura de son côté ces hommes qui portent le nom de la philosophie et qui pourtant n'inspirent nullement la peur.

Si pourtant il se présentait quelqu'un qui fasse mine de mettre à la gorge de tout le monde, même de l'Etat, le couteau de la vérité, l'Etat, qui tient avant tout à affirmer son existence, serait en droit de l'exclure et de le traiter en ennemi, de même qu'il exclut et combat une religion qui se place au-dessus de lui et veut être juge de ses actes. Quand quelqu'un supporte donc d'être philosophe par grâce d'Etat, il lui faudra tolérer aussi d'être considéré par l'Etat comme quelqu'un qui a renoncé à poursuivre la vérité dans tous les recoins. Du moins jusqu'au moment où il se trouvera favorisé et définitivement casé devra-t-il reconnaître qu'au-dessus de la vérité il y a encore autre chose, je veux dire l'Etat. Et non seulement l'Etat, mais tout l'ensemble de ce que l'Etat exige pour son bien-être : par exemple une forme déterminée de la religion, l'ordre social, la constitution de l'armée, toutes choses au-dessus desquelles se trouve écrit un *Noli me tangere*. Un philosophe d'Université s'est-il jamais rendu compte de toute l'étendue de ses obligations et des restrictions qu'il doit s'imposer ? Je n'en sais rien. Si quelqu'un l'a fait et s'il est néanmoins resté fonctionnaire de l'Etat, il a certainement été un mauvais ami de la vérité ; s'il ne l'a pas fait, eh bien ! alors il me semble qu'il n'a pas non plus été un ami de la vérité.

Ce sont là des scrupules de l'ordre le plus général. Pour les hommes tels qu'ils sont maintenant, à vrai dire, ces scrupules seront de peu de poids et paraîtront assez indifférents. La plupart d'entre eux se contenteront de hausser les épaules et de dire : « Comme si jamais quelque chose de grand et de pur avait pu séjourner et se maintenir sur cette terre sans faire de concessions à la bassesse humaine ! Voulez-vous donc que l'Etat persécute le philosophe plutôt que de le prendre à son service en le rétribuant ? » Sans répondre dès à présent à cette dernière question, j'ajoute seulement que ces concessions de la philosophie à l'Etat vont actuellement déjà très loin. Premièrement, l'Etat choisit des serviteurs philosophiques selon le nombre qui lui est nécessaire pour ses établissements ; il se donne donc l'apparence d'être capable de distinguer entre les bons et les mauvais philosophes ; mieux encore, il admet que les *bons* sont en nombre suffisant pour occuper les chaires dont il dispose. Il devient dès lors l'autorité compétente pour juger non seulement la qualité, mais encore pour fixer le chiffre nécessaire de ceux qui sont bons philosophes. Deuxièmement, il oblige ceux qu'il a choisis au séjour dans un lieu déterminé, parmi des hommes déterminés ; il les force à une activité déterminée ; il leur faut instruire tout jeune étudiant qui en manifeste le goût, et cela quotidiennement, à une heure fixée d'avance.

Me voilà amené à poser les questions suivantes : Un philosophe peut-il donc s'engager, en bonne conscience, à avoir tous les jours quelque chose à enseigner ? A l'enseigner devant tous ceux qui veulent l'écouter ? Ne doit-il pas faire semblant d'en savoir plus qu'il n'en sait ? N'est-il pas forcé de parler devant un public d'inconnus de choses dont il ne devrait s'entretenir sans danger qu'avec ses amis les plus proches ? Et, d'une façon générale, ne se prive-t-il pas de la magnifique liberté qui lui permet de suivre son génie quand son génie l'appelle et où il l'appelle, quand il se voit astreint à penser publiquement, à une heure déterminée, en choisissant des sujets déterminés d'avance ? Et, cela, devant des jeunes gens ! Un pareil envol de pensers n'est-il pas, de prime abord, en quelque sorte mutilé d'avance ? Que serait-ce si, un jour, il se disait qu'il n'est capable de rien penser, qu'il ne lui vient rien d'intelligent et qu'il serait néanmoins forcé de se placer devant son public et de faire semblant de penser ?

Mais, objectera-t-on, ce philosophe ne doit pas du tout être un penseur, il doit se contenter tout au plus de réfléchir et d'exposer ; avant tout il sera un connaisseur savant de tous les penseurs des temps écoulés ; de ceux-là il pourra toujours raconter quelque chose que ses élèves ne savent pas. C'est là précisément la troisième concession extrêmement dangereuse que la philosophie fait à l'Etat, quand elle s'engage vis-à-vis de celui-ci à être avant tout et principalement de l'érudition. Elle est alors, avant tout, la connaissance de l'histoire de la philosophie, tandis que, pour le génie qui, semblable au poète, regarde les choses naturellement et avec amour et ne sait jamais s'identifier à elles, le farfouillage dans d'innombrables opinions étrangères et plus ou moins absurdes apparaît peut-être comme la tâche la plus ingrate et la plus fâcheuse. L'étude de l'histoire du passé ne fut jamais l'affaire du véritable philosophe, ni aux Indes, ni en Grèce. Un professeur de philosophie qui s'occupe de semblables travaux doit accepter que l'on dise de lui, au meilleur cas, c'est un bon philologue, un bon antiquaire, un bon polyglotte, un bon historien, mais jamais : c'est un philosophe. D'ailleurs, comme je viens de le dire, au meilleur cas seulement, car devant la plupart des travaux savants faits par des philosophes d'Université, le philologue a l'impression qu'ils sont mal faits, que la rigueur scientifique leur fait défaut et qu'il s'en dégage le plus souvent un détestable ennui.

Qui donc, pour ne prendre qu'un exemple, débarrassera de nouveau l'histoire des philosophes grecs de la brume endormante qu'y ont répandu les travaux savants, mais à peine scientifiques et malheureusement fort ennuyeux de Ritter, de Brandis et de Zeller ? Pour mon compte, je préfère lire Diogène Laërce que Zeller, parce qu'en celui-là revit du moins l'esprit des philosophes anciens, tandis qu'en celui-ci on ne sent rien, ni cet esprit, ni aucun autre. Et, en fin de compte, qu'importe à nos jeunes gens l'histoire de la philosophie ? La confession des opinions doit-elle les décourager d'avoir, eux aussi, des opinions ? Doivent-ils être instruits à prendre part aux jubilations provoquées par le chemin magnifique que nous avons parcouru ? Doivent-ils peut-être même apprendre à haïr et à mépriser les philosophes ? On serait presque tenté de croire qu'il en est ainsi, lorsque l'on sait quels supplices sont pour les étudiants les examens de philosophie en vue desquels ils leur faut introduire dans leur malheureux cerveau toutes les inventions folles et absurdes de l'esprit humain, à côté des idées grandioses et difficiles à saisir. La seule critique d'une philosophie qui soit possible et qui démontre quelque chose, celle qui consiste à essayer si l'on peut vivre conformément à cette philosophie, n'a jamais été enseignée dans les universités, où l'on se contente de faire une critique des paroles en paroles. Qu'on s'imagine donc un jeune cerveau, sans grande expérience de la vie, qui devra emmagasiner pêle-mêle cinquante systèmes réduits à un certain nombre de mots et cinquante critiques de ces systèmes. Quel désert ! quel chaos ! quelle insulte à l'éducation en vue de la philosophie ! de fait, l'on avoue que l'on n'entend nullement éduquer en vue de la philosophie, mais simplement en vue d'un examen sur des matières philosophiques. Le résultat de cet examen, c'est généralement, comme on le sait, l'aveu du candidat soumis à l'épreuve — et quelle épreuve ! — qui, quand il est au bout de ses peines, s'écrie : Dieu soit loué que je ne sois pas philosophe, mais chrétien et citoyen de mon pays !

Qu'est-ce à dire ? Ce soupir de soulagement ne serait-il pas voulu par l'Etat, et l'éducation philosophique n'aurait-elle d'autre but que de détourner de la philosophie ? Qu'on se demande donc s'il n'en est pas ainsi. Si c'était le cas, il n'y aurait qu'une chose à craindre, c'est que la jeunesse s'aperçoive un jour du mauvais usage que l'on fait de la philosophie. Le but élevé que l'on prétend poursuivre, la création du génie philosophique, ne serait-il qu'un prétexte ? Le but véritable ne serait-il pas, au contraire, d'empêcher cette création ? Le sens de l'étude tournerait en son contre-sens ? Alors, malheur à l'échafaudage dressé par la sagesse de l'Etat et la sagesse des professeurs !

Tout cela aurait-il déjà fini par s'ébruiter ? Je n'en sais rien, mais, ce qui est certain, c'est que la philosophie d'Université est tombée dans un discrédit général. Cela tient en partie à ce fait qu'actuellement les chaires universitaires sont occupées par une génération débile, et Schopenhauer, s'il avait à écrire aujourd'hui son traité sur la *Philosophie universitaire*, n'aurait pas eu besoin d'une massue, mais, pour vaincre, une baguette lui eût suffi. Cette génération est composée des héritiers et des descendants de ces faux-penseurs dont les têtes à l'envers reçurent ses coups. Ils ont assez l'air de nourrissons et de nains pour faire penser à ce verset de l'Inde : « C'est d'après leurs actes que naissent les hommes, sots, muets, sourds, difformes. » Ces pères méritent une pareille descendance, conformément à leurs « actes », comme dit le verset. Il faut donc croire que la jeunesse académique se tirera certainement bientôt d'affaire sans la philosophie que l'on enseigne à ses universités et que les gens qui n'appartiennent pas aux milieux universitaires s'en passent déjà aisément. Que chacun songe donc à ses propres années d'étudiant. Pour moi, par exemple, les philosophes académiques étaient des hommes parfaitement indifférents, je les tenais pour des gens qui accommodaient à leur usage les résultats des autres sciences, qui, durant leurs heures de loisirs. lisaient les journaux et fréquentaient les concerts et que leurs collègues académiques traitaient du reste avec un mépris agréablement masqué. On les supposait très ignorants, toujours prêts à se tirer d'embarras par une tournure de phrase qui obscurcissait leur pensée, de façon à faire illusion sur leur savoir. Ils se tenaient donc de préférence dans ces endroits crépusculaires, où un homme au regard limpide ne saurait séjourner longtemps. L'un soulève contre les sciences naturelles l'objection qu'aucune n'est capable d'expliquer complètement le problème élémentaire de la vie et en conclut qu'elles lui sont toutes indifférentes. Un autre prétend que l'histoire n'apporte rien de nouveau à celui qui a des idées.

Bref, ils trouvent toujours des raisons qui leur font estimer qu'il est plus philosophique de ne rien savoir que d'apprendre quelque chose. Mais, quand ils se résignent à apprendre, ils ont toujours la tendance secrète d'échapper aux sciences pour fonder un domaine obscur dans une de ses lacunes ou de ses régions inexplorées. C'est ainsi qu'ils précèdent la science seulement à la façon du gibier qui est toujours devant le chasseur qui court après lui.

Dans ces derniers temps, ils se plaisent à affirmer qu'ils ne sont en somme que les garde-frontières et les guetteurs de la science. Ils s'appuient en particulier sur la doctrine de Kant, dont ils s'appliquent à faire un oiseux scepticisme qui n'intéressera bientôt plus personne. Çà et là, l'un d'entre eux s'élève encore jusqu'à un petit système métaphysique, mais le seul résultat qu'il en tire c'est qu'il est pris de vertige, de maux de tête et de saignements de nez. Après avoir si souvent manqué le voyage dans la brume et les nuages, après avoir été à chaque instant pris par les cheveux et ramené aux réalités par un rude disciple à tête dure de la vraie science, il ne reste plus sur son visage que l'expression habituelle de l'homme timoré et du chien battu. Ils ont complètement perdu la joyeuse espérance, au point qu'aucun d'eux ne fait plus un pas pour complaire à sa philosophie. Autrefois, quelques-uns pensaient pouvoir inventer de nouvelles religions ou remplacer des systèmes anciens par le leur. Maintenant une pareille présomption s'est éloignée d'eux ; ils sont généralement gens pieux, timides et obscurs, on ne les trouve jamais braves comme Lucrèce, ni indignés de l'oppression qui a pesé sur les hommes. On n'apprend plus non plus chez eux à penser logiquement et, dans une juste appréciation de leurs forces, ils ont cessé leurs habituelles disputations.

Sans doute, du côté des sciences spéciales est-on maintenant plus logique, plus prudent, plus modeste et plus inventif ; bref, tout s'y passe d'une façon plus philosophique que chez les prétendus philosophes. Tout le monde approuvera donc Bagehot, cet Anglais sans préjugés, quand il dit des constructeurs actuels de systèmes : « Qui donc n'est pas convaincu d'avance que leurs prémisses contiennent un singulier mélange de vérité et d'erreur et que cela ne vaut pas la peine de réfléchir aux conséquences qu'ils présentent ? Ce que ces systèmes ont de complet attirera peut-être la jeunesse et impressionnera les gens sans expérience, mais les hommes faits ne s'en laisseront point éblouir. Ceux-ci sont toujours prêts à accueillir favorablement les indications et les conjectures et la plus petite vérité trouve chez eux bon accueil. Mais un gros livre rempli de philosophie déductive appelle la méfiance. D'innombrables principes abstraits, et dont la démonstration fait défaut, sont hâtivement rassemblés par des gens à l'imagination vive et mobile et soigneusement tirés en longueur dans des livres et des théories qui doivent servir à expliquer le monde entier. Mais le monde ne se préoccupe pas de ces abstractions, ce qui n'est pas étonnant, vu qu'elles se contredisent les unes les autres. » Si, autrefois, les philosophes, surtout en Allemagne, étaient plongés dans une si profonde méditation qu'ils couraient sans cesse le danger de donner de la tête contre une poutre, il n'en est plus de même aujourd'hui. On les fait accompagner, comme Swift le raconte des Liliputiens, d'une bande de joueurs de crécelle, capable de leur asséner de temps en temps un coup léger sur les yeux ou ailleurs. Il se peut que ces coups soient parfois trop rudes ; alors les extatiques s'oublient jusqu'à les rendre, ce qui finit toujours à leur plus grande honte. « Ne vois-tu donc pas la poutre, imbécile ! » s'écrie le joueur de crécelle. Et, de fait, le philosophe s'aperçoit du danger qui le menace et, aussitôt, il s'adoucit.

Ces joueurs de crécelle, ce sont les sciences naturelles et les études historiques. Ils ont peu à peu intimidé la rêvasserie allemande et les personnes du métier que l'on a si souvent confondus avec la philosophie, au point que ces rêvasseurs ne demanderaient pas mieux maintenant que d'abandonner la tentation de marcher tout seuls. Mais, quand ils se jettent à l'improviste dans les bras des joueurs de crécelle ou qu'ils essayent une mise en tutelle qui consiste à se mettre eux-mêmes à la remorque, ceux-ci font aussitôt autant de bruit que possible, comme s'ils voulaient dire : « Il ne manquerait plus que cela ! Un pareil rêvasseur veut nous salir les sciences naturelles et les études historiques. Enlevez-le ! » Alors ils s'en vont de nouveau, trébuchant en arrière, vers leur propre perplexité et leur propre incertitude. A tout prix ils veulent avoir entre les mains un peu de science naturelle, un peu de psychologie empirique, comme les partisans d'Herbart, à tout prix aussi un peu d'histoire. Alors ils peuvent au moins faire semblant publiquement de s'occuper d'une façon scientifique, bien que dans leur for intérieur ils envoient au diable toute philosophie et toute science.

Mais, en admettant que cette nuée de mauvais philosophes soit ridicule — et qui donc ne l'admettra pas ? — dans quelle mesure peuvent-ils aussi être considérés comme *dangereux ?* Pour le dire en deux mots : par le fait qu'ils font de la philosophie *une chose ridicule.* Tant que subsistera la caste des faux penseurs reconnus par l'Etat, toute action en grand d'une philosophie véritable sera rendue vaine ou du moins entravée, et cela simplement par la malédiction du ridicule que se sont attiré les représentants de cette grande cause, et qui touche la cause elle-même. Une des revendications de la culture consiste précisément à soustraire la philosophie à tout contrôle de l'Etat et de l'Université et d'éviter à ceux-ci la tâche insoluble de distinguer entre la philosophie vraie et la philosophie apparente. Laissez donc les philosophes penser en liberté, refusez-leur toute perspective d'une situation, tout espoir de prendre rang dans une position sociale, ne les stimulez pas par un traitement ; mieux encore : persécutez-les, regardez-les avec défaveur et vous assisterez à des choses miraculeuses ! Alors ils se disputeront pour trouver asile çà et là, les pauvres philosophes apparents ! L'un trouvera une cure pastorale, l'autre un poste d'instituteur ; celui-là ira se fourrer dans la rédaction d'un journal, un autre écrira des livres classiques pour pensionnats de jeunes filles. Le plus raisonnable s'attelle à la charrue, le plus vaniteux ira à la cour. La place s'est ainsi vidée comme par enchantement, les oiseaux ont quitté leur nid, car il est facile de se débarrasser des mauvais philosophes, il suffit de ne pas leur accorder de faveurs. En tous les cas, il vaut mieux suivre cette vie-là que de patronner une philosophie quelconque, *quelle qu'elle soit*, en lui donnant publiquement le patronage de l'Etat.

L'Etat s'est toujours peu soucié de la vérité, ce qui lui importe, c'est la vérité utile, plus exactement toute espèce d'utilité, que ce soit la vérité, la demi-vérité ou l'erreur. Une alliance entre l'Etat et la philosophie n'a donc un sens que lorsque la philosophie peut promettre qu'elle sera directement utile à l'Etat, c'est-à-dire qu'elle place la raison d'Etat plus haut que la vérité. Il est vrai que si l'Etat pouvait également mettre à son service et à sa solde la vérité, ce serait pour lui chose merveilleuse. Mais il sait fort bien que c'est l'essence même de la vérité de ne jamais rendre de service, de ne jamais accepter de solde. Dans ce qu'il possède, il ne possède donc que la fausse « vérité », une personne affublée d'un masque, et celle-ci ne peut malheureusement pas lui rendre le service qu'il attendrait de la vérité vraie, à savoir une sanction et une sanctification.

Quand un prince du moyen-âge voulait être nommé par le pape et qu'il n'y réussissait pas, il nommait un anti-pape, qui lui rendait alors ce service. Cela pouvait réussir jusqu'à un certain point ; mais pour l'Etat moderne, il n'y a pas moyen d'instituer une anti-philosophie qui le légitimerait ; car, avant comme après, il aurait contre lui la vraie philosophie et il l'aurait maintenant plus que jamais. Je crois sérieusement qu'il vaut mieux pour l'Etat ne pas s'occuper du tout de philosophie, ne rien lui demander et, tant qu'il est possible, la laisser tranquille, comme s'il s'agissait de quelque chose qui lui est indifférent. Tant que les rapports n'en restent pas à cette indifférence, si la philosophie devient pour l'Etat dangereuse et agressive, qu'il la persécute...

Le seul intérêt que puisse avoir l'Etat au maintien de l'Université, c'est de dresser, par son canal, des citoyens dévoués et utiles. Ils devraient donc y réfléchir à deux fois avant de mettre en question ce dévouement et cette utilité par ce fait qu'il exige des jeunes gens un examen de philosophie. Pour les cerveaux paresseux et incapables c'est peut-être le véritable moyen de rebuter ceux-ci de leurs études que de faire de la philosophie la terreur des examens. Mais cet avantage ne saurait compenser le préjudice qu'occasionne à une jeunesse téméraire et turbulente une pareille occupation forcée. Les élèves apprennent à connaître des livres défendus, ils commencent à critiquer leurs maîtres et finissent par s'apercevoir du but que poursuit la philosophie d'Université ainsi que les examens qu'elle nécessite, pour ne point parler des scrupules qui peuvent naître à cette occasion chez les jeunes théologiens, et dont le résultat est de faire disparaître peu à peu ceux-ci en Allemagne, comme dans le Tyrol les bouquetins.

Je connais fort bien les objections que l'Etat aurait pu faire à toutes ces considérations tant que la vaste philosophie hégélienne croissait encore dans toutes les campagnes. Mais maintenant que la grêle a détruit cette moisson et que de toutes les promesses que l'on s'en faisait naguère il ne reste plus rien que des greniers vides, on préfère ne plus rien objecter et l'on se détourne de la philosophie. On tient maintenant la puissance. Du temps de Hegel on se contentait d'aspirer à l'avoir. C'est là une grande différence. L'Etat n'a plus besoin de la sanction par la philosophie, c'est pourquoi celle-ci est devenue pour lui inutile. Lorsqu'il n'entretiendra plus des chaires aux Universités, ou lorsqu'il se contentera, ce que je prévois pour les temps prochains, de les entretenir seulement en apparence et avec mollesse, il ne pourra qu'en tirer profit. Mais ce qui me paraît plus important, c'est que l'Université, elle aussi, y verra un avantage. J'estime du moins qu'un sanctuaire de science véritable doit trouver avantage à être libéré de toute communauté avec la demi-science et les quarts de science. Au reste, l'estime où l'on tient les Universités est trop singulière pour que l'on ne doive pas souhaiter par principe l'élimination de disciplines que les universitaires eux-mêmes estiment peu. Ceux qui n'appartiennent pas aux milieux académiques ont des raisons suffisantes pour tenir les Universités en assez médiocre estime. Ils leur reprochent leur lâcheté et constatent que les petites Universités ont peur des grandes et que les grandes craignent l'opinion publique. Ils les blâment encore de ne pas être au premier rang dans toutes les questions de haute culture, mais de suivre seulement péniblement et d'une façon tardive. Elles n'observent pas les véritables courants fondamentaux des sciences notoires. C'est ainsi qu'on se livre par exemple aux études linguistiques avec plus d'ardeur que jamais, sans estimer nécessaire pour soi-même une discipline rigoureuse du style et du discours. L'antiquité indienne ouvre ses porte et les spécialistes qui l'ont étudiée possèdent à peine pour l'œuvre incomparable des

Hindous, pour leur philosophie, une compréhension supérieure à celle que peut avoir un animal en face d'une lyre. Et pourtant Schopenhauer affirme que la connaissance de la philosophie hindoue est le plus grand avantage que notre siècle ait sur les précédents. L'antiquité classique est devenue une antiquité quelconque et n'a plus rien de classique et de digne de servir d'exemple. Ses disciples le démontrent. Ils ne peuvent vraiment pas passer pour des hommes dont l'exemple doit être suivi.

Où donc a passé l'esprit de Frédéric-Auguste Wolf, dont Franz Passow pouvait dire qu'il apparaissait comme un esprit vraiment patriotique, vraiment humain, qui aurait au besoin la force de mettre en effervescence et d'incendier toute une partie du monde ? Où un pareil esprit a-t-il passé ? Par contre l'esprit des journalistes s'introduit de plus en plus dans les Universités et il n'est pas rare qu'il prenne le masque de la philosophie. Un débit plat et fardé ; *Faust* et *Nathan le Sage* sans cesse sur les lèvres ; le langage et les opinions de nos répugnantes gazettes littéraires ; ajoutez à cela, dans ces temps derniers, des bavardages sur notre sainte musique allemande et la revendication de chaires magistrales pour Schiller et Gœthe : de pareils indices suffisent à faire penser que l'esprit universitaire commence à se confondre avec l'esprit du temps. Dans ces conditions, il me paraît extrêmement important qu'en dehors des Universités il se crée un tribunal supérieur qui surveille et juge aussi ces institutions par rapport à la culture qu'elles prétendent répandre. Aussitôt que la philosophie sera éliminée des Universités et que de la sorte elle se purifiera de tous les égards et de tous les malentendus indignes d'elle, elle ne pourra pas être autre chose qu'un pareil tribunal. Sans pouvoirs conférés par l'Etat, sans rétributions et honneurs, elle saura faire son service, libérée de l'esprit du temps aussi bien que de la crainte inspirée par le temps, en un mot, vivre comme a vécu Schopenhauer, en juge de la prétendue culture qui l'entoure. De cette façon le philosophe est capable d'être également utile à l'Université, à condition qu'il ne s'amalgame pas avec elle, mais qu'il la considère en se tenant fièrement à distance.

Mais, en fin de compte, que nous importe l'existence d'un Etat, l'encouragement des Universités, quand il s'agit avant tout de l'existence de la philosophie sur la terre ! Ou bien encore, pour ne laisser aucun doute sur mon sentiment, quand il importe infiniment plus qu'un philosophe naisse sur la terre, que si un Etat ou une Université continuaient à subsister ! Dans la mesure où la servilité devant l'opinion publique et les dangers que court la liberté augmentent, la dignité de la philosophie peut se relever. Elle était à son niveau le plus élevé, quand la République romaine sombrait dans des cataclysmes, et à l'époque impériale, où le nom de la philosophie et celui de l'histoire devenaient *ingrata principibus nomina*. Brutus offre une meilleure preuve de sa noblesse que Platon ; c'était à l'époque où l'éthique cessait d'avoir des lieux communs. Si l'on constate que la philosophie n'est plus très estimée aujourd'hui, il suffit de se demander pourquoi il n'y a plus de grands capitaines, de grands hommes d'Etat qui s'en disent les disciples. C'est parce que, au moment où ceux-ci cherchaient une philosophie, ils ne rencontraient sous son nom qu'un faible fantôme, une sagesse de professeur, à l'allure savante, une circonspection de professeur, en un mot, parce que la philosophie a vite fait de devenir pour eux une chose ridicule. Et pourtant, elle devrait être pour eux une chose terrible et les hommes qui sont appelés à chercher la puissance devraient savoir quelle source d'héroïsme coule en elle.

Qu'un Américain leur dise quelle est l'importance d'un grand penseur qui vient sur cette terre comme un centre nouveau de forces formidables. « Prenez vos précautions, dit Emerson, quand le grand Dieu fait venir un penseur sur notre planète, tout est alors en danger. C'est comme si un incendie éclate dans une grande ville et que tout le monde ignore ce qui se trouve encore en sécurité et où le cataclysme prendra fin. Il n'y a rien alors, dans les sciences, qui le lendemain ne pourrait être tourné en son contraire ; il n'y a plus ni réputation littéraire ni célébrité bien assise ; toutes les choses qui, à cette heure, sont chères et précieuses pour l'homme ne le sont qu'au bénéfice de l'idée qui s'est levée à leur horizon intellectuel et qui sont conditionnées dans l'ordre des choses actuel, comme l'arbre porte son fruit. *Un nouveau degré de culture soumettrait instantanément à un bouleversement tout le système des aspirations humaines.* » Or, si de pareils penseurs sont dangereux, il apparaît clairement pourquoi nos penseurs académiques ne le sont pas, car leurs idées se développent paisiblement dans la routine, de la même façon que jamais arbre porta ses fruits. Ils n'effrayent point, ils ne font rien sortir de ses gonds et, de toute leur activité on pourrait dire ce qu'objecta Diogène lorsqu'on loua un philosophe devant lui : « Qu'a-t-il donc à montrer de grand, lui qui s'est si longtemps adonné à la philosophie sans jamais *attrister* personne ? » En effet, il faudrait mettre en épitaphe sur la tombe de la philosophie d'Université : « Elle n'a attristé personne. » Mais c'est là plutôt la louange d'une vieille femme que d'une déesse de la sagesse et il ne faut pas s'étonner si ceux qui ne connaissent cette déesse que sous les traits d'une vieille femme sont très peu hommes eux-mêmes et si, comme de juste, les hommes puissants ne tiennent plus compte d'eux.

S'il en est cependant ainsi de nos jours, la vertu de la philosophie est foulée aux pieds. Il semble bien qu'elle soit elle-même devenue quelque chose de ridicule et d'indifférent, de sorte que tous ses vrais amis ont le devoir de témoigner contre une pareille méprise et de montrer du moins que ce sont seulement ces faux serviteurs et ces indignes dignitaires de la philosophie qui sont ridicules et indifférents. Mieux encore, qu'ils fassent eux-mêmes la preuve par l'action que l'amour de la vérité est quelque chose de terrible et de formidable.

Ceci et cela Schopenhauer l'a démontré et il le démontrera mieux de jour en jour.

RICHARD WAGNER A BAYREUTH

I.

Pour qu'un événement ait un caractère de grandeur, deux conditions doivent se trouver réunies : l'élévation du sentiment chez ceux qui l'accomplissent et l'élévation du sentiment chez ceux qui en sont les témoins. Par lui-même aucun événement n'est grand. Lors même que des constellations entières disparaîtraient, que des guerres dévastatrices absorberaient des forces immenses, toujours le vent de l'histoire passerait là-dessus, pour tout disperser comme de légers flocons.

Mais il arrive aussi qu'un homme puissant frappe un coup qui tombe sur une roche sans y laisser de trace. On perçoit un écho bref et sonore, puis plus rien. Aussi l'histoire ne sait-elle presque rien dire au sujet de pareils événements, dont l'effort a été pour ainsi dire brisé. Celui qui est capable de prévenir un événement se demande donc avec inquiétude si ceux qui vont y assister en seront véritablement dignes. Dès que l'on agit, aussi bien dans les grandes que dans les petites choses, on compte toujours que la réceptivité correspondra à l'action. Que celui qui veut donner veille à trouver des preneurs qui soient capables de comprendre quel est le sens de ses dons. L'acte isolé, fût-il même celui d'un grand homme, est dépourvu de grandeur, lorsqu'il est bref, émoussé et stérile; car, au moment même où cet homme l'a accompli, il ne possédait certainement pas la conviction profonde qu'il était nécessaire. Il n'avait pas visé avec assez de justesse; il n'avait pas assez reconnu ni choisi son heure. Le hasard s'était rendu maître de lui, alors qu'au contraire, être grand et savoir distinguer ce qui est nécessaire sont deux qualités inséparables.

Or, ce qui se déroule actuellement à Bayreuth est-il opportun et nécessaire? Nous laissons volontiers le soin de résoudre cette question à ceux qui s'aviseraient de mettre en doute, chez Wagner, l'instinct de l'opportunité. Pour nous, qui sommes animés d'une plus grande confiance, il paraît évident que Wagner a foi en la grandeur de son œuvre, autant qu'il croit à l'élévation de sentiment de ceux qui vont y assister. Il faut se sentir fier d'être l'objet de cette foi, car Wagner ne s'adresse pas à tous, il ne place pas son espoir dans toute la génération actuelle, dans tout le peuple allemand d'aujourd'hui. Il l'a dit lui-même dans son discours d'inauguration du 22 mai 1872 et il n'y a personne parmi nous qui ait pu soulever une objection, dans un sens plus optimiste.

« Je n'avais que vous, disait alors Wagner, vous les amis de mon art particulier, de mon travail et de mon activité les plus personnels. A vous seuls je pouvais m'adresser pour que mon œuvre fût accueillie avec sympathie. Je pouvais vous demander de m'aider dans mon entreprise, afin de pouvoir présenter celle-ci pure et sous son aspect véritable à ceux qui faisaient preuve d'un penchant sérieux pour mon art, bien que cet art ne pût leur être présenté jusqu'à présent que sous une forme impure et défigurée. »

Sans doute qu'à Bayreuth le spectateur lui-même est un spectacle digne d'être contemplé. Un esprit observateur et sage qui passerait d'un siècle dans un autre pour comparer entre elles les manifestations notoires de la civilisation y trouverait maint sujet d'observation.

Il se sentirait nécessairement transporté soudain dans un courant plus chaud, tel un nageur qui s'ébat dans un lac et qui entre dans le jaillissement d'une source d'eau chaude. Il se dit qu'elle a son origine dans les bas-fonds. L'élément qui l'environne ne suffit pas à en expliquer l'origine, car il est tout de surface. De même, tous ceux qui prennent part aux fêtes de Bayreuth seront considérés comme n'appartenant pas à une époque. Ils se sont créé une patrie ailleurs que dans le temps et ils trouvent ailleurs leur raison d'être et leur justification. Pour ma part, j'ai toujours mieux compris que l'homme « cultivé », pour autant qu'il est en toutes choses le produit des temps présents, ne peut s'approcher que par la parodie de tout ce que Wagner fait et pense — et tout ceci a été en effet parodié — et que, de même pour tout ce qui touche à l'événement de Bayreuth, ils ne vont le regarder qu'à la lueur de la lanterne fort peu magique de nos mauvais railleurs du journalisme. Encore faut-il s'estimer heureux quand ils s'en tiennent à la parodie. Celle-ci dégage un esprit d'éloignement et d'animosité, qui serait capable d'avoir recours à des façons et à des voies bien autrement dangereuses et qui s'en est déjà servi à l'occasion. Cette accentuation et cette tension extraordinaire des contrastes n'échapperaient pas non plus à cet observateur de la culture dont nous parlons plus haut. Qu'un individu isolé au cours d'une vie ordinaire puisse créer quelque chose d'absolument nouveau, ce fait pour ait bien révolter tous ceux qui tablent, comme sur une espèce de loi morale, sur la nécessité régulière de toute évolution. Ils sont lents eux-mêmes et exigent la lenteur chez les autres. Or, ici, ils se trouvent en présence d'un homme qui progresse très rapidement; ils ne savent pas comment il s'y prend et ils lui en veulent à cause de cela.

Pour une entreprise comme celle de Bayreuth il n'y eut jamais ni signes précurseurs, ni transitions, ni intermédiaires ; Wagner seul connaissait le but et le long chemin qui pouvait y conduire. Cette entreprise est comme le premier voyage autour du monde dans le royaume de l'art et il semble bien que non seulement un art nouveau fut découvert, mais l'art lui-même. Par là tous les arts modernes connus jusqu'à ce jour apparaissent comme étiolés dans leur solitude, ou comme des arts de luxe à moitié démonétisés. Même les souvenirs incertains et décousus d'un art véritable que nous autres modernes nous tenions des Grecs peuvent s'effacer maintenant, dans la mesure où ils ne sont pas à même de rayonner sous l'empire d'une nouvelle interprétation. Pour un grand nombre de choses le moment est venu de mourir, car cet art nouveau est un art visionnaire, qui prévoit une ruine dont les arts seuls ne seront pas atteints. Son geste avertisseur doit troubler profondément toute notre civilisation actuelle, dès l'instant que se taisent les rires ironiques qu'il avait soulevés par ses parodies. Laissons-le donc jouir du peu de temps qui lui reste encore pour le rire et la joie.

Quant à nous, disciples de l'art ressuscité, nous aurons le temps et la volonté d'être sérieux, profondément sérieux! Tout le bavardage et tout le bruit que la civilisation a fait entendre jusqu'à présent au sujet de l'art doivent nous faire maintenant l'effet d'un empressement impudent. Nous devons nous faire un devoir du silence, du silence dont les Pythagoriciens faisaient vœu pour cinq ans. Qui de nous n'aurait pas souillé ses mains et son cœur au contact de l'idolâtrie honteuse de la culture moderne. Qui n'aurait besoin des eaux lustrales? Qui pourrait ne pas entendre la voix qui lui crie : tais-toi et sois pur ! Se taire et être pur ! Ce n'est qu'en tant que nous sommes de ceux qui entendent cette voix que nous sera accordé le *regard souverain* dont nous avons besoin pour contempler l'événement de Bayreuth. Et c'est de ce regard seul que dépend le *grand* avenir de cet événement.

Lorsqu'en ce jour de mai de l'année 1872 la première pierre eut été posée sur la colline de Bayreuth, alors que le ciel était sombre et que la pluie tombait à torrents, Wagner monta en voiture avec quelques-uns d'entre nous, pour regagner la ville ; il se taisait et le long regard qui semblait plonger en lui-même lui donnait une expression que les paroles ne sauraient rendre. Ce jour-là il entrait dans sa soixantième année. Tout ce qui lui était arrivé jusque-là n'était que la préparation de ce moment. On sait qu'en face d'un grand danger ou d'une décision importante pour leur existence, certains hommes peuvent, au moyen d'une vision intérieure infiniment accélérée, faire repasser devant leurs yeux leur existence tout entière, et en reconnaître, avec une rare précision, les détails les plus éloignés, comme les plus rapprochés. Qui pourra nous dire ce qui se déroula dans l'imagination d'Alexandre lorsqu'il fit boire l'Europe et l'Asie dans la même coupe ? Mais ce que Wagner contempla ce jour-là de son regard intérieur — comment il choisit, ce qu'il est et ce qu'il sera, — nous, ses plus proches, nous pouvons en une certaine mesure le revoir une seconde fois ; et ce n'est qu'en voyant avec l'œil de Wagner que nous pourrons comprendre nous-mêmes sa grande action, *pour nous porter garants de sa fécondité, à l'aide de cette compréhension.*

2.

Si ce que quelqu'un sait le mieux et fait le plus volontiers ne laissait une empreinte visible sur toute l'orientation de sa vie, ce serait là un phénomène bien singulier. Tout au contraire, chez les hommes remarquablement doués, la vie ne présentera pas seulement l'image du caractère, comme c'est le cas chez tout le monde, mais avant tout l'image de l'intelligence et de ses aptitudes les plus personnelles. L'existence du poète épique tiendra de l'épopée, comme c'est le cas de Gœthe, — soit dit en passant de Gœthe, chez qui les Allemands se sont habitués, bien à tort, à voir surtout le poète lyrique ; — l'existence du poète dramatique tiendra du drame.

L'élément dramatique ne peut être méconnu dans le développement de Wagner, dès le moment où sa passion dominante prend conscience d'elle-même et s'empare de son être tout entier. A partir de là ils se débarrasse des tâtonnements, des errements, il étouffe l'exubérance parasitaire des rejetons ; et partout, dans ses voies et ses évolutions les plus compliquées, dans les courbes les plus aventureuses de ses projets, règne une loi, une volonté unique et intime, qui suffit à les expliquer, quelque singulières que sembleront ses explications. Cependant, il y eut dans l'existence de Wagner une période que l'on peut appeler prédramatique : son enfance, sa jeunesse, dont on ne peut parler sans rencontrer de nombreux problèmes. Rien ne fait encore présager qu'il se trouvera un jour *lui-même* ; et tout ce que l'on pourrait interpréter aujourd'hui rétrospectivement comme un présage apparaît à première vue comme une coexistence de qualités qui sont de nature à inspirer plutôt la crainte que l'espérance ; un esprit d'inquiétude, d'irritation, une hâte nerveuse à saisir mille choses, un plaisir passionné suscité par des états d'âme presque maladifs et tendus à l'excès, un retour subit, après des moments de sérénité et de calme absolu, vers ce qui est brutal et tapageur. Il n'était limité par aucune discipline rigoureuse dans l'art qu'il eût pu tenir de famille : la peinture, la poésie, l'art du comédien, la musique le touchaient d'aussi près que les études et la carrière d'un savant ; tout était à sa portée ; à n'y regarder qu'à la surface on eût pu croire qu'il était né pour le dilettantisme. Le monde restreint dans les limites duquel il grandit n'était pas composé de telle sorte qu'on eût pu souhaiter à un artiste de vivre sous un pareil horizon. Il lui fut difficile d'échapper au plaisir dangereux qu'éprouve un esprit qui veut goûter de toutes choses, d'échapper à la présomption qui naît du savoir multiple, telle qu'on la rencontre dans les villes de savants. Chez lui la sensibilité n'était éveillée que légèrement et imparfaitement satisfaite. Aussi loin que s'étendaient les regards du jeune homme, il se voyait entouré d'esprits singulièrement vieillots, mais sans cesse en activité, formant un contraste ridicule avec l'éclat du théâtre et avec l'allure entraînante de la musique, un contraste incompréhensible. Or, celui qui sait comparer s'étonne toujours qu'il soit si rare que l'homme moderne, lorsqu'il est doué de talents remarquables, possède, durant son enfance et sa jeunesse, des qualités de naïveté, d'originalité sans apprêt, et combien il lui est difficile de les posséder. Tout au contraire, des hommes rares, tels que Gœthe et Wagner, qui s'élèvent à la naïveté, la possèdent maintenant plutôt à l'âge mûr que lorsqu'ils sont enfants et adolescents. L'artiste surtout, doué en naissant d'une forte mesure de puissance d'imitation, sera forcé de subir l'émouvante diversité de la vie moderne, comme on subit de violentes maladies infantiles. Comme enfant et comme adolescent, il ressemblera plutôt à un vieillard qu'à lui-même. Le type si merveilleusement fidèle du jeune homme, tel qu'il est réalisé dans le personnage de Siegfried de l'*Anneau du Niebelung*, ne pouvait être aperçu que par un homme et même seulement par un homme qui n'a vu s'épanouir que tardivement sa propre jeunesse. L'âge mûr de Wagner fut tardif comme sa jeunesse, de sorte que, en ceci du moins, il est le contraire d'une nature qui a tout anticipé.

Avec l'apparition de sa virilité intellectuelle et morale commence aussi le drame de sa vie. Et comme le spectacle nous en semble changé ! Sa nature paraît simplifiée d'une façon effrayante, déchirée en deux instincts contraires, deux sphères dissemblables. En bas bouillonne une volonté ardente, avide de domination, faite de brusques jaillissements, qui cherche à se faire jour par toutes les voies, toutes les crevasses, toutes les cavités. Seule une force absolument pure et libre était capable de désigner à cette volonté la voie qui mène à tout ce qui est bon et bienfaisant. Associés à un esprit étroit, les désirs tyranniques et illimités d'une telle volonté auraient pu devenir néfastes ; il était nécessaire, en tous cas, qu'une issue libre fût promptement trouvée, que l'air clair et le soleil vinssent la baigner. Une puissante aspiration qui chaque jour se rend compte de son impuissance tourne à la méchanceté. L'insuffisance des efforts peut parfois tenir aux circonstances, à l'inflexibilité du sort, et non au manque de force ; mais celui qui ne peut renoncer à son aspiration, malgré l'insuffisance de ces efforts, s'ulcère en quelque sorte et devient par conséquent irritable et injuste. Il lui arrivera peut-être de chercher chez les autres les causes de son insuccès ou même, dans un accès de haine passionnée, d'accabler de reproches le monde tout entier ; peut-être aussi sa fierté blessée choisira-t-elle des chemins isolés ou s'adonnera-t-elle à la violence. Et c'est ainsi que des natures animées de bonnes intention peuvent se corrompre sur le chemin même du bien. Parmi ceux-là mêmes qui ne recherchaient que leur propre purification morale, parmi les ermites et les moines, on trouve de ces malheureux qui, pour avoir échoué dans leurs efforts, sont devenus des êtres corrompus, profondément malades, minés et rongés par l'insuccès. C'était un esprit plein d'amour, débordant de bonté et de douceur, ennemi de toute violence, de toute immolation de soi, avide de liberté, que celui qui parla à Wagner. Cet esprit descendit sur lui et l'enveloppa de ses ailes tutélaires, lui montra le chemin. Nous voici prêts à jeter un regard sur l'autre sphère de la nature de Wagner. Mais comment la décrire ?

Les créations d'un artiste ne sont pas sa propre image, mais l'ordre, dans lequel se succèdent les créations qu'il fit vivre avec tout son ardent amour, donne partout quelques indications sur l'artiste lui-même. Qu'on se représente en esprit Rienzi, le Hollandais volant et Senta, Tannhæuser et Elisabeth, Lohengrin et Elsa, Tristan et le roi Marke, Hans Sachs, Wotan et Brunhilde ; toutes ces figures sont reliées entre elles par un même courant souterrain de perfectionnement et d'accroissement moral, dont les eaux s'épurent toujours davantage en avançant; c'est ici que nous nous trouvons, pleins d'une réserve respectueuse, en présence de l'âme même de Wagner, alors qu'elle accomplit un de ses plus mystérieux développements. Chez quel artiste percevons-nous quelque chose de semblable, dans des proportions aussi vastes? Les créations de Schiller, depuis les *Brigands* jusqu'à *Wallenstein* et *Guillaume Tell*, suivent une voie semblable de perfectionnement successif et nous éclairent également, en une certaine mesure, sur le développement de leur auteur; mais chez Wagner, la proportion est plus grandiose, la carrière parcourue plus étendue. Tout participe à cette épuration et sert à l'exprimer, le mythe aussi bien que la musique ; dans l'*Anneau du Niebelung* je trouve la musique la plus morale que je connaisse, par exemple à la scène où Brunhilde est réveillée par Siegfried. Là, Wagner s'élève à une hauteur et à une sainteté d'aspiration telles qu'il nous faut penser au reflet ardent du soleil couchant sur la neige immaculée des cimes alpestres, tant la nature qui s'y révèle est pure, solitaire, inaccessible, exempte de passion, inondée d'amour; les nuées et les orages, le sublime même sont au-dessous d'elle. Si de cette hauteur nous regardons en arrière, vers le point de départ, *Tannhœuser* et le *Hollandais* nous comprenons comment, dans Wagner, se développa l'homme; comment ses commencements furent obscurs et inquiets, avec quelle impétuosité il rechercha la satisfaction de ses goûts, la puissance, l'ivresse du plaisir et comment il les fuyait souvent avec dégoût, comment il aspirait à jeter loin de lui son fardeau, voulant oublier, nier, renoncer—le fleuve de son activité se précipitait tantôt dans une vallée, tantôt dans une autre, et s'enfonçait dans les plus sombres ravins. Dans la nuit de cette agitation souterraine apparut alors, bien au-dessus de lui, une étoile à l'éclat mélancolique; dès qu'il la reconnut il la nomma : *Fidélité, oubli de soi par fidélité.*

Pourquoi sa lumière lui parut-elle plus claire et plus pure que tout au monde? Quel sens mystérieux uniforme pour son être tout entier renferme le mot *fidélité ?* Car, sur tout ce qu'il a imaginé et composé, il a gravé le symbole et le problème de la fidélité ; il y a dans son œuvre une série presque complète de ses manifestations les plus belles et les plus rares : la fidélité du frère pour la sœur, de l'ami pour l'ami, du serviteur pour son maître, d'Elisabeth pour Tannhæuser, de Senta pour le Hollandais, d'Elsa pour Lohengrin, d'Isolde, de Kurvenal et de Marke pour Tristan, de Brunhilde pour les vœux les plus secrets de Wotan — pour ne donner que quelques exemples de la série. C'est l'expérience la plus primitive, la plus personnelle que Wagner revit en lui-même et qu'il vénère comme un saint mystère ; c'est elle qu'il cherche à exprimer par le mot *fidélité*, elle qu'il ne se lasse point de personnifier, de vivifier de cent manières, lui consacrant, dans la plénitude de sa reconnaissance, ses meilleurs trésors et la plus pure essence de son art ; c'est enfin cette merveilleuse conviction que l'une des sphères de sa nature est restée fidèle à l'autre, que la sphère créatrice, innocente, lumineuse, a conservé la foi d'un amour libre des plus désintéressés à celle qui était obscure, indomptable et tyrannique.

3.

Dans l'équilibre entre les deux forces constituantes, dans l'abandon de l'une à l'autre résidait l'impérieuse nécessité qui seule rendait Wagner capable de rester pleinement lui-même. C'était en même temps la seule chose qui ne fût point en son pouvoir, qu'il devait se contenter d'observer et d'accepter, tandis que les sollicitations à l'infidélité et les terribles dangers dont elle le menaçait l'environnaient d'une manière de plus en plus pressante. Et l'incertitude est une source abondante de souffrances pour celui qui est en voie de développement ? Chacun de ses instincts tendait à outre-passer toutes les bornes ; chacune de ses aptitudes à jouir de l'existence voulait se satisfaire séparément ; plus elles étaient nombreuses et plus le tumulte était grand, plus leur rencontre était hostile. Le hasard et la vie contribuaient, à leur tour, à l'irritation ; de même, le goût du pouvoir et des fastes, le désir ardent du gain ; plus souvent encore c'était la cruelle nécessité qui l'oppressait, la nécessité de vivre d'une manière ou d'une autre ; partout des entraves et des pièges. Comment serait-il possible, dans de pareilles circonstances, de rester fidèle à soi-même, de se conserver tout entier?

Ce doute l'accablait souvent et il l'exprimait alors comme un artiste exprime ses doutes, par des créations artistiques. Elisabeth ne peut que souffrir, prier et mourir pour Tannhæuser ; elle sauve l'inconstant vagabond par sa fidélité, mais sa tâche n'est pas de ce monde. Les dangers et les désespoirs abondent dans la carrière de tout artiste véritable jeté dans l'arène des temps modernes. Il peut arriver aux honneurs et au pouvoir de mille manières différentes, le repos et le contentement sont souvent à sa portée, mais leur forme est toujours celle que connaît l'homme moderne et qui, pour l'artiste sincère, se transformera en une lourde contrainte. Dans la tentation de s'abandonner et dans la résistance à cette tentation il y a aussi des périls pour lui : péril dans la répugnance qu'il éprouve pour les moyens modernes de se procurer à la fois des jouissances et de la considération ; péril dans la colère qui se tourne contre les satisfactions égoïstes qui sont le propre des hommes d'aujourd'hui. Qu'on s'imagine Wagner remplissant un emploi, — tel celui de chef d'orchestre, qu'il exerça à différents théâtres de ville et de cour. Qu'on essaie de comprendre ce qu'éprouve l'artiste le plus convaincu, qui s'efforce d'introduire la conviction, là où les institutions modernes s'élèvent sur des principes de légèreté et exigent de la légèreté. Qu'on essaie de comprendre ce qu'il éprouve lorsqu'il réussit en partie, tout en échouant toujours dans l'ensemble, lorsque le dégoût s'empare de lui et qu'il cherche à fuir, lorsqu'il ne trouve point de refuge et se voit toujours contraint à retourner, comme s'il était l'un des leurs, vers les bohèmes et les bannis de votre société civilisée. Lorsqu'il brise les liens qui le retenaient à une condition sociale, il en trouve rarement une meilleure ; quelquefois même il tombe dans la plus profonde détresse. C'est ainsi que Wagner changea de villes, de compagnons, de pays, et l'on peut à peine imaginer quels furent les sollicitations et les milieux qu'il eut à supporter temporairement. La plus longue moitié de sa vie fut oppressée sous le poids d'une atmosphère pesante ; il semble qu'il dût renoncer à toute espérance pour ne plus vivre et espérer qu'au jour le jour, de telle sorte que, s'il ne désespéra point, il n'eut cependant plus la foi. Wagner dut souvent s'apparaître à lui-même tel un voyageur qui marche à travers la nuit, chargé d'un lourd fardeau, brisé de fatigue et qui néanmoins se soutient par la fièvre ; l'idée d'une mort subite n'était plus alors à ses yeux quelque chose d'épouvantable, mais miroitait devant lui comme un fantôme séduisant, désirable. Voir disparaître à la fois le fardeau, le chemin et la nuit ! Quelle puissante séduction ! Maintes fois il se jeta dans la vie avec cette espérance brève et trompeuse, laissant derrière lui tous les fantômes. Mais la manière dont il le faisait dépassait presque toujours les bornes, ce qui laisse supposer que sa foi en cette espérance n'était ni ferme ni profonde, mais qu'elle n'était pour lui qu'un moyen de s'étourdir. La disproportion entre ses aspirations et son impuissance partielle ou complète à les satisfaire se changeait pour lui en un aiguillon douloureux ; énervée par des privations continuelles, son imagination s'égarait dans des excès, aussitôt que diminuait l'état d'indigence. Sa vie devenait de plus en plus compliquée, mais les moyens et les détours qu'il découvrait dans son art, lui l'auteur dramatique, semblaient aussi de plus en plus hardis et fertiles en inventions, tout en n'étant au fond que des pis-aller scéniques, des motifs mis en avant, qui trompent un moment et ne sont inventés que pour un moment. Il les met brusquement en jeu, mais ils sont tout aussi vite usés. Envisagée de près et sans affectation, la vie de Wagner, pour rappeler une pensée de Schopenhauer, tient beaucoup de la comédie et même d'une comédie singulièrement grotesque. Comment le sentiment de tout cela, comment la conscience d'un grotesque manque de dignité, qui s'est affirmée durant plusieurs périodes de sa vie, devaient agir sur la personnalité d'un artiste qui, plus que tout autre, ne pouvait respirer librement que dans le sublime et l'ultra-sublime, — c'est ce qui donne beaucoup à penser à celui qui sait penser.

Au milieu de cette activité pour laquelle seule une description détaillée pourrait inspirer le degré de pitié, de frayeur et d'admiration qu'elle mérite, se développe *une aptitude à apprendre* telle qu'elle paraît tout à fait extraordinaire, même parmi les Allemands, qui sont par excellence le peuple qui veut s'instruire ; et de ce don devait naître encore un nouveau danger, plus grand même que celui d'une existence qui semblait déracinée et errante, jetée au hasard par une folie inquiète. D'un novice qui s'essayait encore, Wagner devint un maître universel de la musique et du théâtre, un inventeur fécond dans les préparations techniques. Personne ne lui contestera plus la gloire d'avoir fourni le modèle le plus parfait pour l'art de la grande déclamation. Mais il devint davantage encore et pour devenir ceci et cela il ne put, pas plus que d'autres, se dispenser de s'assimiler par l'étude le plus haut degré de la culture. Et comme il le fit bien ! C'est une jouissance de l'observer. De tous côtés les matériaux s'amoncellent autour de lui et il les fait siens ; plus l'édifice devient imposant, plus s'élargit et s'élève la voûte de sa pensée dominante et régulatrice. Peu d'hommes cependant eurent à lutter contre tant de difficultés pour parvenir jusqu'aux avenues des sciences et des arts spéciaux ; souvent même il fut forcé d'improviser ces avenues. Le rénovateur du drame simple, l'inventeur du rang que doivent occuper les arts dans la vraie société humaine, l'interprète inspiré des conceptions du passé, le philosophe, l'historien, l'esthéticien et le critique Wagner, le maître de la langue, le mythologiste et le poète mystique, qui le premier fondit en un seul anneau, sur lequel il grava les runes de sa pensée, les magnifiques figures, primitives et formidables — quelle abondance de savoir ne dut-il pas rassembler et embrasser d'une seule étreinte pour devenir tout cela ! Et pourtant cet ensemble étouffa aussi peu sa volonté d'action que les détails les plus attrayants ne réussirent à l'en distraire. Pour mesurer l'originalité d'une pareille attitude prenons Gœthe comme point de comparaison, Gœthe, ce grand antipode de Wagner, qui, au double point de vue de l'étudiant et du savant, peut être comparé à un fleuve riche en affluents qui ne porte point toutes ses eaux à la mer, mais en perd au moins la moitié dans les méandres de son cours. Il est vrai qu'une nature comme celle de Gœthe accueille plus de satisfaction et en procure davantage ; il y a autour d'elle de la douceur et une noble prodigalité, tandis que le cours puissant du fleuve incarné par Wagner pourrait bien effrayer et rebuter. Mais que d'autres s'effrayent s'ils veulent ! Quant à nous, nous serons d'autant plus courageux qu'il nous a été donné de voir de nos yeux un héros qui, même pour ce qui est de la culture moderne, « n'a pas appris la peur ».

Il n'a pas davantage appris à trouver le repos dans des études historiques et philosophiques et à s'approprier ce que les effets de ces sciences ont de merveilleusement calmant et de contraire à toute action. L'étude et la culture ne détournèrent l'artiste ni du travail ni de la lutte. Dès que la force créatrice s'empare de lui, l'histoire se transforme pour lui en une argile mobile. Sa position vis-à-vis d'elle devient alors toute différente de celle des autres savants, et ressemble bien plutôt à l'attitude qu'occupaient les Grecs vis-à-vis de leurs mythes, ceux-ci étant devenus des objets que l'on façonne et réalise avec amour, saisi d'une sorte de crainte pieuse, mais pourtant conscient du droit souverain que possède le créateur. Et précisément parce que l'histoire est pour lui plus simple et plus changeante qu'un rêve, il lui est possible de concentrer poétiquement, dans un événement particulier, le type caractéristique d'une époque entière et d'atteindre ainsi à un degré de vérité dans l'exposition auquel l'historien ne peut jamais atteindre. Où le moyen âge chevaleresque a-t-il passé si complètement dans une composition qui l'incarnait en chair et en esprit, que le fit Wagner dans *Lohengrin* ? Et les *Maîtres chanteurs* ne parleront-ils pas encore de l'esprit allemand dans les temps les plus éloignés, ne feront-ils pas plus que d'en parler, ne seront-ils pas bien plutôt un des fruits les plus mûrs de cet esprit qui veut toujours réformer, et non pas révolutionner, et qui n'a pas oublié, au sein des faciles jouissances, de pratiquer ce noble mécontentement, source de toute action régénératrice ?

C'est précisément vers cette espèce de mécontentement que Wagner se sentit toujours davantage porté par ses études historiques et philosophiques. Il sut non seulement y trouver des armes et une armure, mais il y perçut avant tout le souffle inspirateur qui plane sur le tombeau des grands lutteurs, des grands penseurs et des grands affligés. On ne peut mieux se différencier de toute notre époque que par l'usage que l'on fait de l'histoire et de la philosophie. Telle qu'on la conçoit aujourd'hui le plus souvent, l'histoire semble avoir reçu la mission de laisser respirer l'homme moderne, lequel court à son but haletant et avec peine, de telle sorte qu'il se sente en quelque sorte, mais seulement pour un moment, débarrassé de son harnais. Ce que signifie Montaigne, considéré individuellement, dans la fluctuante agitation de l'esprit de Réforme, un repos provoqué par le reploiement sur soi-même, une paisible retraite en soi-même, un temps de répit pour reprendre haleine — et c'est bien ainsi que le comprit certainement Shakespeare, son meilleur lecteur, — voilà ce que signifient maintenant les études historiques pour l'esprit moderne. Si, depuis un siècle, les Allemands se sont particulièrement occupés des études historiques, cela prouve que, dans le mouvement du monde moderne, ils sont la puissance retardatrice, ralentissante, calmante. Ce fait sera peut être interprété par quelques-uns comme une louange en leur faveur. Mais c'est, en somme, un indice dangereux, quand on voit les efforts intellectuels d'un peuple se tourner de préférence vers le passé, c'est un signe d'amollissement, de régression et d'infirmité, de telle sorte que ce peuple se voit exposé de la façon la plus dangereuse à toutes les fièvres contagieuses, comme par exemple la fièvre politique. Dans l'histoire de l'esprit moderne, nos savants sont les représentants d'un pareil état de faiblesse, par opposition à tous les mouvements réformateurs et révolutionnaires; ils ne se sont pas imposé la plus noble des missions, mais ils se sont assuré une espèce particulière de paisible bonheur. A vrai dire, chaque démarche plus indépendante et plus virile passe à côté d'eux, bien entendu sans passer à côté de l'histoire proprement dite. Celle-ci tient en réserve, au fond d'elle-même, bien d'autres forces, ainsi que l'ont deviné des natures telles que Wagner; mais elle a besoin d'être écrite une fois dans un sens beaucoup plus sérieux et plus sévère par une âme vraiment puissante et non plus d'une manière optimiste, comme par le passé, tout autrement donc que les savants allemands l'ont traitée jusqu'à présent. Il y a dans tous leurs travaux quelque chose de palliateur, de soumis, de satisfait et le cours des choses a leur pleine approbation. C'est beaucoup déjà quand l'un d'eux donne à entendre qu'il est satisfait parce que les choses auraient pu tourner plus mal ; la plupart d'entre eux voient involontairement que tout s'est passé pour le mieux dans le meilleur des mondes. Si l'étude de l'histoire n'était pas toujours une théodicée chrétienne déguisée, si l'histoire était écrite avec plus de justice et plus d'ardeur sympathique, elle serait vraiment apte à rendre les services auxquels on l'emploie maintenant : comme narcotique contre toutes les tendances révolutionnaires et novatrices.

Il en est de même de la philosophie, dont la plupart des gens ne veulent se servir que pour apprendre à concevoir les choses à peu près — très à peu près — pour en prendre ensuite leur parti. Ses représentants les plus nobles mettent si bien en relief son influence calmante et consolante que les paresseux et ceux qui sont avides de repos peuvent se bercer de l'illusion qu'ils recherchent la même chose que les philosophes. Pour moi, par contre, la question essentielle de toute philosophie me paraît être celle de savoir jusqu'à quel point les choses ont une forme et un caractère immuable, pour pouvoir ensuite, lorsque cette question aura été résolue, poursuivre avec une bravoure à toute épreuve *l'amélioration de ce qui dans ce monde sera reconnu susceptible de changement.* C'est ce qu'enseignent aussi les vrais philosophes par leurs propres actions, en travaillant à améliorer les idées changeantes des hommes et en ne gardant pas pour eux seuls la sagesse qu'ils ont acquise. C'est ce qu'enseignent aussi les vrais disciples des vraies philosophies qui, comme Wagner, savent extraire de ces philosophies non poindes narcotiques, mais une décision renforcée et une vot lonté inflexible. Wagner est le plus philosophe là où son activité est la plus puissante et la plus héroïque. Et c'est précisément en qualité de philosophe qu'il trouva sans peur non seulement la fournaise ardente de différents systèmes philosophiques, mais encore les vapeurs de la science et de l'éru ition; il resta fidèle à la plus noble moitié de lui-même, qui exigeait *de sa nature multiple des action d'ensemble* et qui lui enseignait à souffrir et à s'instruire, pour pouvoir accomplir ces actions.

4.

L'histoire du développement de la culture depuis l'époque des Grecs est assez courte, si l'on considère la longueur réelle des chemins qu'elle a parcourus, et qu'on ne tient pas compte de ses arrêts, de ses reculs, de ses hésitations, de ses détours. L'hellénisation du monde, et, pour rendre celle-ci possible, l'orientalisation de l'hellénisme — cette double mission du grand Alexandre — constitue toujours encore le dernier événement d'importance ; et la vieille question de savoir si une civilisation étrangère est réellement transmissible constitue toujours encore le problème que les modernes s'efforcent en vain de résoudre. L'action alternative et combinée de ces deux facteurs a particulièrement influencé le cours de l'histoire. Ainsi le christianisme se présente par exemple comme un fragment d'antiquité orientale que l'humanité a complété par la pensée et réalisé dans ses actes jusqu'aux détails les plus minutieux. Lorsque son influence fut en train de diminuer, la puissance de la culture hellénique se mit de nouveau à augmenter. Nous assistons à des événements si étranges qu'ils seraient inexplicables et résolument dépourvus de fondements si l'on ne pouvait les rattacher, en franchissant un immense espace de temps, à des phénomènes similaires qui ont eu la Grèce pour théâtre. C'est ainsi qu'il y a entre Kant et les Eléates, entre Schopenhauer et Empédocle, entre Eschyle et Richard Wagner, de telles similitudes, de telles parentés, qu'on y eût presque touché du doigt le caractère relatif de toutes les notions de temps ; il semble presque que certaines choses sont de même ordre et que le temps qui les sépare en apparence n'est au fond qu'un nuage qui nous empêche de distinguer les lois de ce rapport. L'histoire des sciences exactes surtout éveille en nous le sentiment que nous pourrions bien nous trouver, précisément aujourd'hui, aussi rapprochés que possible du monde alexandrin grec, et que le pendule de l'histoire pourrait bien osciller de nouveau vers le point d'où il prit autrefois son élan vers des espaces mystérieux et infinis. L'image de notre monde actuel n'offre rien de nouveau : celui qui connaît l'histoire a l'impression qu'il y retrouve toujours à nouveau les traits familiers d'un visage connu. L'esprit de la culture hellénique se retrouve en une dispersion infinie dans notre époque ; tandis que des forces variées se pressent côte à côte et que les résultats des sciences et des aptitudes modernes deviennent des matières d'échange, on voit reparaître, comme une pâle vision dans un crépuscule lointain, la noble image de l'hellénisme. Le monde qui, jusqu'à présent, a été suffisamment saturé d'orientalisme, aspire de nouveau à être hellénisé ; celui qui voudrait l'y aider devrait, à vrai dire, se hâter, d'un pied ailé, pour réunir les fragments si divers et si dispersés des sciences, les domaines éloignés des talents, pour parcourir et dominer le champ démesuré qui s'offre à son activité. Il est donc besoin maintenant d'une série d'*anti-Alexandre*, lesquels devront être doués d'une puissance suprême de concentration, pour relier et attirer à soi les fils isolés du tissu, afin d'empêcher qu'ils soient dispersés à tous les vents. Il ne s'agit plus maintenant de trancher le nœud gordien de la culture grecque, comme le fit Alexandre, de telle sorte que les fragments en fussent dispersés dans toutes les directions ; il s'agit de *renouer ce qui a été tranché*. Je reconnais dans la personne de Wagner un de ces anti-Alexandre. Il possède le don de savoir réunir ce qui était isolé, débile et inactif ; on peut dire qu'il possède, si je puis employer une expression médicale, le pouvoir *astringent* : sous ce rapport il fait partie des plus grandes puissances civilisatrices de son temps. Il domine les arts, les religions, les différentes branches de l'histoire universelle, et il n'en est pas moins tout l'opposé d'un polymathe, d'un esprit qui ne sait que rassembler et classer des matériaux : car il est l'artiste puissant qui les transforme et leur donne la vie ; il est un *simplificateur du monde*. On ne se laissera pas détourner de cette idée en comparant cette mission générale que lui a dictée son génie avec l'autre tâche plus rapprochée et plus limitée à laquelle on songe maintenant avant tout lorsque l'on prononce le nom de Wagner. On attend de lui une réforme du théâtre ; mais, en admettant qu'il réussisse dans cette voie, quel en serait le résultat pour sa tâche plus haute et plus lointaine ?

Par là l'homme moderne serait modifié et réformé ; tant il est vrai que, dans notre monde moderne, les choses se tiennent au point que,si l'on vient à en enlever une pierre, tout l'édifice s'ébranle et s'écroule.Et ce que nous énonçons ici avec une apparence d'exagération de la réforme de Wagner, on pourrait l'attendre également de toute autre réforme véritable. Il n'est pas possible de rétablir l'art théâtral dans son effet le plus noble et le plus pur, sans rénover en même temps sur tous les domaines, dans les mœurs et dans l'Etat, dans l'éducation et dans les rapports sociaux. L'amour et la justice, devenus puissants sur un point qui serait ici le royaume de l'art, doivent se développer selon une loi intérieure et ne peuvent revenir à l'immobilité de leur précédent état de chrysalide.Ne fût-ce que pour comprendre jusqu'à quel point le rapport de nos arts avec la vie est un symbole de la dégénérescence de cette vie même, jusqu'à quel point nos théâtres sont une honte pour ceux qui les construisent et s'y rendent, il faudrait déjà modifier complètement son jugement et pouvoir regarder ce qui est habituel et coutumier comme quelque chose de très exceptionnel et de très compliqué. Un singulier manque de lucidité dans le jugement, un besoin mal déguisé d'amusement et de distraction à tout prix, des scrupules d'apparence savante, une affectation du côté des exécutants, qui cherchent à faire croire qu'ils prennent l'art au sérieux, une soif brutale du gain chez les entrepreneurs, platitude et légèreté dans une société qui ne pense au peuple que tant qu'il est pour elle utile et redoutable, qui recherche les spectacles et les concerts sans que ceux-ci éveillent jamais en elle la pensée d'un devoir — tels sont aujourd'hui les éléments de l'atmosphère lourde et pernicieuse de nos institutions artistiques. Dès que l'on a fini par s'y habituer (c'est le cas de notre société bien élevée), on peut facilement se figurer que cette atmosphère est indispensable à la santé, et se trouver ensuite mal à son aise lorsqu'une contrainte quelconque nous en prive pour un certain temps.

Il n'existe véritablement qu'un seul moyen pour arriver à la conviction que nos institutions théâtrales sont vulgaires, et vulgaires au point de paraître étranges et bizarres. Qu'on y oppose seulement la réalité passée de l'ancien théâtre grec ! En admettant que nous ne sachions rien des Grecs, nous serions probablement incapables de nous en prendre aux conditions actuelles, et les critiques, telles qu'elles ont été formulées pour la première fois par Wagner avec la largeur d'esprit qui lui était propre, seraient tenues pour des chimères, dont seules sont capables des gens qui vivent dans les nuages. On dira peut-être que, pour les hommes tels qu'ils sont, un art semblable est suffisant et convenable, et, à vrai dire, les hommes n'ont jamais été faits autrement. Mais, bien au contraire, il est certain qu'autrefois les hommes étaient différents et, maintenant encore, il y en a auxquels les institutions actuelles ne suffisent pas.

C'est précisément ce que démontre l'institution de Bayreuth. Vous trouvez là des spectateurs préparés et pleins de recueillement, là encore l'émotion d'hommes qui se sentent transportés de joie et qui concentrent dans ce bonheur leur nature tout entière pour y puiser la force de s'élever vers une impulsion plus vaste. Enfin, vous y verrez chez les artistes l'abandon le plus désintéressé, le spectacle de tous les spectacles, le créateur victorieux d'une œuvre qui est elle-même la synthèse de tous les triomphes artistiques. Ne vous semble-t-il pas assister à une opération magique, quand vous avez le bonheur de pouvoir assister de nos jours à une pareille manifestation ? Ceux qui sont appelés à y concourir, artistes et spectateurs, ne doivent-ils pas déjà être transformés et renouvelés, afin de pouvoir, à l'avenir et dans d'autres sphères, transformer et renouveler à leur tour ? Ne semble-t-il pas que l'on aperçoit un port, après l'immense désert de l'Océan ? N'est-ce pas ici le calme qui s'étend sur la nappe des eaux ?

Celui qui, pour retourner aux plaines et aux bas-fonds de la vie, d'aspect si différent, abandonne cet état d'âme plein de profondeur et de solitude qui règne ici, ne doit-il pas se demander sans cesse comme Iseult : « Comment ai-je pu le supporter ? Comment puis-je le supporter encore ? » Et s'il ne peut plus supporter de cacher égoïstement au fond de lui-même son bonheur et son malheur, il profitera dès lors de chaque occasion pour en rendre témoignage par ses actes. Où sont ceux que les institutions actuelles font souffrir ? se demandera-t-il. Où sont nos alliés naturels, ceux aux côtés desquels nous pouvons lutter contre l'extension et les empiètements déprimants de l'actuelle prétention à la culture ?

Car jusqu'à présent — jusqu'à présent au moins ! — nous n'avons qu'un seul ennemi, ces esprits soi-disant « cultivés », pour lesquels le nom de « Bayreuth » signifie une des défaites les plus sensibles. Ils n'ont point concouru à cette œuvre, ils la combattaient avec fureur ou faisaient preuve de cette surdité plus efficace qui est devenue maintenant l'arme habituelle des adversaires les plus réfléchis. Mais ceci nous prouve que leur malice et leur animosité furent impuissantes à détruire l'esprit même de Wagner et à entraver l'accomplissement de son œuvre. Mieux encore, ils ont trahi leur propre faiblesse et démontré que la puissance des dominateurs actuels ne résistera plus à ses attaques répétées.

Le moment est venu pour ceux qui veulent vaincre et conquérir ; les royaumes les plus vastes leur sont ouverts ; si loin qu'il y a des domaines à défendre, un point d'interrogation fatal s'attache comme une menace au nom des possesseurs. Tout l'édifice de l'éducation, entre autres, est notoirement vermoulu et partout nous rencontrons des individus qui ont quitté en silence l'édifice menaçant. Que ne peut-on pousser ceux qui sont déjà profondément mécontents de l'édifice à se déclarer ouvertement en révolte ! Que ne peut-on les délivrer de la timidité qu'ils gardent dans leur mécontentement ! Je suis sûr que si l'on déduisait de l'ensemble de notre corps enseignant le contingent de ces natures silencieusement désapprobatrices, ce serait, certes, la perte la plus sensible que l'on pourrait lui faire éprouver. Parmi les savants, par exemple, ceux-là seuls resteraient fidèles à l'ancien état de choses qui ont déjà respiré la contagion de la déraison politique et tous les hommes entachés de littérature. L'engeance désagréable qui ne se soutient qu'en s'appuyant sur la violence et sur l'injustice, sur l'Etat et la Société, et qui trouve un avantage à les rendre toujours plus méchants et plus brutaux, cette engeance, privée de cet appui, n'est que faiblesse et lassitude : on n'a qu'à la bien mépriser pour la voir s'évanouir aussitôt. Celui qui combat pour l'avancement de la justice et de l'amour parmi les hommes n'a pas besoin de s'effrayer devant elle, car il ne se verra en face de ses véritables ennemis que le jour où il aura mené à bonne fin le combat engagé contre leur avant-garde, la culture d'aujourd'hui.

Pour nous, Bayreuth signifie la consécration au matin du combat. Jamais on ne pourrait nous faire plus de tort qu'en supposant que, dans toute cette affaire, l'art seul nous intéresse ; comme si l'art pouvait passer pour un remède ou un stupéfiant au moyen desquels on se débarrasserait de tous les maux de l'existence. Dans l'image que nous présente le tragique chef-d'œuvre qu'est Bayreuth nous voyons au contraire la lutte des individus contre tout ce qui s'oppose à eux sous la forme d'une invincible nécessité. La lutte contre la puissance, la loi, la coutume, la convention, contre des séries entières qui constituent l'ordre des choses. Pour les individus il ne saurait y avoir d'existence plus belle que de mûrir pour mourir au combat, en vue du sacrifice pour la justice et l'amour. Le regard chargé de mystère que la tragédie nous jette n'est pas un enchantement qui énerve et qui paralyse. Cependant, tant qu'elle nous regarde, elle exige de notre part le calme. Car l'art ne nous est pas donné pour le moment même du combat, mais pour les moments de repos qui précèdent ou interrompent le combat, pour ces instants fugitifs où, évoquant le passé, pressentant l'avenir, nous comprenons ce qui est symbolique, où, sous l'impression d'une légère fatigue, un rêve rafraîchissant s'abaisse sur nous. Le jour se lève et la lutte va commencer, les ombres sacrées s'évanouissent et l'art est de nouveau loin de nous, mais la consolation qu'il a apportée est restée répandue sur l'homme comme une rosée du matin. Partout ailleurs l'individu se trouve en présence de son insuffisance personnelle, de sa médiocrité et de son impuissance ; comment trouverait-il le courage de combattre, s'il n'avait été d'abord sanctifié par quelque chose d'impersonnel ! Les plus grandes souffrances que l'individu peut éprouver — le manque d'accord sur la vérité parmi les hommes, l'incertitude concernant les derniers résultats de la science, l'inégalité des facultés — tout cela fait qu'il a besoin de l'art. Nous ne saurions être heureux tant qu'autour de nous tout souffre et se crée des souffrances ; nous ne saurions être vertueux, tant que le cours des choses humaines est déterminé par la violence, le mensonge et l'injustice ; nous ne saurions même être sages tant que l'humanité tout entière n'a pas rivalisé d'ardeur pour acquérir la sagesse et n'a pas introduit l'individu, de la façon la plus sage, dans la vie et dans les sciences. Comment serait-il donc possible de supporter ce sentiment de triple insuffisance, si l'on n'était pas capable de discerner ce qu'il y a de sublime et d'important dans la nécessité qui s'impose d'aspirer, de combattre et de succomber, si l'on n'apprenait par la tragédie à prendre plaisir au rythme de la grande passion et au sacrifice qu'occasionne cette passion. L'art, à vrai dire, ne saurait nous servir de guide et d'éducateur dans l'action immédiate ; dans cet ordre d'idées l'artiste n'est jamais un mentor et un conseiller. Les objets auxquels aspirent les héros tragiques ne sont pas indistinctement et par excellence les buts les plus dignes d'aspiration. Tant que l'art nous tient sous son charme, notre évaluation des choses apparaît déformée comme dans un rêve. Ce que nous trouvons désirable, tant que dure ce charme, au point que nous applaudissons au héros qui choisit la mort plutôt que d'y renoncer, possède rarement, dans la vie réelle, la même valeur et nous paraît rarement digne des mêmes efforts. Cette disproportion tient précisément à ceci que l'art est l'activité de l'homme qui se repose.

Les luttes figurées par l'art apparaissent comme des simplifications des luttes réelles de la vie ; les problèmes évoqués par l'art sont des raccourcis du problème infiniment compliqué de l'action et de la volonté humaine. Mais c'est précisément en ceci que réside la grandeur et la nécessité absolue de l'art, qu'il fait naître l'*apparence* d'un monde simplifié, le *mirage* d'une solution plus rapide du problème de la vie. Aucun de ceux que la vie fait souffrir ne peut se passer de cette apparence, comme personne ne peut se passer de sommeil. Plus la science des lois qui régissent la vie devient difficile, plus nous aspirons à l'apparence de cette simplification, ne dût-elle durer que quelques instants ; plus forte devient aussi la tension entre la connaissance générale des choses et les facultés morales de l'individu. C'est pour *empêcher que l'arc ne se brise* que l'art existe.

L'individu doit être transformé en un être impersonnel, supérieur à la personne. Voilà ce que se propose la tragédie. Par elle, il doit désapprendre l'épouvante qu'inspire à chacun la mort et le temps. Car déjà dans le moment le plus fugitif de son existence il peut rencontrer quelque chose de sacré qui l'emporte surabondamment sur toutes les luttes et toutes les misères qu'il a eu à subir. C'est là ce qui s'appelle *avoir des sentiments tragiques*. Et si l'humanité tout entière devait mourir un jour — qui donc voudrait douter de cette mort ? — sa mission suprême pour les temps à venir consisterait à s'unir, à se fondre dans la Totalité, de telle sorte qu'elle pourrait marcher au devant de sa ruine imminente, comme si elle ne formait qu'*une seule âme animée de sentiments tragiques*. Dans cette mission suprême est incluse toute aspiration à l'anoblissement de l'homme ; sa répudiation définitive apparaîtrait, pour l'ami de l'humanité, comme une des images les plus funestes qu'il puisse voir. Tel est du moins mon sentiment ! Il n'y a qu'un seul espoir et une seule garantie pour l'avenir de ce qui est humain, *c'est que le sentiment tragique ne meure pas*. Si les hommes devaient un jour perdre complètement ce sentiment, il faudrait faire retentir sur la terre des lamentations comme on n'en a jamais entendu ; et, d'autre part, il n'existe pas de joie plus enivrante que celle de savoir ce que nous savons, de savoir que la pensée tragique a de nouveau fait son apparition dans le monde. Car cette joie est bien une joie entièrement supra-personnelle et générale, une jubilation de l'humanité en présence du lien qui relie à tout jamais tout ce qui est humain.

5.

Wagner plaça la vie présente et passée sous le rayon lumineux d'une connaissance assez puissante pour atteindre des distances considérables. C'est pourquoi il apparaît comme un simplificateur du monde. La simplification du monde consiste toujours en ceci, que le regard de celui qui possède la connaissance domine de nouveau la masse immense et inculte d'un chaos apparent et réunit par des liens puissants ce qui paraissait auparavant dispersé d'une manière irréconciliable. Wagner atteignit ce but en découvrant un rapport entre deux objets qui semblaient mener une existence séparée, chacun restant dans sa sphère: entre *la musique et la vie*, ainsi qu'entre *la musique et le drame*. Non point qu'il ait inventé ces rapports ou qu'il les ait créés; ils existent et se trouvent pour ainsi dire sous les pas de chacun ; car tout grand problème est semblable à la pierre précieuse que foulent en passant des milliers d'indifférents avant que quelqu'un se baisse pour la ramasser. Comment se fait-il, se demande Wagner, que dans la vie des hommes modernes un art comme la musique se soit développé avec une puissance si incomparable? Point n'est besoin d'avoir médiocre opinion de cette vie moderne, pour s'apercevoir qu'il y a ici un problème. Au contraire, lorsque l'on considère toutes les forces qui sont le propre de celle-ci, lorsque l'on se représente une existence aux aspirations puissantes luttant pour la *conscience de la liberté* et pour l'*indépendance de la pensée*, la présence de la musique n'en paraît que plus énigmatique. N'est-on pas forcé d'avouer qu'il était impossible que la musique naquît d'une pareille époque ? A quoi doit-elle alors son existence? Peut-être à un hasard ? Certes l'apparition d'un grand artiste isolé pourrait être le résultat d'un hasard, mais celle d'une série de grands artistes, telle que nous la révèle l'histoire de la musique moderne et tel qu'il ne s'en produit de semblable qu'une seule fois, à l'époque des Grecs, l'apparition de cette série donne à penser qu'ici ce n'est pas le hasard, mais bien une nécessité absolue qui impose sa loi. Cette nécessité constitue précisément le problème dont Wagner offre la solution.

Tout d'abord il sut reconnaître un état de crise qui s'étend aujourd'hui aussi loin que va la civilisation, ce lien des peuples. Partout ici le langage se trouve en défaut, et l'oppression de cette effroyable maladie se fait sentir sur tout le développement humain. S'éloignant toujours davantage des fortes manifestations du sentiment qu'il avait exprimées à l'origine dans toute leur simplicité, le langage fut sans cesse contraint de gravir le dernier degré qu'il fût capable d'atteindre, afin d'embrasser le monde de la pensée, c'est-à-dire tout ce qu'il y a de plus opposé au sentiment. Cette extension démesurée eut pour résultat d'épuiser ses forces, au cours de la période relativement brève qu'occupe la civilisation nouvelle, de sorte que le langage n'est plus capable de remplir la tâche en vue de laquelle il s'est formé : permettre à ceux qui souffrent de se communiquer les uns aux autres les sujets de tristesse les plus ordinaires de la vie. Dans sa misère, l'homme ne peut plus se faire comprendre au moyen du langage ; il ne peut donc plus véritablement se communiquer. Cette condition obscurément sentie a fait partout du langage un pouvoir indépendant, qui maintenant étreint les hommes de ses bras de fantôme et les presse à aller où ils ne veulent pas. Dès qu'ils cherchent à s'expliquer entre eux et à s'associer en vue d'une œuvre commune, la folie des idées générales, le vertige des mots sonores s'empare d'eux. Incapables de se comprendre véritablement, ils exécutent en commun ces œuvres qui toutes portent l'empreinte de ce manque d'entente, en ce sens qu'elles ne sont pas l'expression des véritables besoins qui les ont fait naître, mais ne correspondent qu'à un impérieux et creux verbalisme. Ainsi, à toutes ses souffrances l'humanité ajoute encore la souffrance de la *convention*, c'est-à-dire de la conformité dans les paroles et les actions sans la conformité du sentiment. De même que, dans la période décroissante de chaque art, il arrive un moment où l'exubérance maladive des moyens et des formes acquiert une influence tyrannique sur l'âme des jeunes artistes et fait d'eux ses esclaves, de même on se trouve être aujourd'hui, alors que le langage est en décadence, l'esclave du verbe. Cette contrainte ne permet plus à personne de se montrer tel qu'il est, de parler naïvement ; et il en est peu qui, d'une façon générale, réussissent à conserver leur individualité dans la lutte avec une culture qui croit pouvoir démontrer son succès, non point en exerçant son action bienfaisante sur des sentiments et des aspirations nettement affirmés, mais en saisissant l'individu dans un réseau d'« idées bien définies », pour lui apprendre à bien penser. Comme s'il y avait un intérêt quelconque à faire d'un individu un être qui pense bien et qui sait conclure logiquement, si l'on n'est parvenu, au préalable, à faire de lui un être qui sait sentir juste. Si donc la musique de nos maîtres allemands résonne, au milieu d'une humanité à tel point malade, qu'entend-on résonner au juste ? Rien autre chose qu'un *sentiment exact*, l'ennemi de toute convention, de toute aliénation factice, de toute incompréhension d'homme à homme. Cette musique équivaut à la fois à un retour à la nature, à une purification et à une transformation de la nature ; car c'est dans l'âme des hommes les plus aimants qu'est né le besoin de ce retour et c'est dans leur art que résonne *la nature transformée en amour.*

Prenons cet exposé comme une réponse de Wagner à la question de savoir ce que signifie la musique de notre temps. Mais il tient encore en réserve une seconde réponse. Le rapport entre la musique et la vie n'est pas seulement le rapport d'une espèce de langage à une autre espèce ; c'est aussi le rapport du monde parfait de l'audition au monde complet de la vision. Considérée comme un phénomène visuel et comparée aux phénomènes antérieurs de la vie, l'existence des hommes actuels offre cependant le spectacle d'une pauvreté et d'un épuisement indicibles, malgré son ineffable variété, dont seul le regard superficiel peut se satisfaire. Qu'on aille donc y regarder de plus près pour analyser l'impression que produit cette multiple bigarrure. Ne croirait-on pas voir le scintillement d'une mosaïque dont les innombrables parcelles mouvantes sont toutes empruntées à des civilisations passées ? Ici tout n'est-il pas fastes déplacés, agitation simulée, dehors trompeurs ? Un vêtement dérisoire fait de loques bariolées pour celui qui souffre d'être nu et d'avoir froid ? Une mensongère danse de joie imposée à celui qui pleure ? L'expression d'une fierté exubérante affichée par quelqu'un qui est blessé au cœur ? Puis, au milieu de tout cela, masquées et dissimulées seulement par la hâte du tourbillon incessant, une grise impuissance, une discorde qui ronge, une morne désolation, une honteuse misère ! L'aspect sous lequel se manifeste l'homme moderne n'est plus qu'apparence ; ce que l'homme moderne représente sert bien plutôt à le dissimuler qu'à le rendre visible et le reste d'invention et d'activité artistique qui s'est conservé chez quelques peuples, comme chez les Français et les Italiens, n'est plus employé qu'à l'art de ce jeu de cache-cache. Partout où l'on demande maintenant la « forme », dans la société et dans la conversation, dans l'expression littéraire et dans les rapports entre nations, partout on entend involontairement par là une apparence plaisante, c'est-à-dire le contraire de l'idée véritable de la forme, la forme étant l'expression adéquate et nécessaire, laquelle n'a pas à s'occuper de ce qui est « plaisant » et « déplaisant », précisément parce qu'elle est le résultat d'une nécessité et non pas du bon plaisir. Mais, lors même que, parmi les peuples civilisés, on n'exige pas catégoriquement la forme, on ne possède pas davantage cette figuration expressive ; tout en étant aussi zélé dans la recherche de l'apparence agréable, on est seulement moins heureux dans les résultats. A quel point l'apparence est agréable, ici et là, et pourquoi chacun doit trouver son agrément à ce que l'homme moderne s'efforce au moins de paraître, c'est ce que chacun comprend dans la mesure où il est lui-même un homme moderne. « Les galériens seuls se connaissent, dit le Tasse; quant à nous, nous *méconnaissons* les autres par politesse, afin qu'ils nous méconnaissent à leur tour. »

Et voilà que dans ce monde, où règnent les formes et le désir de se voir méconnu, apparaissent les âmes animées par la musique. Dans quel but? Ces âmes se meuvent en harmonie avec le rythme souverain et libre, animées d'une noble loyauté, vivifiées par la passion supérieure à toute personnalité, elles brûlent de l'ardeur à la fois puissante et paisible de la musique, de cette ardeur qui des profondeurs inépuisables jaillit à la lumière. Et tout ceci, encore une fois, dans quel but?

Par l'entremise de ces âmes la musique exprime la volonté de s'associer à sa sœur légitime, la gymnastique, laquelle apparaît comme son expression nécessaire dans le monde visible. En cherchant à satisfaire cette volonté la musique s'érige en juge du monde des apparences tout entier, telle que l'a fait la réalité trompeuse du présent. L'affirmation de ce phénomène est la seconde réponse de Wagner à ceux qui demandent ce que la musique signifie de nos jours. Aidez-moi, dit-il, en s'adressant à tous ceux qui savent entendre, aidez-moi à découvrir la culture dont ma musique — expression retrouvée du sentiment juste — est le présage. Réfléchissez à ceci que l'âme de la musique veut maintenant se créer un corps; qu'elle cherche sa voie, de telle sorte qu'elle devienne visible par l'entremise de vous tous, dans vos mouvements, vos actions, vos institutions et vos mœurs. Il existe déjà des hommes qui comprennent cet appel et leur nombre deviendra de plus en plus grand. Ils comprennent aussi, pour la première fois dans notre ère, ce que cela signifie de prendre la musique pour base de l'Etat. Les anciens Hellènes l'avaient non seulement compris mais ils s'en étaient fait une loi pour eux-mêmes, et ces mêmes esprits clairvoyants hésitent aussi peu à condamner l'Etat dans sa forme actuelle que la plupart des hommes le font dès aujourd'hui à l'égard de l'Eglise. En nous dirigeant vers ce but singulièrement nouveau, mais qui n'a pas toujours passé pour quelque chose d'inouï, nous sommes amenés à comprendre en quoi consiste la lacune la plus humiliante de notre éducation et à nous rendre compte de la vraie cause de son impuissance à nous faire sortir de la barbarie. Il manque à notre éducation l'âme de la musique, inspiratrice du mouvement et de la forme, tandis que ses exigences et son organisation sont l'œuvre d'une époque où n'était pas encore née cette musique, à laquelle nous accordons ici une confiance si particulière.

Notre pédagogie est l'institution la plus arriérée dans le temps où nous vivons ; elle est rétrograde précisément par rapport au seul nouvel élément éducateur qui donne aux hommes d'aujourd'hui un avantage sur ceux du siècle passé, ou qui du moins le leur donnerait s'ils consentaient à ne plus vivre aveuglément dans leur temps, en proie à la fièvre du moment. Comme jusqu'à présent l'âme de la musique n'est pas encore entrée en eux, ils n'ont pas encore su deviner l'idée de la gymnastique dans le sens que les Grecs et Wagner attachent à ce mot. C'est pourquoi leurs artistes sont condamnés à être privés d'espérance, tant qu'ils ne prendront pas la musique pour guide, quand ils voudront pénétrer dans un nouveau monde des perspectives visibles. Le talent pourra se développer à son gré, toujours il arrivera trop tard ou trop tôt, et en tous les cas mal à propos, car il est superflu et impuissant, ce que le passé nous a légué de plus parfait et de plus sublime, la forme, modèle de nos artistes, étant devenue superflue et presque impuissante à ajouter une pierre nouvelle à l'édifice. Si leur imagination est incapable de leur faire distinguer les formes nouvelles qu'ils ont devant eux, s'ils ne voient sans cesse, derrière eux, que les formes anciennes, ils sont morts avant d'avoir cessé de vivre.

Mais celui qui sent en lui-même une vie véritable et féconde, cette vie qui ne saurait être aujourd'hui autre chose que de la musique, pourrait-il un seul instant céder à l'illusion de fonder des espérances durables sur quelque chose qui s'épuise à produire des figures, des formes et des styles. Il est supérieur à toutes les vanités de ce genre, et ne pense pas plus à rencontrer des chefs-d'œuvre plastiques en dehors de son imagination idéale, qu'il n'espère voir nos langues séniles et décolorées produire encore de grands écrivains. Plutôt que de prêter l'oreille à quelques consolations chimériques, il supportera de jeter un regard profondément découragé sur notre état de choses moderne. Qu'il laisse l'amertume et la haine remplir son cœur, si ce cœur n'est pas assez tendre pour la pitié. La méchanceté même et l'ironie valent mieux que de s'abandonner à une satisfaction trompeuse et à une paisible ivresse, comme font nos « amateurs d'art » ! Mais, lors même qu'il serait capable de faire plus que de nier et de mépriser, s'il est capable d'aimer, de souffrir et de travailler avec ses semblables, il sera cependant contraint d'observer tout d'abord une attitude négative, pour ouvrir la voie à son âme généreuse. Si la musique doit un jour disposer au recueillement les cœurs de beaucoup d'hommes et faire d'eux les confidents de ses grands desseins, il faudra tout d'abord mettre un terme aux rapports de jouissance purement passive avec un art à tel point sacré. Il faudra précisément jeter l'anathème à cet « amateur d'art », qui est le principal soutien de nos entreprises artistiques, les théâtres, les musées et les concerts ; l'empressement que met le gouvernement à combler les vœux de l'amateur devra cesser. L'opinion publique met un empressement tout particulier à inculquer au citoyen le goût tout spécial de l'art ; elle devra être remplacée par un jugement plus sain. En attendant nous devrons considérer comme un allié véritable et utile *l'ennemi déclaré de l'art*, car son inimitié ne s'adresse qu'à l'art tel que le conçoit « l'ami de l'art » et il n'en connaît pas d'autre. Qu'il soit donc libre de reprocher à cet ami les sommes follement dépensées pour la construction de nos théâtres et de nos monuments publics, à l'engagement des chanteurs et des comédiens « célèbres », à l'entretien des écoles et des musées des beaux-arts, si complètement inutiles, sans compter les sommes importantes que chaque famille dépense en énergie, en temps et en argent, pour le développement des intérêts soi-disant « artistiques ». Il n'y a là ni faim, ni satiété, mais seulement un jeu languissant, avec l'apparence de l'une et de l'autre, un jeu imaginé par le vain désir de faire de l'effet et de dérouter le jugement des autres. Mais c'est pire encore lorsque l'on prend l'art plus ou moins au sérieux, que l'on exige de lui qu'il suscite une espèce de faim et de désir et que l'on s'imagine que c'est sa mission de produire cette excitation factice. Comme si l'on craignait de périr du dégoût que l'on a devant soi-même et de sa propre inertie, on conjure tous les mauvais démons, pour se laisser traquer par eux comme un gibier aux abois ; on a soif de souffrance, de colère, de haine, d'excitation, de frayeur subite, d'anxiété sans trêve et l'on fait appel à l'artiste pour évoquer cette chasse d'esprits infernaux.

Dans l'économie spirituelle de nos hommes cultivés, l'art est devenu un besoin tout à fait mensonger, méprisable, avilissant ; si ce n'est pas simplement rien, c'est du moins quelque chose de fort mauvais. L'artiste, le meilleur et le plus rare, ne voit rien de tout cela, car il semble être en proie à une sorte de rêve stupéfiant ; il répète en hésitant, d'une voix mal assurée, des mots magnifiques et étranges qu'il croit percevoir dans le lointain, mais dont il ne distingue pas clairement le sens. Quand, au contraire, il professe des tendances tout à fait modernes, l'artiste méprise chez ses nobles compagnons les tâtonnements et les discours ivres de rêve ; il tient en laisse toute la meute glapissante des passions et des horreurs accouplées, pour les lâcher au besoin sur ses contemporains. Car ceux-ci préfèrent se voir poursuivis, blessés et déchirés, plutôt que d'être contraints à vivre paisiblement, seuls avec eux-mêmes. Seuls avec eux-mêmes ! L'idée de cet isolement suffit à plonger les âmes modernes dans la peur et la terreur des spectres.

Lorsque je contemple, dans les villes populeuses, des

milliers d'individus qui passent devant moi avec un air pressé et hébété, je ne cesse de me répéter que ces gens doivent être mal à l'aise. Pour eux, cependant, l'art n'existe qu'à condition qu'il les rende encore plus mal à l'aise, qu'ils aient l'air encore plus hébétés et plus insensés, ou bien encore plus pressés et plus avides. Car le *sentiment faux* les possède et les tourmente sans relâche et ne permet pas qu'ils s'avouent leur misère à eux-mêmes. S'ils veulent parler, la convention leur souffle quelque chose à l'oreille qui leur fait oublier ce qu'ils avaient voulu dire; veulent-ils se concerter entre eux, leur esprit se trouve paralysé comme par enchantement, de telle sorte qu'ils nomment bonheur ce qui est leur malheur et que c'est pour leur propre malheur qu'ils s'appliquent à s'unir les uns avec les autres. C'est ainsi qu'ils sont complètement détournés d'eux-mêmes et réduits au rôle d'esclaves aveugles d'un sentiment faussé.

6.

Je ne veux montrer que par deux exemples à quel point le sentiment a été perverti de nos jours et combien notre temps se rend peu compte de cette perversion. Autrefois on regardait de haut, avec une honnête réserve, les gens qui font commerce d'argent, lors même que l'on pouvait avoir besoin d'eux; on se rendait compte que, dans toute société organisée, certains organes devaient remplir des fonctions moins nobles. Maintenant ces gens forment la puissance dominante dans l'âme de l'humanité moderne, car ils en sont la partie la plus avide. Autrefois, ce contre quoi on mettait le plus en garde, c'était de prendre trop au sérieux le jour ou l'instant fugitif ; on recommandait le *nil admirari* et le souci des choses éternelles. Maintenant il ne reste plus, dans l'âme moderne, qu'une seule espèce de sérieux ; ce sérieux s'applique aux nouvelles qu'apporte le journal ou le télégraphe. Profiter du moment et le juger aussi vite que possible pour pouvoir en tirer parti ! On pourrait presque croire que les hommes d'aujourd'hui n'ont conservé qu'une seule vertu, la présence d'esprit. Malheureusement cette présence d'esprit est bien plutôt la présence perpétuelle d'une insatiable avidité et d'une curiosité sans bornes que l'on retrouve chez tout le monde. Quant à savoir si *l'esprit est présent* aujourd'hui, nous laisserons aux juges de l'avenir, qui feront passer les hommes modernes par leur crible, le soin d'approfondir cette question. Pourtant cette époque-ci est vile, on peut s'en rendre compte dès à présent, car elle honore ce que méprisaient les nobles époques antérieures. Maintenant qu'elle s'est approprié tout le trésor de sagesse et d'art que nous a légué le passé et qu'elle se pare de ce vêtement somptueux, elle fait preuve, dans sa présomption, d'une inquiétante vanité en n'utilisant pas ce manteau simplement pour se réchauffer, mais pour donner le change sur elle-même. Le besoin de feindre et de dissimuler lui semble plus pressant que celui de se protéger du froid. C'est ainsi que les savants et les philosophes d'aujourd'hui ne font pas servir la sagesse des Hindous et des Grecs à la conquête de la sagesse et de la paix intime ; leurs travaux doivent seulement contribuer à procurer à notre époque un renom trompeur de sagesse. Ceux qui étudient l'histoire naturelle s'efforcent de démontrer que les accès de violence bestiale, de ruse et la vengeance brutale auxquels s'abandonnent les Etats et les individus dans leurs rapports réciproques ne sont que d'immuables lois naturelles. Les historiens font des efforts craintifs pour démontrer que chaque époque a son droit particulier et des conditions d'existence qui lui sont propres ; ils se préparent ainsi à défendre l'idée fondamentale de la procédure judiciaire qui devra être octroyée à notre époque. Qu'elle traite de l'Etat, du peuple, de l'économie, du commerce ou du droit, la science, sous toutes ses formes, assume dès à présent ce caractère *préparatoire et apologétique ;* il semble même que la part d'esprit restée vivace, sans avoir perdu son action dans le mécanisme compliqué des rapports de gain et de puissance, s'impose pour tâche unique de défendre et d'excuser le temps présent.

Devant quel accusateur ? Telle est la question qu'on se pose avec stupeur.

Devant sa propre mauvaise conscience.

Et ici nous distinguerons tout à coup la tâche que se propose l'art moderne : plonger dans l'apathie ou dans l'ivresse ! Endormir ou étourdir ! Pousser la conscience à l'ignorance de quelque manière que ce soit ! Aider l'âme moderne à se dérober au sentiment de la foule sans la ramener à son innocence ! Que cela soit possible au moins pour quelques instants ! Défendre l'homme contre lui-même en l'amenant à imposer silence à sa conscience, à ne pas écouter les voix intérieures ! — Les rares natures qui auront compris une seule fois tout ce qu'il y a d'humiliant dans cette tâche et dans cette affreuse dégradation de l'art auront senti leur cœur non seulement déborder de douleur et de pitié, mais aussi de nouveaux et d'irrésistibles désirs. Celui qui voudrait délivrer l'art et lui rendre sa sainteté profanée devrait d'abord se délivrer lui-même de l'âme moderne ; ce n'est qu'après avoir retrouvé son innocence qu'il pourra découvrir l'innocence de l'art ; il lui restera à se soumettre à deux grandes purifications et à une double consécration. S'il sortait vainqueur de l'épreuve, si, du fond de son âme délivrée, il parlait aux hommes le langage de son art délivré, il se verrait plus que jamais exposé au plus grand danger, forcé au plus rude combat ; car les hommes le réduiraient en morceaux, lui et son art, plutôt que d'avouer à quel point ils sont saisis de honte à leur aspect. Il ne serait pas impossible que le seul rayon de lumière que pût espérer notre époque, que la délivrance de l'art restât un événement réservé à quelques âmes solitaires, tandis que le grand nombre supporterait indéfiniment la contemplation de la lueur vacillante et enfumée d'un art à leur usage. Ils ne *veulent* pas la lumière, mais l'éblouissement ; ils *détestent* la lumière, lorsque c'est sur eux qu'elle jette ses rayons.

C'est pour cela qu'ils évitent le nouveau messager de lumière ; mais ce messager les suit, poussé par l'amour qui l'a fait naître et il veut les soumettre. « Il vous faut être initié à mes mystères, leur dit-il, vous avez besoin de leurs purifications et de leurs émotions. Faites-en l'essai pour votre salut, abandonnez les sombres parages de la nature et de la vie que vous semblez seuls connaître ! Je vous conduirai dans un monde qui, lui aussi, est réel. Vous direz vous-mêmes, lorsque vous quitterez ma caverne pour retourner au grand jour qui est le vôtre, laquelle des deux existences est la plus réelle, où est en réalité le jour et où est la caverne. La nature, vue de l'intérieur, est bien plus riche, plus puissante, plus délicieuse, plus féconde ; tel que vous vivez d'ordinaire vous ne pouvez la connaître. Apprenez à redevenir vous-même partie intégrante de la nature et laissez-vous ensuite transformer avec elle et par elle sous l'empire de mon incantation d'amour et de mon incantation du feu. »

C'est l'*art de Wagner* dont la voix parle ainsi aux hommes. Si nous autres, enfants d'une époque misérable, nous sommes les premiers à entendre cette voix, nous voyons en cela précisément une preuve que cette époque est digne d'une profonde pitié et que d'une façon générale la musique véritable participe du destin et a son origine dans une loi primordiale ; car il n'est pas possible d'expliquer par un absurde hasard qu'on l'entende précisément aujourd'hui. Un Wagner apparaissant par hasard eût été écrasé par la prédominance de l'élément contraire où il a été jeté. Mais sur la genèse du vrai Wagner plane une nécessité qui en est la justification et la glorification. L'art de Wagner, considéré à son origine, est le plus beau des spectacles, quelque douloureux que pût être cette genèse, car la raison, l'ordre, le but y sont partout visibles. Sans la joie d'un pareil spectacle, l'observateur estimera bienheureuses les douleurs mêmes de cette gestation et il se rendra compte avec joie que toutes choses contribuent nécessairement au bonheur et au profit d'une nature prédestinée, quelle que soit la dure école qu'elle ait à traverser ; il verra à quel point chaque victoire augmente sa prudence, qu'elle peut se nourrir de poison et de malheur tout en conservant sa force et sa santé. La raillerie et la contradiction du monde qui l'entoure lui servent de stimulant et d'aiguillon; si elle s'égare, elle revient de cet égarement et de ces errements chargée du plus magnifique butin; si elle dort, « son sommeil rassemble pour elle de nouvelles forces ». Elle retrempe le corps lui-même et le rend plus vigoureux; elle ne consume pas la vie, plus elle avance dans la vie; elle régit l'homme comme une passion ailée et ne le laisse voler que quand son pied s'est fatigué dans le sable et qu'il s'est meurtri aux pierres du chemin. Elle ne peut résister au désir de partager; chacun doit contribuer à son œuvre; elle n'est pas avare de ses dons. Repoussée, elle donne plus largement; abusée par les donataires, elle offre encore, par surcroît, le plus précieux trésor qui lui reste et, si l'on en croit l'expérience la plus ancienne, comme aussi la plus récente, jamais ceux qui les ont reçus n'ont été absolument dignes de ses dons.

C'est par là qu'elle se révèle comme la nature prédestinée par laquelle la musique parle au monde des apparences, la musique qui est la chose la plus mystérieuse qui soit sous le soleil, un abîme où reposent jointes la force et la bonté, un pont jeté entre le moi et le non-moi. Qui donc saurait désigner clairement le but auquel elle doit servir, lors même qu'il verrait quelque opportunité dans la manière dont elle se développe. Mais le plus délicieux des pressentiments nous encourage à demander : serait-il donc vrai que ce qu'il y a de plus grand existât à cause de ce qu'il y a de plus petit; le don le plus magnifique en faveur du talent moindre, la vertu la plus haute et la plus sacrée pour l'amour des faibles ? La vraie musique dut-elle se faire entendre parce que les hommes la *méritaient le moins, mais en avaient le plus besoin ?* Qu'on se plonge donc en esprit dans le miracle ineffable de cette possibilité. Si l'on regarde ensuite en arrière, la vie apparaît resplendissante, quelque sombre et brumeuse qu'elle parût auparavant.

7.

Il est impossible qu'il en soit autrement : l'observateur qui a devant les yeux une nature telle que celle de Wagner doit faire involontairement, de temps en temps, un retour forcé sur lui-même, sur sa petitesse et sa fragilité, pour se demander ce que cette nature a à faire avec lui. Il se dira alors : Pourquoi, dans quel dessein te trouves-tu là ? Sans doute la réponse lui fera-t-elle défaut, et se sentira-t-il comme embarrassé et surpris en face de sa propre nature. Qu'il lui suffise alors d'avoir éprouvé ces sentiments ; puisse-t-il, en outre, dans le fait *qu'il est devenu étranger à sa propre nature*, trouver une réponse à la question qu'il se posait. Car c'est précisément par ce sentiment qu'il participe à la puissante manifestation vitale chez Wagner, qu'il communie avec le centre de sa force, cette merveilleuse *transmissibilité*, cette abdication de sa propre nature, qui peut aussi bien se communiquer à d'autres qu'elle absorbe elle-même d'autres natures et reste grande, aussi bien en donnant qu'en acceptant. Tout en paraissant vaincu par la nature expansive et débordante de Wagner, l'observateur a pris lui-même sa part de cette force jaillissante et, *par elle*, il est en quelque sorte devenu puissant contre lui-même. Celui qui s'examine jusqu'au fond du cœur sait que, même pour contempler simplement un mystérieux antagonisme, est nécessaire un antagonisme qui consiste à regarder en face. Si l'art de Wagner nous fait passer par tout ce qu'éprouve une âme qui entreprend un voyage, qui sympathise avec d'autres âmes et compatit à leur sort, qui apprend à regarder le monde à travers beaucoup d'yeux, alors la distance et l'éloignement nous rendent capables de voir Wagner lui-même, après que nous l'avons nous-même vécu. Nous saisissons alors avec précision qu'en Wagner le monde visible veut se spiritualiser, se rendre plus intime et se retrouver lui-même dans le royaume des sons; de même, en Wagner, tout ce qui est perceptible par les sons veut prendre corps en se manifestant en quelque sorte comme phénomène visuel. Son art le conduit toujours, par deux voies différentes, du monde où dominent les sons dans un monde de spectacle visuel, à quoi le rattachent des affinités mystérieuses — et vice versa. Il [illegible] sans cesse contraint (et l'observateur avec lui) de retraduire le mouvement visible en le transportant sur le domaine de l'âme et de la vie instinctive; de percevoir, en même temps, comme phénomène visible, l'impulsion la plus cachée de l'être intime, pour lui prêter un corps apparent. Tout cela appartient en propre au *dramaturge dithyrambique*, si l'on donne à ce terme son acception la plus vaste, qui embrasse à la fois le comédien, le poète et le musicien, notion qui se déduit nécessairement d'Eschyle et des artistes grecs ses contemporains, lesquels offrirent le seul exemple parfait du dramaturge dithyrambique avant Wagner.

Si l'on a essayé de ramener des dons particulièrement grandioses de certaines natures à des entraves intérieures ou à des lacunes du génie, si, pour Gœthe, par exemple, la poésie ne fut qu'une sorte de palliatif pour une vocation de peintre manquée, si l'on peut dire des drames de Schiller qu'ils sont de l'éloquence populaire transposée, si Wagner lui-même cherche à expliquer l'encouragement de la musique par les Allemands, entre autres circonstances, par le fait que ceux-ci, privés du don séducteur d'une voix naturellement mélodieuse, furent obligés de concevoir la musique avec le même sérieux profond que leurs réformateurs observèrent la face du christianisme. Si l'on voulait même établir un rapport semblable entre le développement de Wagner et cette sorte d'entrave intérieure, il serait permis d'admettre chez lui un don inné pour les planches, vocation naturelle qu'il dut abandonner sans pouvoir la satisfaire sur un domaine vulgaire, mais qu'il parvint à réaliser, malgré les obstacles, en faisant concourir tous les arts à une grande réalisation théâtrale. Mais alors il serait également permis d'affirmer que la plus puissante nature de musicien, dans son désespoir d'avoir à s'adresser à des personnes qui ne sont musiciennes qu'à moitié ou qui ne le sont pas du tout, s'ouvrit de force un accès vers les autres arts, pour pouvoir enfin se communiquer avec une précision centuplée et contraindre les masses à le comprendre. Quelque idée qu'on se fasse du développement de l'artiste dramatique idéal, à l'époque de sa maturité, au moment où il donne toute sa mesure, il présente lui-même un ensemble exempt de toute lacune et de toute entrave; il est le véritable artiste libre, qui ne saurait faire autrement que de créer à la fois, dans tous les domaines de l'art, l'interprète et le médiateur de l'unité et de l'universalité du pouvoir créateur, unité et universalité qui ne peuvent être ni devinées, ni révélées, mais que l'action seule est en mesure de démontrer.

Cependant, celui en présence duquel cette action se produira d'une façon soudaine en sera subjugué comme par un maléfice tout à la fois attrayant et inquiétant. Il se trouvera soudain en face d'une puissance qui annule la résistance de la raison et qui fait même paraître déraisonnable et incompréhensible tout ce qui jusque là faisait partie de notre existence. Transportés hors de nous-mêmes, nous nageons dans un élément mystérieux et ardent, nous ne nous comprenons plus nous-mêmes, nous ne connaissons plus ce que nous connaissions le mieux; la mesure échappe de nos mains; tout ce qui est légitime, tout ce qui est immobile commence à s'ébranler ; toute chose revêt de nouvelles couleurs et nous parle un nouveau langage. Il faut être Platon lui-même pour pouvoir, en présence de ce mélange d'extase violente et de frayeur, se décider quand même et s'adresser, ainsi qu'il fit, au poète dramatique pour lui dire:

« Nous voulons un homme qui, par le moyen de sa sagesse, puisse se transformer en toutes sortes de choses et imiter toutes choses. S'il vient au milieu de nous, il sera l'objet de notre vénération, comme s'il était un saint et un prodige, nous verserons de l'huile sur sa tête, nous le ceindrons du bandeau sacré, mais nous chercherons à le diécder à se retirer dans une autre communauté. »

Il se peut que quelqu'un qui vit dans une communauté platonicienne puisse et doive s'imposer quelque chose de semblable. Mais nous autres, nous qui vivons dans une communauté toute différente et qui sommes régis selon d'autres règles, nous souhaitons et nous demandons ardemment que l'enchanteur vienne à nous, bien que nous ayons peur de lui. Cela nous paraît nécessaire, pour que notre communauté, la puissance et la raison malfaisante, dont elle est l'expression, se trouvent une fois au moins contredites. Une condition de l'humanité, de la vie sociale, des mœurs et de l'organisation de celle-ci, qui pourrait se passer des artistes imitateurs, n'est peut-être pas complètement une impossibilité, mais ce « peut-être » est parmi les plus audacieux qu'on puisse exprimer, il équivaut à une profonde inquiétude. Le droit d'en parler ne devrait appartenir qu'à celui qui, anticipant le moment suprême de tout ce qui est à venir, serait à même de le créer et d'en jouir, et qui serait alors, comme Faust, contraint de devenir aveugle immédiatement, à moins qu'il n'implore la cécité comme une faveur. Car nous autres, nous n'avons pas droit même à cette cécité; tandis que Platon, par exemple, pouvait à bon droit être aveugle en face de toute la réalité hellénique, après qu'il eût jeté un regard, un seul, sur l'idéal hellénique. Pour ce qui est de nous, tout au contraire, nous avons besoin de l'art précisément parce que *l'aspect de la réalité nous a ouvert les yeux ;* il nous faut le dramaturge universel pour qu'il nous délivre, ne fût-ce que pour quelques heures, de la terrible tension dont souffre l'homme clairvoyant, placé entre sa propre faiblesse et la tâche qui lui est imposée. Avec le dramaturge nous gravissons les degrés les plus élevés du sentiment et c'est là seulement que nous avons l'illusion de nous voir ramenés au sein de la nature illimitée, dans le royaume de la liberté. Là seulement, comme dans un formidable mirage, nous nous apercevons, nous et nos semblables, en plein dans la lutte, la victoire et la disparition, comme si nous étions, nous aussi, quelque chose de sublime et d'important; nous faisons nos délices du rythme de la passion et du sacrifice que comporte la passion; à chacun des pas formidables que fait le héros, nous entendons le sourd retentissement de la mort et dans le voisinage de la mort nous saisissons l'attrait suprême de la vie.

Transformés de la sorte en hommes tragiques, nous revenons à la vie singulièrement consolés, avec le sentiment d'une sécurité nouvelle, semblable à celle que nous éprouverions si, après avoir couru les plus grands dangers, après des écarts et des extases multiples, nous avions retrouvé le chemin qui nous ramène dans un monde limité et familier. Un chemin qui nous ramène à des sentiments d'une courtoisie supérieure et bienveillante dans nos relations et qui nous confère plus de noblesse qu'auparavant. Car tout ce qui paraît ici sérieux et nécessaire, parce qu'il s'agit d'atteindre un but déterminé, ne ressemble, lorsque nous le comparons à la voie que nous avons nous-mêmes parcourue (bien que seulement en rêve), qu'à des fragments singulièrement isolés de ces événements cosmiques dont nous ne prenons conscience qu'avec terreur. Nous serons même exposés à un dangereux écueil, tentés comme nous le serons de prendre la vie trop à la légère, précisément parce que, dans l'art, nous l'avons considérée avec un si rare sérieux. Nous rappelons ici une expression dont Wagner s'est servi lorsqu'il a parlé des événements de sa propre vie. Car, alors qu'à nous autres, qui prenons seulement part, sans le créer, à un pareil art du drame dithyrambique, le rêve paraît presque plus vrai que la veille et la réalité, quel effet ce contraste ne doit-il pas produire sur l'artiste créateur ! Le voici placé au milieu des appels bruyants et des nécessités du jour, en proie aux exigences de la vie, de la Société, de l'Etat. Où est-il lui-même en face de tout cela ? Peut-être est-il justement le seul dont les sentiments soient vrais et réels, au milieu des dormeurs troublés et tourmentés, au milieu des malheureux en proie aux illusions et aux douleurs. Peut-être sent-il parfois qu'une insomnie persistante s'empare de lui, comme s'il devait passer dorénavant son existence si lucide et si consciente au milieu de somnambules et d'êtres qui jouent sérieusement au fantôme ; si bien que tout ceci, qui paraît pour d'autres si naturel, le remplit d'un trouble inusité, et qu'il n'est tenté de n'opposer à ce phénomène qu'un orgueilleux dédain. Mais quel choc étrange ce sentiment ne subit-il pas quand, à la clairvoyance de son orgueil frémissant, vient se joindre un tout autre penchant : l'aspiration à quitter les hauteurs pour les profondeurs, le tendre désir des choses terrestres, du bonheur en commun... Puis, lorqu'il pense à tout ce dont il est privé dans sa solitude de créateur, il éprouve l'obligation pressante de rassembler, tel un dieu descendu sur la terre, tout ce qui est faible, humain, égaré, et de « le soulever dans ses bras ardents vers les cieux », pour trouver enfin l'amour au lieu de l'adoration, et faire abnégation complète de soi-même dans l'amour ! Toutefois, le choc que nous admettons ici apparaît comme le miracle positif qui se produit dans l'âme du dramaturge dithyrambique et, s'il était possible de se faire quelque part une idée claire de la nature de celui-ci, ce devrait être là. Car les moments de génération de son art sont ceux durant lesquels il est subjugué par le choc des sentiments contraires, lorsque le trouble et l'étonnement orgueilleux qu'il éprouve en face du monde s'unit en lui au désir ardent d'embrasser ce même monde avec amour. Dès lors les regards qu'il tournera vers la terre et la vie seront toujours pareils à des rayons de soleil qui « attirent les vapeurs », condensent les brouillards et rassemblent les nuées orageuses. Discret et pénétrant à la fois, exempt d'égoïsme et riche d'amour, son regard s'abaisse sur toutes choses et partout où il dirige la lumière de ce double rayonnement il excite la nature, avec une redoutable promptitude, au dégagement de toutes ses forces, à la révélation de ses mystères les plus profonds, et il l'y contraint au moyen de la *pudeur*. On peut dire sans métaphore qu'avec ce regard il a surpris la nature, qu'il l'a entrevue dans sa nudité. Elle cherche alors à se voiler pudiquement de ses contrastes. Ce qui, jusque là, était invisible, intime, se réfugie dans la sphère des phénomènes et devient visible ; ce qui jusque là n'était que visible se plonge dans l'océan mystérieux de la mélodie. *C'est ainsi que la nature, tout en voulant se dérober aux regards, révèle l'essence de ses antinomies*. Par une danse au rythme impétueux, mais léger, par des mouvements extatiques, le dramaturge primitif exprime alors ce qui se passe en lui et dans la nature. Le dithyrambe de ses mouvements équivaut aussi bien à une compréhension frémissante, à une triomphante justesse de vue qu'à un rapprochement plein d'amour, à un joyeux abandon de soi. La parole enivrée cède à l'entraînement de ce rythme, la mélodie résonne, unie à la parole; et de nouveau la mélodie jette au loin dans le monde des images et des idées ses notes étincelantes. Une vision de rêve, semblable à l'image de la nature et de l'amant de la nature — semblable et pourtant dissemblable — s'approche lentement; elle se condense pour prendre forme humaine; elle s'élargit pour donner cours à une volonté héroïquement triomphante ; à l'ivresse de la chute et de l'anéantissement, à l'ivresse du non-vouloir. Ainsi naît la tragédie; ainsi la vie reçoit en hommage sa plus magnifique sagesse, celle de la pensée tragique; ainsi naît, enfin, le plus grand enchanteur, bienfaiteur parmi les mortels, le dramaturge dithyrambique.

8.

La vie véritable de Wagner, c'est-à-dire la lente révélation du dramaturge dithyrambique, fut en même temps pour lui une lutte continuelle avec lui-même, en tant que ce dramaturge dithyrambique ne constituait pas l'unique élément de sa nature. La lutte contre le monde qui s'opposait à lui ne fut si violente et si lugubre que parce qu'il percevait au fond de son âme la voix prenante de ce « monde » ennemi et qu'en même temps il possédait un puissant esprit de résistance. Lorsque l'*idée dominante* de sa vie commença à prendre corps chez lui, l'idée que c'est par le théâtre que l'art peut exercer une influence incomparable, la plus grande influence que l'art puisse exercer, elle produisit dans tout son être une fermentation violente. Ses désirs et ses actions n'en furent pas aussitôt illuminés d'une vision nette et claire. Cette idée prit tout d'abord la forme d'un mirage tentateur, comme si elle n'était que l'expression d'une volonté égoïste, toujours avide de puissance et d'éclat. Produire un effet, un effet incomparable! Mais par quoi et sur qui ? Ce fut, dès lors, la question que se posa Wagner; son cerveau et son cœur s'appliquèrent infatigablement à la résoudre. Il voulait vaincre et conquérir mieux qu'aucun artiste l'avait fait avant lui, arriver, si possible, d'un seul coup à cette toute-puissance tyrannique vers laquelle il se sentait obscurément poussé. Il mesurait d'un regard jaloux et inquisiteur tout ce qui obtenait quelque succès, il observait plus attentivement encore celui sur qui devait s'exercer cette influence. L'œil magique du dramaturge, qui lit dans les âmes comme dans un livre familier, lui servit à étudier soigneusement le spectateur et l'auditeur; bien que les observations qu'il faisait le remplissent souvent d'inquiétude, il ne s'empara pas moins, sur-le-champ, des moyens qui lui servirent à les dominer. Ces moyens étaient à sa disposition; tout ce qui agissait fortement sur lui-même, il était capable de le vouloir et de l'exécuter; ses modèles, il les comprenait à tous les degrés, dans la mesure où il était capable de les recréer lui-même; jamais il ne doutait de pouvoir exécuter ce qui était à même de lui plaire. Sur ce chapitre sa nature est peut-être encore plus « présomptueuse » que celle de Gœthe, lequel disait de lui-même : « De toutes choses je me croyais déjà maître ; on aurait pu placer sur ma tête la couronne d'un roi que j'aurais trouvé cela tout naturel. » Le pouvoir d'exécution de Wagner, son « goût » aussi bien que ses intentions s'adaptent de tout temps l'un à l'autre, aussi exactement que la clef à la serrure ; ils grandirent et s'affranchirent en même temps. Mais à l'époque dont nous voulons parler cette évolution ne s'était pas encore accomplie. Qu'importait à Wagner le sentiment faible bien qu'infiniment noble et pourtant égoïstement solitaire, qu'entretenait loin de la foule quelque dilettante élevé dans le culte de l'art et des lettres !

Mais ces violentes tempêtes de l'âme qu'engendre la foule en présence de certains élans violents du chant dramatique, cette ivresse des esprits qui se propage rapidement et qui reste si complètement sincère et désintéressée, voilà quel fut l'écho de ce qu'il éprouvait, de ce qu'il sentait lui-même et il en fut animé d'un ardent espoir de puissance suprême et d'influence décisive ! C'est ainsi qu'il comprit le *grand opéra*, moyen qui lui permit d'exprimer son idée dominante ; c'est vers le grand opéra qu'il tendit toute sa volonté et son regard se tourna du côté d'où venait le grand opéra. Une longue période de sa vie, de même que les changements les plus téméraires, dans ses projets et ses études, dans ses lieux d'habitation et relations, ne peuvent s'expliquer que par ce désir et par les résistances extérieures que devait infailliblement rencontrer l'artiste allemand, indigent et inquiet comme il l'était, et si passionnément naïf. Comment on réussit à passer maître sur ce terrain, un autre artiste le savait mieux que lui. Maintenant qu'on n'ignore plus par quelles ingénieuses combinaisons d'influences de toutes espèces Meyerbeer savait préparer et assurer chacune de ses grandes victoires, qu'on sait avec quelle gradation méticuleuse les « effets » dans l'opéra même étaient calculés, on comprendra aussi à quel point Wagner se sentit irrité et mortifié, lorsqu'il fut obligé de reconnaître que, pour obtenir un succès auprès du public, ces « procédés » sont presque toujours indispensables. Je doute que l'histoire puisse mentionner un seul grand artiste qui ait débuté par une si prodigieuse erreur et qui se soit engagé dans un des genres les plus révoltants de l'art avec aussi peu de prudence et autant de sincérité; et pourtant la façon dont il le fit n'était pas dépourvue d'une certaine grandeur et fut, pour cette raison, d'une singulière fécondité. Car lorsque Wagner eut reconnu son erreur, le désespoir lui fit comprendre de quoi est fait le succès moderne, le public moderne et tout le système mensonger de l'art moderne. Et, tout en se faisant le critique des procédés « à effet », il fut saisi d'un pressentiment, celui de sa propre épuration. Ce fut comme si l'esprit de la musique lui eût parlé dès lors avec un nouveau charme intime. De même que s'il revenait au grand jour, après une longue maladie, il hésitait à se fier à sa propre main, à son propre coup d'œil. Il cherchait sa route d'un pas mal assuré, de sorte que ce fut pour lui comme une merveilleuse découverte de se sentir encore musicien, encore artiste, de sentir même qu'il venait seulement de le devenir réellement.

Chacune des périodes successives dans le développement de Wagner est caractérisée par le fait que les deux forces fondamentales de sa nature s'unissent toujours plus étroitement. La répulsion qui éloignait l'une de l'autre ces forces commence à diminuer ; à partir de ce moment le moi supérieur ne croit plus faire une grâce à son frère plus violent et plus terrestre en se mettant à son service, car *il l'aime* et ne peut plus se refuser à le servir. Lorsqu'elles ont acquis leur plein développement, la délicatesse et la pureté les plus parfaites se retrouvent aussi dans les manifestations de la force ; l'impétueux instinct suit son cours comme auparavant, mais dans d'autres régions, celles du moi supérieur et celui-ci, à son tour, s'abaisse vers la terre et reconnaît sa propre image dans tout ce qui est terrestre. S'il était possible de parler de la même manière du but final et de l'issue de ce développement, tout en restant compréhensible, on pourrait espérer trouver aussi l'expression imagée qui servirait à désigner une longue période intermédiaire dans le développement ; mais, comme je doute de la première possibilité, je renonce aussi à m'aventurer dans la seconde. Au point de vue historique, cette période intermédiaire peut être isolée par deux mots de la période qui la précède et de celle qui la suit : Wagner se transforme en *révolutionnaire de la société* ; il reconnaît dans le *peuple poète* le seul artiste véritable qu'il y ait eu jusqu'à présent. L'idée maîtresse qui s'imposa à lui, sous une forme nouvelle et plus impérieuse que jamais, après le profond désespoir et le repentir par lequel il avait passé, le conduisit à ces deux conceptions : Exercer de l'influence, faire de l'effet ! Faire de l'effet, exercer une influence incomparable par le théâtre ! ... Mais sur qui ? Il frémissait en songeant au public sur lequel il avait voulu porter jusqu'à présent. Il se rappelait sa propre aventure pour comprendre toute l'indignité de la position où se trouvent l'art et les artistes ; pour comprendre comment une société sans âme ou dont l'âme est endurcie, une société qui voudrait passer pour la bonne et qui n'est au fond que la mauvaise, traîne à la suite l'art et les artistes, pour les faire servir à ses *besoins factices*.

L'art moderne est *un luxe*. Il le comprit et il comprit de même que le sort de l'art est indissolublement lié à l'existence d'une société luxueuse. De même que cette société, usant de son pouvoir avec une prudence impitoyable, pour abaisser et assujettir toujours davantage le peuple, pour le dépouiller toujours plus de ses attributs et en faire le moderne « travailleur », de même elle a su dérober au peuple tout ce qu'un profond besoin avait créé de plus pur et de plus grand, tout ce qui permettait à cet artiste, le seul artiste véritable, d'épancher au dehors son âme généreuse : son mythe, son chant, sa danse, son langage, et cela pour en distiller un remède voluptueux contre l'épuisement et l'ennui dont s'enveloppe son existence. Ce remède, ce sont les arts modernes. Comment se forma cette société ; comment elle sut puiser des forces nouvelles dans des sphères d'influences contradictoires en apparence ; comment, par exemple, le christianisme, discrédité par l'hypocrisie et les demi-mesures, servait arbitrairement à consolider et à protéger contre le peuple cette société et tout ce qu'elle possède comment la science et ses savants se plièrent habilement à ce servage, Wagner sut observer tout cela en en suivant la trace à travers les siècles ; et le résultat de ses observations fut une expression de rage et de dégoût. Par pitié pour le peuple il était devenu révolutionnaire ! A partir de ce moment-là il aima le peuple; il se sentit attiré vers lui autant qu'il était attiré vers son art ; car c'est seulement dans le peuple, hélas! ce peuple éloigné, presque impossible à deviner, artificiellement mis à l'écart, que Wagner vit dorénavant le spectateur, l'auditeur qui seul serait digne et capable de comprendre la puissance de l'œuvre d'art qu'il rêvait. Ses réflexions se concentrèrent donc sur toute la question : Comment le peuple prend-il naissance ? Comment le faire naître encore une fois?

Il ne trouvait toujours qu'une seule réponse. Il se dit que, si une collectivité souffrait du même mal que lui, cette collectivité serait le peuple. Et là où une souffrance semblable produisait une aspiration et des désirs identiques, on chercherait à les satisfaire de la même manière et l'on trouverait le même bonheur dans cette satisfaction. Lorsqu'il se demandait alors quelle était pour lui la meilleure consolation et le plus solide appui dans la misère, et ce qui viendrait au-devant de sa souffrance avec le plus de sympathie, il se rendit compte avec un bonheur infini que cela ne pouvait être que le mythe et la musique — le mythe qu'il savait être le produit et le langage de la souffrance du peuple ; la musique, d'origine semblable, quoique plus mystérieuse encore. C'est dans ces deux éléments qu'il plonge, dès lors, son âme et qu'il la guérit ; c'est vers eux qu'il aspire avec le plus d'ardeur. En partant de ces éléments il peut se rendre compte combien sa souffrance a d'affinités avec celles que devait éprouver le peuple à son origine et dans quelles conditions se trouvera un jour un peuple qui devra compter au milieu de lui beaucoup d'hommes comme Wagner lui-même. Or, comment vivaient le mythe et la musique dans notre société moderne, pour autant qu'ils n'avaient pas été victimes de cette société? Un même sort leur était échu en partage, preuve de leur étroite et mystérieuse affinité : profondément abaissé et déformé, transformé en « conte », dépouillé de son admirable et sainte vérité, le mythe était devenu l'amusement et le jouet des femmes et des enfants d'un peuple dégénéré ; la musique s'était conservée au milieu des pauvres et des simples, au foyer des solitaires. Le musicien allemand n'avait point réussi à prendre un rang favorable dans la pratique élégante des arts, il était devenu lui-même un de ces contes pleins de monstres et de mystères, riche d'accents sincères et de touchantes promesses, questionneur maladroit, il était devenu quelque chose d'enchanté, qui avait besoin d'être délivré du charme qui le retenait prisonnier. C'est là que l'artiste entendit clairement l'ordre qui lui était donné à lui seul, l'ordre de restituer au mythe sa nature virile, de délivrer la musique de son sortilège pour lui rendre la parole ; il sentit soudain que la force qui devait produire le *Drame* était déchaînée en lui, que sa domination était assurée sur un royaume encore à découvrir, qui tiendrait le milieu entre le mythe et la musique. C'est alors qu'il présenta aux hommes sa nouvelle œuvre d'art, l'œuvre où il avait concentré tout ce qu'il savait être puissant, saisissant, riche en félicité, et, en même temps, il leur posait sa question grandiose et douloureusement incisive :

« Où êtes-vous, vous qui souffrez comme moi et dont les besoins sont les miens ? Où est là collectivité que j'aspire à voir un jour sous l'aspect du peuple ? Je vous reconnaîtrai à ceci que votre bonheur, votre consolation seront les mêmes que les miens. Votre joie me révèlera votre souffrance ! » C'est par la voix de Tannhæuser et de Lohengrin qu'il interrogeait ainsi, qu'il se mettait en quête de ses semblables. Le solitaire avait soif de collectivité.

Mais quel fut alors le sentiment qu'il éprouva ? Personne ne lui répondit ; personne n'avait compris la question. Ce ne fut pas que l'on gardât le silence ; tout au contraire, on répondit à cent questions qu'il n'avait point posées ; on dissertait sur les nouvelles productions, comme si elles avaient été faites pour être mises en pièces par des paroles. Ce fut comme si la manie écrivassière et jacassante, en matière d'esthétique, s'était emparée des Allemands, qui, pris de fièvre, se jetèrent indiscrètement sur ces œuvres d'art et sur la personne de leur auteur, avec ce manque de discrétion et de délicatesse qui distingue le savant aussi bien que le journaliste allemand. Wagner essaya par des écrits de faciliter la compréhension de son problème ; ces écrits ne provoquèrent qu'une nouvelle confusion et de nouveaux murmures : un musicien qui écrit et qui pense était alors un non-sens pour tout le monde. On s'écria alors qu'il n'était qu'un théoricien qui veut transformer l'art au moyen d'idées subtiles et on le conspua... Wagner en fut comme étourdi. Le problème qu'il posait n'était pas compris ; sa douleur laissait insensible ; son œuvre s'adressait à des sourds et à des aveugles, le « peuple » qu'il avait espéré apparaissait comme une chimère ! Il eut un vertige et se sentit vaciller. La possibilité d'un complet renversement de toutes choses apparut à ses yeux et il ne s'effraya plus de cette possibilité. Il se rendit compte qu'au delà de ce bouleversement et de cette destruction il y aurait peut-être une nouvelle espérance à dresser, mais que cette espérance même ne serait peut-être pas fondée et qu'alors le néant serait en tous les cas préférable à quelque chose qui inspire de la répugnance ! En fort peu de temps il dut subir l'exil politique et la misère.

Mais c'est maintenant seulement, avec ce terrible revirement dans ses destinées extérieures et intimes, que s'ouvre le chapitre de la vie du grand homme sur lequel s'étend, comme d'une coulée d'or fondu, l'éclat d'une perfection suprême. Maintenant seulement le génie du drame dithyrambique laisse tomber ses derniers voiles ! Il est complètement isolé, le présent lui paraît méprisable, il n'espère plus. C'est alors que son vaste regard universel mesure encore une fois l'abîme, cette fois-ci jusqu'au fond. Il y voit la souffrance dans l'essence même des choses, et devenu dès lors en quelque sorte impersonnel, il accepte sa part de souffrance avec une plus grande tranquillité. Son aspiration à la plus haute puissance, héritage d'états d'âme antérieurs, se tourne exclusivement vers la production artistique. Par son art, il ne parle plus à un « public » ou à un peuple, mais seulement à lui-même, et il s'efforce de donner à cet art toute la clarté et toutes les qualités nécessaires à un dialogue aussi grandiose. Durant la période précédente, il avait encore conçu l'œuvre d'art d'une façon différente ; là aussi, quoique avec une noble réserve, il avait tenu compte de l'effet immédiat. L'œuvre, dans son esprit, ne devait être qu'une question posée et elle devait provoquer une réponse immédiate. Que de fois Wagner voulut venir en aide à ceux auxquels il s'adressait, pour qu'ils comprissent ce qu'il leur demandait, de telle sorte que, pour guider leur inexpérience et être mieux compris, il se rattachait à des formes, à des expressions d'art déjà connues. Quand il devait craindre de ne pas être compris et de ne pas convaincre lorsqu'il parlait son propre langage, il avait tenté de convaincre et de poser son problème dans une langue qui lui était presque étrangère, mais qui, pour ses auditeurs, semblait plus familière.

Dès lors, cependant, il ne restait plus rien qui pût l'engager à de pareilles considérations. Maintenant il ne voulait plus qu'une seule chose : se mettre d'accord avec lui-même, traduire en action sa pensée sur l'essence du monde, exprimer sa philosophie par le moyen des sons; tout ce qui restait en lui de préméditation se tournait vers le dernier terme de l'entendement. Que celui qui est digne de savoir ce qui se passait alors au fond de lui-même, sur quoi il conférait avec lui-même dans les saintes profondeurs de son âme — et ils ne sont pas nombreux ceux qui en sont dignes — qu'il écoute, qu'il contemple et qu'il revive *Tristan et Iseult*, le véritable *opus metaphysicum* de tout art, œuvre sur quoi repose le regard brisé d'un mourant, le regard chargé des désirs délicieusement inapaisés, attirés vers les secrets de la nuit et de la mort, si éloigné de la vie qui resplendit dans une clarté effrayante et fantastique, comme quelque chose de mauvais qui trompe et qui sépare! *Tristan et Iseult* apparaît en outre comme un drame rempli de la plus austère rigueur dans la forme, subjuguant par la simple grandeur et conforme par là au mystère dont parle le drame: être mort au sein de la vie, être uni dans la dualité.

Et cependant, il y a quelque chose de plus admirable encore que cette œuvre, c'est l'artiste lui-même, qui a pu produire ensuite, et dans un espace de temps fort court, un tableau de la société d'une nuance toute différente, les *Maîtres Chanteurs de Nuremberg*; l'artiste qui, dans ces deux compositions, semble n'avoir voulu que se reposer et se rafraîchir, pour terminer à loisir le gigantesque édifice à quatre degrés, ébauché et commencé bien plus tôt, le but de toutes ses pensées pendant vingt ans, son œuvre de Bayreuth, l'*Anneau du Niebelung*! Ceux qui peuvent s'étonner du voisinage de *Tristan* et des *Maîtres Chanteurs* n'ont pas compris un point essentiel dans la vie et la nature de tous les Allemands véritablement grands; ils ne connaissent pas le terrain sur lequel seul peut se développer cette *gaieté si essentiellement* allemande, celle de Luther, de Beethoven, de Wagner, qui n'est pas comprise des autres peuples et que les Allemands d'aujourd'hui semblent avoir désapprise; ce parfait mélange de simplicité, de compréhension aimante, d'esprit contemplatif et de fine malice que Wagner verse comme un breuvage délicieux à tous ceux qui ont profondément souffert de la vie et qui se tournent vers lui avec le sourire plein de gratitude des convalescents. Et, tandis que lui-même regardait le monde d'un regard plus apaisé, tandis que la colère et le dégoût s'emparaient de lui plus rarement, et qu'il renonçait à la puissance avec tristesse et amour plutôt qu'avec effroi, tandis que sa grande œuvre se développait dans le silence et qu'il ajoutait chaque jour les partitions aux partitions, il se passa enfin quelque chose qui lui fit prêter l'oreille : les *amis* vinrent à lui, lui annonçant un mouvement souterrain qui remuait de nombreux esprits. Ce n'était pas encore le « peuple » en mouvement qui annonçait sa venue, c'en était peut-être le germe, la première étincelle de vie d'une société vraiment humaine destinée à la perfection dans un avenir lointain. Il n'y avait là encore qu'une garantie que son œuvre magistrale pourrait être confiée un jour à des mains fidèles qui sauraient y veiller et qui seraient dignes de transmettre à la postérité ce glorieux héritage. Transfigurés par l'amitié, ses jours se colorèrent dès lors d'une lumière plus vive et plus chaude. Il ne fut plus seul à nourrir son plus noble espoir, celui d'arriver au but avant la fin du jour et de trouver pour son œuvre un refuge hospitalier. C'est alors qu'eut lieu un événement qu'il ne pouvait interpréter que dans un sens symbolique et qui fut pour lui une nouvelle consolation, un présage favorable. Une grande guerre faite par les Allemands le força à lever les yeux ; une guerre faite par ces mêmes Allemands qu'il savait si dégénérés, si déchus de l'ancien esprit supérieur allemand, tel qu'il l'avait observé et reconnu consciencieusement aussi bien sur lui-même que chez d'autres grands Allemands célèbres dans l'histoire. Il vit ces Allemands faire preuve, dans des situations exceptionnelles, de deux vertus réelles, la prudence et la simple bravoure ; il commença dès lors à croire qu'il n'était peut-être pas le dernier Allemand et qu'un jour il verrait peut-être se ranger autour de son œuvre une puissance plus efficace que le dévouement sincère, mais limité de ses quelques rares amis, une puissance capable de protéger son œuvre jusqu'au moment où, dans un lointain avenir, celle-ci serait véritablement considérée comme l'œuvre d'art de cet avenir. Peut-être que cette conviction ne sut pas toujours le préserver du doute, surtout lorsqu'il chercha à réaliser des espérances immédiates. Quoi qu'il en soit, il reçut une impulsion assez puissante pour qu'il songeât impérieusement à un devoir souverain qui lui restait à accomplir.

Son œuvre n'eût pas été terminée, il ne l'eût pas accomplie jusqu'au bout, si elle était restée une partition muette confiée à la postérité ; il lui fallut démontrer et enseigner publiquement ce que personne ne pouvait deviner, ce qui lui était exclusivement réservé, le nouveau style dans l'exécution et la représentation, afin de donner un exemple qu'aucun autre ne pouvait donner, et de fonder une *tradition du style* qui ne fût pas inscrite simplement par des signes sur un fragile papier, mais qui eût produit des impressions sur des âmes humaines.

Ce fut pour lui un devoir d'autant plus urgent que ses autres compositions avaient subi, précisément en ce qui concerne le style dans l'exécution, le sort le plus absurde et le plus intolérable. Elles étaient célèbres et admirées, elles étaient... maltraitées et personne n'en paraissait indigné. Le fait peut paraître étrange : tandis qu'il renonçait pourtant toujours davantage, par principe et par une intelligente appréciation de ses compositions, à toute espèce de succès auprès de ses contemporains, ainsi qu'à toute idée d'influence, le « succès » et « l'influence » vinrent à lui. C'est du moins ce qu'on lui assurait de tous côtés.

Vainement essaya-t-il de montrer de la façon la plus péremptoire ce qu'il y avait pour lui d'équivoque et même d'humiliant pour lui dans ce « succès » ; on était si peu habitué à voir un artiste distinguer entre la nature de ces différentes influences, qu'on n'ajoutait pas foi même à ses protestations les plus solennelles. Dès qu'il eut compris le rapport qui existe actuellement entre le monde des théâtres, le succès scénique et le caractère de l'homme d'aujourd'hui, son âme ne voulut plus rien avoir de commun avec ce genre de théâtre. Il n'attachait plus aucun prix à l'enthousiasme esthétique et aux acclamations des foules agitées, il ne pouvait même faire autrement que de s'indigner en voyant son art englouti sans discernement par le gouffre béant de l'insatiable ennui et de la chasse aux distractions. Combien chaque effet obtenu devrait nécessairement être sans profondeur et sans idées, à quel point il s'agissait plutôt de satisfaire l'avidité d'un insatiable que de nourrir un affamé, il pouvait s'en rendre compte d'après un phénomène qui se répétait régulièrement : partout, même parmi les exécutants et les virtuoses, ses compositions étaient traitées comme toute musique de scène, conformément aux formules vulgaires et traditionnelles du style d'opéra. Grâce à la complaisance de chefs d'orchestre stylés, à l'aide de coupures et de suppressions arbitraires, on tailla les œuvres wagnériennes à la mesure de l'opéra, tel que le chanteur croyait pouvoir l'aborder, après en avoir soigneusement extirpé l'essence. Alors même que l'on voulait agir pour le mieux, on suivait les instructions de Wagner avec tant de maladresse et de pusillanimité qu'on aurait tout aussi bien fait de remplacer par une figuration de ballet l'émeute nocturne dans les rues de Nuremberg, telle qu'elle est indiquée au deuxième acte des *Maîtres chanteurs*. Et dans tout ceci on semblait agir de bonne foi, sans aucune intention malhonnête.

Les tentatives généreuses de Wagner pour donner au moins l'exemple d'une exécution simplement correcte et intègre et pour initier individuellement certains chanteurs au style tout nouveau de la diction musicale avaient toujours été étouffées par le limon de la traditionnelle étourderie et des mauvaises habitudes. Ces tentatives l'avaient, en outre, toujours obligé de s'occuper de ces questions de théâtre dont l'ensemble lui inspirait le plus profond dégoût. Gœthe lui-même n'avait-il pas perdu toute envie d'assister aux représentations de son *Iphigénie !* « Je souffre énormément, avait-il dit, lorsque je suis obligé de me débattre avec des fantômes que je ne réussis pas à faire apparaître comme ils le devraient. » Avec cela le « succès » allait toujours en augmentant à ce théâtre qui était devenu pour lui un véritable supplice ; il augmentait même au point que les grandes scènes elles-mêmes finirent par vivre presque exclusivement des copieuses recettes que leur procurait l'art de Wagner travesti en art d'opéra. La confusion née de l'engouement croissant dans le public trouva même accès auprès de certains amis de Wagner, et lui, qui avait tout souffert, dut souffrir de voir ses amis enivrés de « succès » et de « victoire », précisément alors qu'il voyait sa suprême pensée défigurée et reniée. On eût pu croire qu'un peuple, sérieux à beaucoup d'égards, un peuple lourd, voulût garder vis-à-vis de son artiste le plus sérieux le privilège d'une légèreté systématique, qu'il voulût décharger sur lui tout ce qu'il y a de vulgaire et d'irréfléchi, de maladroit et de méchant dans la nature allemande.

Quand enfin, pendant la guerre allemande, un courant d'idées plus larges et plus libérales sembla s'emparer des esprits, Wagner se rappela son devoir de fidélité, qui lui commandait de sauver au moins son ouvrage capital des outrages que lui infligeaient ces succès à faux et de restituer cet ouvrage dans les rythmes qui lui sont propres, comme un exemple pour tous les temps. C'est ainsi que naquit l'idée de Bayreuth. Comme conséquence de ce nouveau mouvement des esprits, il crut aussi pouvoir discerner, parmi ceux auxquels il voulait confier son trésor, le réveil du sentiment plus vif du devoir. De l'association de ces espèces de devoirs naquit l'événement qui répand une étrange clarté sur les années qui viennent de s'écouler comme sur les années à venir. Imaginé pour le bien d'un avenir lointain, le seul avenir possible, mais encore incertain, ce n'est guère qu'une énigme et un scandale pour le présent ; pour le petit nombre de ceux qui peuvent y prendre part, c'est l'anticipation d'une jouissance, une prévision de l'ordre le plus élevé, au moyen de quoi, bien au delà d'un présent fugitif, ce petit nombre sent qu'il est bienheureux et fécond et qu'il rend bienheureux ; mais pour Wagner lui-même c'est un nuage de plus, un nuage plein de difficultés, de soucis, de méditations, de chagrins, un nouvel assaut des éléments hostiles, tout cela cependant illuminé par le rayonnement de la *fidélité altruiste*, transformé par la lumière en un bonheur ineffable !

Il est à peine besoin de le dire : le souffle tragique a passé sur cette existence. Et celui dont l'âme peut en deviner quelque chose, celui pour qui l'illusion tragique sur le but de la vie, la déviation et l'arrêt des aspirations, le renoncement et la purification par l'amour, ne sont pas des notions tout à fait étrangères, sentira nécessairement, dans ce que Wagner affirme par son œuvre d'art, revivre le souvenir effacé de sa propre existence héroïque, celle du grand homme qu'il eût pu être. Nous croirons entendre dans un lointain mystérieux Siegfried racontant ses exploits : le deuil profond de l'automne se mêle à la joie du plus touchant souvenir et toute la nature se repose paisiblement dans un crépuscule doré.

9.

Réfléchir à ce qu'est *Wagner en tant qu'artiste* et considérer le spectacle qu'offrent chez lui des facultés et des nécessités véritablement libérées, chacun de ceux qui ont souffert en examinant comment s'est formé l'*homme dans Wagner* devra s'y astreindre pour retrouver l'équilibre et la santé. Si l'art n'est, d'une façon générale, que le pouvoir de communiquer à d'autres ce que l'on a soi-même senti, si l'œuvre d'art est en contradiction avec elle-même lorsqu'elle ne peut se faire comprendre, la grandeur de Wagner, en tant qu'artiste, doit consister précisément en ceci que son génie est doué d'une *communicabilité* surhumaine et parle un langage accessible à tous quand il révèle avec une suprême clarté ses sensations les plus intimes et les plus personnelles. Son apparition dans l'histoire des arts ressemble à l'éruption volcanique de l'ensemble des facultés artistiques dont la nature elle-même est douée, alors que l'humanité avait été habituée jusqu'à présent, comme à une règle, à ne voir les actes qu'isolément. On ne peut donc hésiter à lui donner un nom et à se demander s'il faut l'appeler poète, musicien ou statuaire, en donnant à chacun de ces termes son sens le plus large, ou bien s'il vaut mieux créer pour lui une dénomination nouvelle.

La faculté poétique de Wagner s'affirme en ceci qu'il imagine des phénomènes visibles et sensibles et non pas des idées abstraites, ce qui équivaut à dire qu'il pense d'une façon mythique, comme le peuple a pensé de tous temps. Le mythe n'a pas pour base une idée, ainsi que se l'imaginent les enfants d'une civilisation raffinée ; le mythe c'est l'idée même, il communique une notion du monde, en évoquant une succession de phénomènes, d'actions et de souffrances. L'*Anneau du Niebelung* est un immense système de pensées, mais sans la forme spéculative de la pensée. — Un philosophe pourrait peut-être mettre en parallèle une œuvre correspondante qui serait complètement dépourvue d'images et d'action et ne s'adresserait à nous que par des idées abstraites. On aurait alors représenté le même sujet dans deux sphères différentes, une fois pour le peuple et une fois pour l'antipode du peuple, l'homme théorique. Wagner ne s'adresse donc pas à celui-ci, car l'homme théorique entend ce qui est essentiellement poétique, le mythe, à peu près comme le sourd entend la musique ; ils voient tous deux des mouvements désordonnés qui leur paraissent dépourvus de sens. De l'une de ces sphères disparates il n'est pas possible de voir ce qui se passe dans l'autre. Tant qu'on se trouve dans le domaine du poète on pense avec lui, comme si l'on n'était qu'un être qui sent, qui voit et qui entend ; les conclusions que l'on tire sont des enchaînements des phénomènes que l'on perçoit, par conséquent, des causalités de faits et non des causalités de paroles.

Lorsque les héros et les dieux de ces drames mythiques tels que Wagner les crée doivent se rendre intelligibles par des paroles, il y a tout à craindre que ce *langage parlé* n'éveille en nous l'homme théorique et ne nous fasse passer dans une autre sphère, qui n'a rien de mythique ; si bien qu'en fin de compte la parole n'aurait pas servi à nous faire mieux comprendre ce qui se passait devant nous, mais que nous n'aurions rien compris du tout. C'est pourquoi Wagner fit rétrograder le langage jusqu'à un état primitif, où il ne sert pas encore à exprimer des idées, mais où il n'est encore lui-même que poésie, image et sentiment. L'intrépidité que Wagner mit à entreprendre cette tâche effrayante démontre avec quelle force il était poussé par l'inspiration poétique, à quel point il se voyait contraint de suivre la voie que lui prescrivait son guide fantastique. Chacune des paroles de ces drames devait pouvoir être chantée, pouvoir passer par la bouche des dieux et des héros : telle était la tâche formidable que s'imposait l'imagination linguistique de Wagner ! Tout autre que lui se fût découragé, car notre langue paraît presque trop vieille et trop usée pour que l'on puisse exiger d'elle ce que Wagner lui demanda. Et cependant la verge dont il frappa les rochers en fit jaillir une source abondante. Parce que Wagner aimait cette langue, plus qu'aucun autre Allemand et qu'il exigeait d'elle plus que tout autre, il souffrit davantage de sa dégénérescence et de son affaiblissement, c'est-à-dire des nombreuses déperditions et mutilations que ses formes avaient subies au cours des temps, des embarrassantes particules de notre syntaxe et de nos verbes auxiliaires inchantables. Mais tout cela n'avait pu s'introduire dans notre langue qu'à la suite d'une série d'abus et de négligences. D'autre part, Wagner était fier à bon droit de ce qui reste à cette langue de primesautier et d'inépuisable, de puissance sonore dans les racines des mots. Cette puissance paraît prédestiner la langue allemande, au contraire des langues dérivées et d'une rhétorique artificielle en usage chez les nations romanes, à se prêter merveilleusement à la vraie musique. La poésie de Wagner est remplie d'un amour pour la langue allemande, d'une cordialité et d'une sincérité dans les rapports qu'il a avec elle, qu'on ne retrouve, excepté chez Gœthe, dans l'œuvre d'aucun Allemand. Volume de l'expression, concision hardie; vigueur et diversité du rythme ; richesse singulière d'expressions fortes et précises ; simplification dans l'enchaînement des périodes ; fertilité presque unique dans les trouvailles d'expressions propres à exprimer la fluctuation des sentiments et des pressentiments ; source abondante et parfois très pure de locutions populaires et proverbiales : si l'on se contentait d'énumérer toutes ces qualités, on ne manquerait pas d'oublier toujours les plus puissantes et les plus admirables. Celui qui lit successivement deux poèmes, tels que *Tristan* et les *Maîtres Chanteurs*, est pris du même doute, du même étonnement devant la langue parlée que devant la musique et il se demande comment il a été possible de dominer dans la création deux domaines aussi différents dans leur forme, leur couleur, leur agencement, que dans leur caractère. C'est là ce qu'il y a de plus puissant dans le génie de Wagner et le grand maître est seul à pouvoir l'accomplir. Pour chaque œuvre il improvise une langue nouvelle, à chaque sentiment nouveau il donne une forme nouvelle et un nouvel accent. En face des manifestations d'une faculté aussi rare, le blâme restera toujours mesquin et impuissant, dès qu'il ne s'attaquera qu'à quelques détails extravagants et originaux, ou qu'il ne touchera qu'à de fréquentes obscurités dans l'expression, à certains voiles enveloppant la pensée. Au reste, ce qui choquait le plus ceux qui ont manifesté leur blâme le plus bruyamment, ce qui leur paraissait le plus inouï, ce n'était pas tant le langage de Wagner que l'âme du musicien et toute sa façon de sentir et de souffrir. Attendons que ces dénigreurs aient eux-mêmes une autre âme ; ils parleront alors une autre langue et, à tout prendre, les choses n'en iront que mieux pour la langue allemande.

Mais, avant tout, quand on voudra méditer sur Wagner

poète et réformateur de la langue, il ne faudra pas oublier qu'aucun des drames de Wagner n'est destiné à être lu et qu'on ne peut, en conséquence, exiger ce que l'on serait en droit d'attendre d'une œuvre purement littéraire. Celle-ci n'entend agir sur le sentiment que par le seul moyen des idées et des mots; cette destination la soumet aux lois de la rhétorique. Mais, dans la vie réelle, la passion est rarement éloquente; dans le drame littéraire, il faut qu'elle le soit, car elle ne dispose pas d'autres moyens pour se manifester. Quand le langage d'un peuple est déjà tombé à l'état de décadence et d'usure, l'auteur dramatique éprouve le besoin de colorer et de façonner la langue par des procédés extraordinaires; il veut relever la langue, pour qu'à son tour elle fasse ressortir l'élévation du sentiment, et il s'expose ainsi à ne pas être compris du tout. Il cherche de même à rehausser la passion par des sentences et des inventions sublimes, et tombe par là dans un autre travers, il paraît invraisemblabe et artificiel. Car dans la vie réelle la passion véritable ne s'exprime pas par des sentences et, quand la passion s'étale dans la poésie, on doute de sa sincérité, dès qu'elle s'éloigne de la réalité. Par contre, Wagner, qui fut le premier à reconnaître les défauts du drame parlé, rend chaque action dramatique intelligible de trois manières différentes: par la parole, le geste et la musique; de telle sorte que la musique fait passer immédiatement les sentiments qui animent les acteurs du drame dans l'âme des auditeurs, lesquels voient alors dans les gestes de ces comédiens la première manifestation visible de ces phénomènes intérieurs. Dans les paroles ils en perçoivent en outre une seconde image plus affaiblie, traduite en une volonté réfléchie. Tous ces effets se produisent simultanément et sans se nuire réciproquement. Ils forcent celui devant lequel un pareil drame est représenté à une compréhension toute nouvelle, à une vivante sympathie, de telle sorte que ses sens apparaissent spiritualisés et que son esprit devient plus sensible, comme si tout ce qui cherche à s'épancher au dehors de l'homme, tout ce qui est avide de la connaissance se sentait maintenant heureux et libre dans une allégresse de perception. Chaque péripétie d'un drame de Wagner se communiquant au spectateur avec une clarté parfaite, illuminée et transfigurée par la musique comme par un feu intérieur, l'auteur put se passer de tous les expédients dont le poète qui ne se sert que de moyens verbaux a besoin pour prêter à ses épisodes la chaleur et l'éclat nécessaires. Toute l'économie du drame put de nouveau affirmer son goût pour la mesure dans les proportions grandioses de l'édifice, car il ne lui restait plus aucun prétexte pour recourir à ces complications préméditées, à cette multiplicité déroutante dans le style de l'édifice, au moyen desquels le poète dramatique cherche à soulever en faveur de son œuvre un vif sentiment d'intérêt et d'étonnement, sentiment qui se hausse ensuite jusqu'à une stupéfaction bienheureuse. L'impression de lointain et d'élévation idéale ne devait pas être obtenue à l'aide des procédés artificiels. La langue, se dépouillant de l'ampleur rhétorique, revenait à la concision expressive du sentiment. Bien que l'interprète parlât beaucoup moins qu'autrefois de tout ce qu'il faisait et éprouvait pendant les péripéties du drame, des circonstances intimes, que le poète dramatique avait jusqu'alors exclues de la scène comme peu dramatiques, forcèrent maintenant le spectateur à une participation passionnée, alors que le langage des gestes peut être réduit aux plus délicates modulations. Or, la passion chantée a généralement besoin de plus de temps pour s'exprimer que la passion parlée ; la musique produit, si l'on peut ainsi parler, une extension du sentiment ; il s'en suit généralement que l'interprète qui est en même temps chanteur se voit contraint de maîtriser l'animation trop peu plastique des mouvements, laquelle constitue une des difficultés du drame parlé. L'artiste se sent d'autant plus entraîné à donner plus de noblesse à tous ses gestes que la musique a plongé son émotion dans une atmosphère plus pure et plus éthérée, et l'a de la sorte rapprochée de l'idéal de la beauté.

La tâche peu commune que Wagner a imposée aux comédiens et aux chanteurs ne manquera pas de susciter parmi eux, et cela pour des générations entières, une noble émulation, de telle sorte qu'ils devront arriver enfin à personnifier l'image du héros wagnérien avec une vivante perfection, la musique du drame offrant déjà le prototype de cette incarnation parfaite. Guidé par un tel maître, l'œil de l'artiste plastique finira par percevoir les merveilles d'un nouveau monde des phénomènes, telles qu'avant lui seul le créateur d'œuvres comme l'*Anneau du Niebelung* aura pu les contempler pour la première fois, car il est un *formateur* de la plus haute espèce, qui, pareil à Eschyle, montre la voie à un art futur. L'émulation ne fera-t-elle pas forcément naître de grands talents si l'artiste plastique compare l'effet produit par son art avec celui d'une musique semblable à celle de Wagner ? C'est une musique qui provoque un bonheur lumineux et sans mélange, si bien qu'il semble à celui qui l'écoute que presque toute la musique précédente n'ait parlé qu'un langage embarrassé, contraint et tout extérieur, comme si jusqu'alors elle n'avait servi qu'à jouer devant ceux qui n'étaient pas dignes du sérieux, ou encore d'enseignement et de démonstration pour ceux qui ne sont pas même dignes du jeu. Cette musique antérieure ne vous pénètre que pendant quelques heures fugitives de ce bonheur que nous éprouvons toujours quand nous écoutons la musique wagnérienne ; on la dirait sous l'influence de quelques rares moments d'oubli, durant lesquels elle se parle à elle-même et, comme la Sainte-Cécile de Raphaël, tourne son regard vers le ciel, loin de ceux qui écoutent et qui lui demandent de les distraire, de les amuser ou de les instruire.

De Wagner, *le musicien*, on pourrait dire d'une façon générale qu'il a prêté des accents à tout ce qui jusqu'à présent ne savait s'exprimer dans la nature ; il ne croit pas qu'il doive exister nécessairement quelque chose de muet. Son génie pénètre l'aurore, la forêt, la brume, l'abîme aussi bien que le sommet, l'horreur obscure, aussi bien que la sérénité lunaire de la nuit, et partout il pénètre leur désir secret : eux aussi veulent faire entendre leur voix dans le concert universel. Quand le philosophe dit qu'il existe une Volonté qui, dans la nature animée, comme dans la nature inanimée, a soif de l'être, le musicien ajoute que cette Volonté veut, à tous les degrés, une existence dans le domaine des sons.

Avant Wagner, la musique se mouvait dans des limites généralement étroites. Elle s'appliquait à des états permanents de l'homme, à ce que les Grecs appelaient *éthos*; ce n'est qu'avec Beethoven qu'elle avait commencé à essayer le langage du *pathos*, c'est-à-dire de la volonté passionnée, des phénomènes dramatiques qui se succèdent dans le cœur de l'homme. Précédemment, c'était un état d'âme, une disposition particulière, soit au calme, soit à la gaîté, soit au recueillement, soit au repentir qui devaient être exprimés par les sons ; à l'aide d'un certain accord dans la forme et de la durée de cet accord, on voulait frapper l'auditeur, le contraindre à interpréter la signification de cette musique, et enfin le placer dans un état d'âme semblable. Pour représenter toutes ces dispositions et ces états d'âme, certaines formes particulières étaient nécessaires; d'autres furent introduites par la convention. Quant à la longueur des compositions, elle fut fixée par la prudence du musicien, qui voulait bien faire naître certains sentiments chez son auditeur, mais non le fatiguer par la durée prolongée de cette sensation. On fit un pas de plus lorsqu'on esquissa successivement les images de sentiments opposés et qu'on découvrit le charme des contrastes; on fit un autre pas en avant en réunissant dans le même morceau le contraire de l'éthos, opposant, par exemple, l'un à l'autre un thème masculin et un thème féminin. Mais ce ne sont là que des stades encore grossiers et primitifs de la musique. La peur de la passion dictait une partie de ces règles, la peur de l'ennui faisait naître les autres. Toute recherche dans le sentiment, tous les excès étaient considérés comme « contraires aux règles de l'éthique ». Mais, après que l'art de l'éthos eut représenté ces dispositions et ces états d'âme habituels dans des répliques innombrables et toujours pareilles, il tomba dans une sorte d'épuisement, malgré la merveilleuse imagination de ses maîtres. Beethoven, le premier, fit parler à la musique un langage nouveau, interdit jusque-là, le langage de la passion. Mais son art étant sorti des lois et des conventions de l'art tel que l'avait créé l'*éthos*, il fut en quelque sorte obligé de tenter une justification vis-à-vis de celui-ci. C'est pourquoi son développement artistique conserva des traces des difficultés particulières qu'il rencontra et il résulta de ce fait une singulière confusion. Une action dramatique intime — et toute passion se développe sous une forme dramatique — cherchait péniblement à revêtir un aspect nouveau, mais le plan rationnel de la musique de sentiment s'y opposait et prenait presque l'air et le ton de la moralité offensée vis-à-vis d'une innovation immorale. Il semble parfois que Beethoven se soit imposé la tâche si pleine de contradictions de faire parler le *pathos* avec les seules ressources de l'*éthos*. Mais cette supposition ne suffirait pas à expliquer les dernières œuvres de Beethoven, les plus considérables. Et véritablement, pour décrire la grande courbe de la passion, il trouva un moyen nouveau ; il choisit sur l'ensemble du tracé certains points déterminés qu'il accentua avec une minutieuse précision, de telle sorte qu'ils puissent servir de points de repère à l'auditeur, pour *deviner* la direction générale de la ligne. A première vue, cette nouvelle forme faisait l'effet d'un assemblage de plusieurs pièces de musique, dont chacune, prise isolément, représentait, en apparence, un état d'âme constant, mais qui n'était, en réalité, qu'un moment passager dans le cours dramatique de la passion. L'auditeur pouvait s'imaginer qu'il n'entendait que d'ancienne musique, exprimant des états d'âme, avec la seule différence que le rapport entre les diverses parties constituantes était devenu pour lui incompréhensible, et ne pouvait plus s'exprimer que par la loi des contrastes.

Les musiciens de second ordre eux-mêmes commencèrent à mépriser l'obligation de faire de toute composition artistique un édifice complet; dans leurs œuvres, la succession des différentes parties prit un caractère arbitraire. L'invention d'une expression large de la passion fut si mal comprise qu'elle ramena le compositeur à l'ancienne phrase musicale détachée de l'ensemble et évoquant un sujet quelconque, et la tension réciproque des différentes parties disparut complètement. Voilà pourquoi la symphonie ne fut plus, après Beethoven, qu'une création si singulièrement confuse, surtout lorsqu'elle s'efforçait encore par moments de bégayer le langage pathétique de Beethoven. Les moyens ne sont pas en rapport avec l'intention, et l'intention, à tout prendre, n'est pas claire pour l'auditeur, parce qu'elle a toujours été dépourvue de clarté pour le cerveau même où elle a pris naissance. Cependant, plus un genre de composition est élevé, difficile et plein d'exigences, plus il est indispensable que l'on ait à dire quelque chose de bien déterminé et qu'on l'exprime de la façon la plus claire.

C'est pour cette raison que les efforts constants de Wagner tendaient à découvrir tous les moyens capables de favoriser la *clarté*. Il lui fallait avant tout se détacher des contraintes et des prétentions de l'ancienne musique des états d'âme et faire parler à sa musique, processus mélodieux du sentiment et de la passion, un langage qui ne pût donner lieu à aucune équivoque. Si nous considérons ce qu'il est parvenu à accomplir, il nous semble que ce qu'il a réalisé dans le domaine de la musique correspond à ce qu'a fait dans le domaine de l'art plastique l'inventeur du groupe détaché. Comparée à celle de Wagner, toute la musique antérieure paraît contrainte et timide, comme si elle ne pouvait se montrer sous toutes ses faces et qu'elle fût prise d'une sorte de honte. Wagner saisit chaque degré et chaque nuance du sentiment avec la plus sûre précision. Sans crainte qu'elle lui échappe, il prend en main l'émotion la plus délicate, la plus lointaine et la plus subtile et il sait la retenir, comme si elle avait pris corps, tandis que tout autre que lui n'y verrait qu'un éphémère papillon que flétrit le moindre attouchement. Sa musique n'est jamais indéterminée, jamais fugace; tout ce qui parle par sa voix, que ce soit l'homme ou la nature, est animé d'une passion rigoureusement individualisée; la tempête et la flamme elles-mêmes revêtent chez lui la force irrésistible d'une volonté personnelle. Au-dessus de ces êtres qui font entendre leur voix, au-dessus de la lutte des passions qui les agitent, au-dessus du tourbillon des contradictions, plane une puissante intelligence symphonique, inspirée par une raison supérieure, qui, du sein de la guerre, fait naître sans cesse la concorde. La musique de Wagner, dans son ensemble, est une image du monde tel que le concevait le grand philosophe d'Ephèse, harmonie engendrée par la lutte, union de la justice et de l'inimitié. J'admire la faculté de calculer la ligne majeure de passions individuelles qui toutes suivent une courbe différente ; et je vois la preuve de cette faculté dans chaque acte des drames de Wagner, qui raconte côte à côte l'histoire particulière d'individus différents et celle qui leur est commune à tous. Dès le début nous sentons que nous sommes en présence de courants opposés, mais aussi d'un fleuve puissant qui les domine tous. Ce fleuve coule tout d'abord irrégulièrement sur des écueils invisibles ; parfois ses ondes semblent vouloir se séparer violemment et suivre des directions différentes. Peu à peu nous voyons leur mouvement devenir plus fort et plus rapide ; l'agitation tumultueuse a passé au calme imposant d'un large mouvement vers un but encore inconnu ; et soudain, lorsque le dénouement est proche, le flot se précipite de toute sa masse vers l'abîme, avec un désir fatal du gouffre et de ses fureurs. Jamais Wagner n'est davantage lui-même que lorsque les difficultés s'accumulent et qu'il peut agir dans des conditions tout à fait grandioses avec l'allégresse du législateur. Transformer en rythmes d'une grande simplicité des éléments déréglés et rebelles, réaliser une volonté unique au milieu d'une mutiplicité déroutante de prétentions et d'exigences — tels sont les devoirs pour lesquels il se sent né, dans l'exercice desquels il a la conscience de sa liberté. Pour ces devoirs jamais les forces ne lui manquent, jamais il ne perd le souffle avant d'arriver à son but. Il s'est efforcé de s'imposer les règles les plus rigoureuses avec la même persévérance que d'autres mettent à alléger leur fardeau. La vie et l'art lui pèsent, lorsqu'il ne peut pas jouer à loisir avec leurs problèmes les plus ardus. Qu'on considère seulement le rapport de la mélodie chantée avec la mélodie de la langue parlée et comme Wagner considère l'élévation, la force et la mesure du langage humain, lorsque l'homme parle avec passion, comme le modèle naturel qu'il s'applique à transformer en art. Qu'on considère ensuite l'adaptation d'une telle passion mélodieuse à l'ensemble symphonique de la musique et l'on pourra se rendre compte des difficultés extraordinaires que Wagner a dû vaincre. Sa fertilité d'invention dans les grandes et les petites choses, l'omniprésence de son intelligence et de son application sont telles que l'on pourrait croire, en parcourant une partition de Wagner, qu'il n'y avait jamais eu, avant lui, de vrai travail et de véritable effort. Il semble que, pour le dramaturge, la vertu par excellence est le renoncement à soi-même. Mais il pourra probablement objecter que ceux-là seuls sont affligés de peines qui ne sont pas encore libérés. La vertu et le bien sont faciles.

Considéré dans son ensemble comme artiste, Wagner, si l'on veut le rapprocher d'un type connu, a quelque chose de Démosthène. Le terrible sérieux qu'il met au service de sa cause, la sûreté avec laquelle il s'empare chaque fois de cette cause, alors que sa main s'en saisit et la retient comme si elle était de fer, voilà des qualités de Démosthène ! Et comme Démosthène encore, Wagner cache son art ou le fait oublier, en nous contraignant à penser à la cause qu'il défend ; et pourtant il est, lui aussi, la dernière et la plus haute manifestation mettant fin à toute une série de puissants génies artistiques et il aurait par conséquent plus à cacher que ceux qui sont venus les premiers dans la série. Son art agit comme la nature, comme s'il était la nature restaurée et retrouvée. Il n'y a chez lui rien de pompeux, alors que tous les musiciens qui l'ont précédé aimaient à l'occasion à jouer de leur art et à faire parade de leur virtuosité. En face de l'œuvre wagnérienne, on ne songe ni à ce qui est intéressant, ni à ce qui est divertissant, ni à Wagner lui-même, ni à l'art en général ; on sent seulement ce que cet art a de *nécessaire*. Personne ne pourra jamais calculer de quelle abnégation, de quelle rigueur, de quelle unité de volonté l'artiste eut besoin au moment où son génie était encore en plein développement, pour être à même de faire ensuite, à l'époque de sa pleine maturité, ce qui était nécessaire qu'il fît, et de le faire avec une joyeuse liberté, à chaque moment de son inspiration. Il suffit que nous sentions, dans certains cas particuliers, combien sa musique se soumet, avec une résolution presque impitoyale, aux péripéties du drame, qui apparaissent elles-mêmes inflexibles comme le destin, tandis que l'âme ardente qui remplit ce drame brûle du désir d'errer parfois sans entrave dans le chaos et dans le libre espace.

10.

Un artiste qui possède un tel empire sur lui-même se soumet, sans le vouloir, tous les autres artistes. Pour lui seul aussi ceux qu'il a soumis, ses amis et ses partisans, ne constituent ni un danger, ni un obstacle, tandis que des caractères plus faibles perdent généralement leur indépendance en cherchant à s'appuyer sur leurs amis. Il est singulier de pouvoir constater à quel point, durant toute sa vie, Wagner s'est tenu à l'écart de toute organisation de parti, mais chaque phase nouvelle de son art lui constituait un cercle de partisans, qui semblait n'avoir d'autre but que de le retenir dans cette phase. Mais il passa toujours au milieu de ses partisans sans se laisser retenir ; de plus, sa carrière fut trop longue pour que quelqu'un d'autre que lui ait pu la suivre dès le début, elle fut aussi trop extraordinaire et trop hérissée d'obstacles pour que, même le plus fidèle, perdant le souffle, ne restât en route. Presque à toutes les époques de sa vie, Wagner se trouva en présence d'amis qui l'eussent volontiers érigé en dogme ; il en fut de même, pour d'autres raisons, de ses ennemis. Pour peu que la pureté de son caractère artistique eût été moins prononcée, rien n'eût été plus facile pour lui que de devenir plus tôt l'arbitre des questions littéraires et artistiques de notre époque — ce qu'il a fini par devenir aujourd'hui, mais dans un sens beaucoup plus élevé, au point que tout ce qui se passe, dans un domaine quelconque de l'art, se voit involontairement traduit devant le tribunal de ses conceptions artistiques et de sa probité intellectuelle. Il a subjugué les volontés les plus antipathiques ; il n'y a plus un seul musicien de talent qui ne lui prête l'oreille dans son for intérieur et qui ne le juge plus digne d'être écouté que lui-même et tout le reste de ce qui s'appelle musique. Quelques-uns de ceux qui veulent à tout prix signifier quelque chose par eux-mêmes luttent vraiment contre ce charme intérieur qui les subjugue ; ils se retranchent avec une application anxieuse dans le camp des anciens maîtres et préfèrent appuyer leur

« indépendance » sur Schubert ou sur Hændel que sur Wagner. Vain effort ! En s'élevant contre leurs sentiments les plus forts ils s'amoindrissent et se rapetissent en tant qu'artistes ; contraints d'accepter de mauvais alliés et de mauvais amis, ils altèrent leur propre caractère. Quand ils sont au bout de tous ces sacrifices, il leur arrive malgré tout, peut-être dans un rêve, de tourner leur oreille vers Wagner. Ces adversaires sont à plaindre ; ils s'imaginent qu'ils perdent beaucoup quand ils renoncent à eux-mêmes et ils sont dans l'erreur.

Or, il est certain que Wagner se soucie peu de savoir si les musiciens vont se mettre à composer dans sa manière, ou s'ils composent en général : il fait même tout ce qu'il peut pour détruire la fâcheuse opinion qu'une nouvelle école de compositeurs devrait se rattacher à lui. Pour autant qu'il exerce une influence directe sur les musiciens, il cherche à les instruire dans la science de la grande déclamation ; il estime que, dans l'évolution de l'art, le moment est venu où le désir sincère de passer maître dans l'exécution est beaucoup plus estimable que le désir de « produire » soi-même à tout prix. Car, au point où en est l'art aujourd'hui, la conséquence fatale de cette production est d'aplatir les effets de ce qui est véritablement grand, en produisant tant bien que mal, le plus possible et en émoussant par un usage journalier les moyens et les procédés du génie. Même ce qui est simplement bien en art est superflu et nuisible, quand ce n'est que le résultat de l'imitation de ce qu'il y a de meilleur. Les buts et les moyens de Wagner ne font qu'un ; pour s'en rendre compte, il ne faut que de la loyauté artistique ; et c'est être déloyal que de s'approprier ses moyens et de les faire servir à des buts diminués et différents.

Si Wagner se refuse donc à être confondu avec une foule de musiciens qui composent en s'inspirant de sa manière, il impose avec d'autant plus d'insistance à tous les talents la tâche nouvelle de découvrir, d'un commun accord avec lui, *les lois du style pour la diction dramatique*. Il est poussé par la nécessité pressante de fonder, pour son art, la *tradition d'un style*, une tradition au moyen de laquelle son œuvre pourrait passer, d'une époque à l'autre, sans que sa forme en soit altérée, jusqu'à ce qu'elle ait atteint cet *avenir* en vue duquel son créateur l'avait imaginée.

Wagner est animé d'une ardeur infatigable pour communiquer autour de lui tout ce qui se rapporte à cette fondation du style et, par conséquent, à la pérennité de son art. Faire de son œuvre, véritable dépôt sacré — pour parler avec Schopenhauer, — fruit essentiel de son existence, une propriété commune de toute l'humanité, la mettre à part pour une postérité qui la jugera mieux, tel fut pour lui le but *qui passe avant tous les autres buts*, et pour lequel il porte la couronne d'épines qui reverdira plus tard en couronne de lauriers. Il voulut aussi prendre des dispositions efficaces pour assurer la sécurité future de son œuvre, imitant ainsi la prévoyance de l'insecte à sa dernière métamorphose, qui met à l'abri ses œufs pour se préparer une progéniture qu'il ne verra jamais naître. L'insecte dépose ses œufs en un endroit où ils trouveront, un jour, vie et subsistance, et il meurt rassuré sur l'avenir.

Ce but, qui passe avant tous les autres, le pousse à

des innovations toujours nouvelles ; il en puise d'autant plus à la source de sa communicativité surhumaine, qu'il se sent en lutte avec le siècle qui se détourne de lui, faisant preuve de tant de mauvaise volonté à son égard. Cependant, peu à peu, ce siècle lui-même commence à céder à ses infatigables tentatives, à ses souples assauts, et il prête l'oreille. Chaque fois que se montrait de loin une occasion plus ou moins importante d'expliquer ses idées par un exemple, Wagner était prêt à le faire ; il remaniait ses idées en les adaptant aux circonstances et il trouvait moyen de les faire entendre à travers l'interprétation la plus insuffisante. Chaque fois qu'une âme à demi capable de le comprendre s'ouvrait à lui, il y laissait tomber la semence de sa pensée. Il rattache des espérances là où l'observateur de sang-froid ne fait que hausser les épaules ; il se trompe cent fois pour l'emporter une seule fois sur cet observateur. De même que le sage n'a coutume de fréquenter les hommes vivants qu'autant qu'il croit pouvoir augmenter par eux le trésor de son expérience, de même il semble que l'artiste ne puisse plus avoir de rapports avec les hommes de son temps, lorsqu'ils ne concourent pas à immortaliser son œuvre. On ne peut l'aimer lui-même qu'en aimant cette immortalisation, de même que, parmi les haines qu'on lui témoigne, il n'en ressent qu'une seule espèce : la haine, qui voudrait rompre les ponts menant à cet avenir de son art. Les disciples que Wagner a éduqués, les musiciens et les interprètes auxquels il fit une seule observation, auxquels il enseigna un seul geste, les orchestres petits et grands qu'il dirigea, les villes qui le virent dans toute l'ardeur de son activité, les princes et les femmes qui prirent part à ses projets, moitié avec crainte, moitié avec amour, les différents pays de l'Europe auxquels il appartint temporairement et où il fut pour les arts un juge et une conscience : tout cela se transforma peu à peu en un écho de sa pensée et de ses efforts incessants vers une production future. Et quoique cet échec lui revînt souvent sous une forme confuse et dénaturée, la force prépondérante de la voix formidable qu'il fit résonner tant de fois dans le monde doit pourtant finir par provoquer un retentissement d'une puissance égale, de telle sorte qu'il ne sera bientôt plus possible de ne pas l'entendre ou de le mal comprendre. Maintenant déjà ce retentissement ébranle les fondements des institutions artistiques de la société moderne; chaque fois que le souffle de son esprit passait sur ces plantations, tout était ébranlé de ce qui était desséché et ne pouvait résister au vent. Mais il y a quelque chose qui parle un langage encore plus éloquent que cette inquiétude, c'est le doute qui commence à naître partout: personne ne saurait dire ni où ni quand l'influence de Wagner pourra inopinément se faire jour.

Wagner est tout à fait incapable de considérer le salut de l'art en le détachant de toute autre circonstance, en bien ou en mal; partout où l'esprit moderne recèle un danger quelconque, sa clairvoyante méfiance y découvre aussi un danger pour l'art. Son imagination décompose pièce par pièce l'édifice de notre civilisation et rien ne lui échappe de ce qui est vermoulu ou construit à la légère; si, ce faisant, il découvre des murs solides ou s'il tombe sur des fondations durables, il songe aussitôt à en tirer parti pour son art, les utilisant comme bastions ou comme abris protecteurs. Pareil à un réfugié, il cherche à préserver, non pas lui-même, mais un secret précieux, comme une femme malheureuse qui veut sauver la vie de l'enfant qu'elle porte dans son sein et non pas la sienne propre; semblable à Sieglinde, il vit « pour l'amour de l'Amour ».

Car c'est bien une vie de tourments et de honte que d'être errant et étranger dans un monde comme le nôtre et pourtant obligé de lui adresser la parole et de lui demander quelque chose, de le mépriser et de ne pouvoir se passer de ce que l'on méprise. C'est la misère particulière de l'artiste de l'avenir, de celui qui ne peut pas, comme le philosophe, s'adonner seul, dans une sombre retraite, à la recherche de la connaissance, car il a besoin d'âmes humaines comme médiatrices entre lui et l'avenir, il a besoin d'institutions publiques comme garanties de cet avenir, comme ponts entre maintenant et plus tard. Son art ne peut pas être confié, comme celui des philosophes, au véhicule de l'annotation écrite; l'art veut être transmis par des *facultés vivantes* et non par des signes et des notes. Pendant des périodes entières de la vie de Wagner retentit cette crainte de ne pouvoir s'emparer des facultés vivantes, de se voir forcément réduit aux indications écrites, à défaut de l'exemple qu'il aurait voulu donner, réduit à montrer le pâle reflet de l'action à ceux qui lisent les livres, ce qui équivaut en somme à dire: à ceux qui ne sont pas des artistes.

Wagner, *en tant qu'écrivain*, subit la contrainte d'un

homme courageux auquel on aurait coupé la main droite et qui continue à se battre de la main gauche; il souffre toujours lorsqu'il écrit, car il est privé, par une nécessité temporairement invincible, de son véritable moyen de communication, qu'il trouverait dans un exemple éclatant et souverain. Ses écrits n'ont rien de canonique, rien de sévère ; le canon, il l'a déposé dans ses œuvres d'art. Ils sont le résultat de l'effort qu'il fait pour comprendre l'instinct qui l'a poussé à composer les œuvres, des tentatives qu'il fait pour se regarder soi-même en face. Dès qu'il est parvenu à transformer son instinct en connaissance, il espère que l'opération inverse se fera dans l'âme de ses lecteurs. C'est avec cette intention qu'il écrit. Si par hasard le résultat obtenu devait démontrer qu'il a entrepris là quelque chose d'impossible, Wagner ne ferait que partager le sort de tous ceux qui ont réfléchi sur l'art; et il a sur la plupart d'entre eux l'avantage qu'en lui réside le puissant instinct de l'art total. Je ne connais pas d'écrits esthétiques qui prodiguent plus de lumière que ceux de Wagner; tout ce qu'il est possible d'apprendre sur l'origine des œuvres d'art c'est là qu'on le trouve. C'est un génie de premier ordre qui se dresse ici comme témoin et qui, à travers une longue série d'années, s'efforce de rendre son témoignage toujours meilleur, toujours plus clair, plus indépendant, plus dégagé de l'imprécision ; même lorsqu'un homme qui cherche la connaissance fait un faux pas, l'étincelle jaillit du sol. Certains de ses écrits, comme *Beethoven*, *De l'Art de diriger*, *Comédiens et Chanteurs*, *Etat et Religion*, font taire toutes les velléités de contradiction et imposent au lecteur une méditation silencieuse, profonde et recueillie, comme il convient en présence d'un précieux reliquaire. D'autres œuvres, particulièrement celles de la première période, sans en excepter *Opéra et Drame*, inquiètent et agitent l'esprit. Il y règne une irrégularité dans le rythme qui, quand il s'agit de prose, a quelque chose d'inquiétant. La dialectique y est souvent brisée, l'exposition est plutôt entravée qu'accélérée par des écarts de sentiments ; une sorte de répugnance à écrire pèse sur ces pages comme une ombre, à tel point que l'on pourrait croire que la démonstration spéculative répugne à l'artiste. Ce qui gêne peut-être le plus celui qui n'est pas tout à fait initié, c'est un ton de dignité autoritaire difficile à définir et qui n'appartient qu'à Wagner. J'ai l'impression que, quand Wagner écrit, il croit *parler devant des ennemis* — car tous ses écrits sont rédigés dans une langue parlée et non pas dans une langue écrite, de sorte qu'ils paraîtront beaucoup plus clairs dès qu'on les entendra lire à haute voix — devant des ennemis avec lesquels il ne va pas échanger des familiarités, en raison de quoi il les tient à distance et se montre réservé. Or, souvent, l'ardeur entraînante de ses sentiments n'en perce pas moins à travers les plis de ce déguisement ; alors la période artificielle, lourde, surchargée d'épithètes accessoires disparaît et sa plume laisse échapper des phrases, des pages entières qui peuvent être comptées parmi les plus belles de la prose allemande.

Cependant, en admettant même que dans ces passages de ses écrits il s'adresse à des amis et que le spectre de son adversaire ne surgit plus à ses côtés, il faut avouer que les amis et les ennemis avec lesquels Wagner s'explique en tant qu'écrivain ont certains traits qui leur sont communs et qui les séparent essentiellement de ce «peuple» pour lequel Wagner travaille en tant qu'artiste. Par le raffinement et la stérilité de leur culture ils sont à tous les points de vue l'*opposé du peuple*, et celui qui veut être compris par eux est forcé de parler d'une manière impopulaire, ainsi que l'ont fait nos meilleurs prosateurs, ainsi que le fait Wagner lui-même. On peut deviner à quel point il a dû se faire violence. Mais la force de cet instinct de prévoyance presque maternel, pour lequel aucun sacrifice ne lui coûte, le fait rentrer dans cette atmosphère de savants et d'hommes cultivés que sa qualité de génie créateur l'avait fait abandonner à jamais. Il se soumet au langage de la culture et à toutes les règles de ses moyens de communication, bien qu'il eût été le premier à sentir la profonde insuffisance de ces moyens.

Car, s'il y a quelque chose qui distingue son art de l'art des temps modernes, c'est bien ceci qu'il ne parle plus le langage cultivé d'une caste paticulière et qu'en général il ne connaît plus de contraste entre les lettrés et les illettrés. Par là, il se place en opposition directe avec toute la civilisation de la Renaissance, laquelle nous a enveloppés jusqu'à présent, nous autres hommes modernes, de ses lumières et de ses ombres. L'art de Wagner, en nous transportant par moments en dehors de cette civilisation, nous permet de jeter un coup d'œil d'ensemble sur son caractère uniforme. Alors nous voyons en Gœthe et en Leopardi les derniers grands représentants attardés des poètes-philologues italiens, en *Faust* l'exposition du problème le plus antipopulaire que se soient posé les temps modernes, sous la forme de l'homme théorique avide de connaître la vie. Le *lied* même de Gœthe est imité de la chanson populaire et il ne saurait servir de modèle à celle-ci. C'est donc avec le plus grand sérieux que le poète pouvait offrir cette boutade aux méditations d'un de ses admirateurs : « Mes compositions ne peuvent pas devenir populaires ; celui qui voudrait y songer et s'y appliquer serait dans l'erreur. »

Que, d'une façon générale, il puisse exister un art assez lumineux pour éclairer les petits et les pauvres d'esprit, en même temps que ses rayons seraient assez chauds pour faire fondre l'orgueil des savants, cela, on ne pouvait pas le deviner, il fallait en faire l'expérience. Mais dans l'esprit de tous ceux qui s'en rendent compte aujourd'hui, toutes les notions d'éducation et de culture doivent être bouleversées ; ils croiront voir s'écarter le rideau qui leur cachait un avenir où il n'y aura plus de biens et de félicités suprêmes qui ne soient communs à tous. Et alors la honte qui s'attache au mot « commun » lui sera ôtée.

Si l'esprit se hasarde ainsi à deviner le lointain avenir, le regard clairvoyant se tournera vers l'inquiétante incertitude sociale du présent, et ne se fera pas illusion sur les dangers que court un art qui semble n'avoir de racines que dans ce lointain avenir et qui nous laisse apercevoir plutôt ses rameaux chargés de fleurs que le sol d'où il jaillit. Comment ferons-nous donc pour sauvegarder cet art sans patrie et pour le transmettre intact jusqu'à cet avenir ? Quelle digue opposerons-nous au flot de la révolution, qui semble partout inévitable, afin que la bienheureuse anticipation et la garantie d'un avenir meilleur, d'une humanité plus libre, ne soient pas entraînées avec la masse de ce qui est destiné à périr et qui mérite de périr ?

Celui qui se pose cette question et qui est agité par ce souci a pris part aux inquiétudes de Wagner ; il se sentira poussé comme Wagner à rechercher, parmi les puissances établies, celles qui sont animées de la bonne volonté d'être, aux époques de bouleversements et de révolutions, les génies protecteurs des plus nobles possessions de l'humanité. C'est uniquement dans ce sens que Wagner, par ses écrits, s'adressa aux hommes cultivés pour leur demander de mettre en sûreté, parmi les trésors qu'ils entendent garder, le précieux Anneau de son art. La grande confiance dont Wagner a fait preuve jusque dans ses desseins politiques vis-à-vis de l'esprit allemand semble même provenir à mes yeux de ceci qu'il croit le peuple de la Réforme capable de la force, de la douceur, de la bravoure qui sont nécessaires pour « endiguer la mer de la révolution dans le lit du fleuve paisible de l'humanité ». Je serais même tenté de croire que c'est cela et non point autre chose qu'il a voulu exprimer par le symbolisme de sa Marche Impériale.

Cependant, l'aspiration généreuse de l'artiste créateur est généralement trop ardente, l'horizon de sa philanthropie trop vaste pour que son regard puisse être arrêté par les barrières des nationalités. Comme celles de chaque bon, de chaque grand Allemand, ses idées sont suprêmement allemandes, et le langage que parle son art ne s'adresse pas à des nations, mais à des hommes. *Ces hommes sont les hommes de l'avenir.*

C'est là la foi qui lui est propre, c'est là sa souffrance et son honneur. A quelque tradition qu'il appartînt, aucun artiste ne reçut jamais de son génie un don si extraordinaire en partage ; personne, si ce n'est lui, n'eut à mêler un breuvage d'une telle amertume au nectar divin que lui versait l'enthousiasme. Ce n'est pas, comme on pourrait le croire, l'artiste méconnu, maltraité, errant en quelque sorte au milieu de son époque qui sut adopter cette foi pour s'en revêtir comme d'une armure pour sa défense ; ni le succès, ni l'insuccès auprès de ses contemporains ne parvinrent soit à ébranler, soit à affirmer cette foi dans son âme. Qu'elle l'exalte ou le rejette, il n'appartient pas à cette génération. Il en juge lui-même ainsi conformément à son instinct ; et quant à savoir s'il se trouvera jamais une génération qui soit la sienne, c'est quelque chose dont on ne saurait persuader celui qui ne veut pas y croire. Mais il se pourrait bien que ce même incrédule se demandât de quelle nature devrait être une génération dans laquelle Wagner reconnaîtrait son peuple, une génération qui incarnerait tous ceux qui éprouvent une souffrance commune et qui veulent s'en délivrer par un art commun à tous. Schiller, à vrai dire, était animé de plus de foi et avait plus d'espérance. Il n'a pas demandé quel pourrait être l'aspect d'un avenir, si l'instinct de l'artiste qui prédit cet avenir venait à vérifier sa prédiction, mais il a exigé des artistes :

Elevez-vous d'un vol hardi
Bien au-dessus de votre temps !
Que vos écrits soient un reflet
De l'avenir dans le présent !

II.

Que la saine raison nous préserve de croire que l'humanité puisse trouver un jour un ordre de choses idéal et définitif, et qu'alors, semblable au soleil des régions tropicales, le bonheur viendra faire tomber ses rayons d'un éclat uniforme sur tous ceux qui vivraient ainsi sous l'ordre nouveau. Wagner n'a rien de commun avec de pareilles idées ; il n'est pas utopiste. S'il ne peut pas se passer de sa foi en l'avenir, cela signifie simplement qu'il discerne chez les hommes d'aujourd'hui certaines propriétés qui n'appartiennent pas au caractère et à l'ossature immuable de l'espèce humaine, mais qui se montrent variables et même périssables ; or, c'est précisément *à cause de ces propriétés* que l'art est aujourd'hui sans patrie et que Wagner lui-même doit être le précurseur et l'annonciateur d'une autre époque. Ce ne sera ni l'âge d'or, ni un ciel sans nuages que trouveront ces générations à venir que son instinct fait espérer à Wagner et dont les linéaments approximatifs peuvent être déduits du langage mystérieux de l'art wagnérien, pour autant qu'il est possible de déduire d'un mode de satisfaction à un genre de souffrance. La bonté surhumaine et la justice parfaite ne s'étendront pas non plus comme un arc-en-ciel immobile au-dessus des plaines de cet avenir. Il se pourrait même que cette génération à venir parût plus mauvaise que la nôtre, car, dans le bien comme dans le mal, elle sera plus *ouverte*. Peut-être encore que l'âme de cette génération, si elle s'exprimait une fois par des accords complets et libres, ébranlerait et effrayerait nos âmes, comme si la voix d'un esprit malin, jusque là invisible, venait à se faire entendre. Ecoutons plutôt des propositions comme celle-ci : la passion vaut mieux que le stoïcisme et l'hypocrisie ; être honnête, même dans le mal, vaut mieux que de se perdre soi-même par égard pour la moralité reçue ; l'homme libre peut aussi bien être bon que méchant, mais l'homme non affranchi est une honte de la nature et ne saurait avoir part ni à la consolation céleste, ni à la consolation terrestre ; enfin, celui qui veut être libre doit le devenir par lui-même, car la liberté n'est pour personne un don miraculeux qui tombe sans effort de la main des dieux. Quelque tranchants et peu rassurants que puissent paraître ces axiomes, ils n'en sont pas moins des échos de ce monde futur qui aura *vraiment besoin de l'art* et qui pourra aussi en attendre de véritables satisfactions. C'est le langage de la nature réintégrée dans ses droits, même pour ce qui est de l'homme, et c'est exactement ce que j'ai appelé plus haut le sentiment vrai, par opposition avec le sentiment faussé qui règne aujourd'hui.

Or, pour la nature seule, et non pas pour le sentiment faux et la nature dénaturée, il est des satisfactions et des délivrances véritables. Lorsque la nature dénaturée a fini par prendre conscience d'elle-même, il ne lui reste plus qu'à désirer le néant, tandis que la nature vraie aspire à la transformation par l'amour : celle-là *ne veut plus être*, celle-ci *veut devenir différente d'elle-même.* Que celui qui a pris conscience de cela fasse passer devant lui, dans le silence de son âme, les simples motifs de l'art wagnérien et qu'il se demande à part lui si c'est la vraie nature dénaturée qui se sert de ces motifs pour atteindre les fins que nous venons de décrire.

L'errant désespéré trouve la délivrance de son tourment dans l'amour compatissant d'une femme qui préfère mourir que de lui être infidèle : c'est le motif du *Vaisseau fantôme.* — La femme amoureuse, renonçant à tout bonheur personnel, devient une sainte par la divine transformation de l'Amour en Charité, et sauve ainsi l'âme de l'aimé : c'est le motif de *Tannhæuser.*

Ce qu'il y a de plus magnifique et de plus sublime descend plein de sympathie parmi les hommes et ne veut pas qu'on lui demande son origine ; et lorsque la question fatale lui est posée, il retourne avec un douloureux effort à son existence supérieure ; c'est le motif de *Lohengrin.* — L'âme aimante de la femme, de même que le peuple accueillent avec joie le génie bienfaisant et novateur, quoique les gardiens de la tradition et de la routine le repoussent et le calomnient : c'est le motif des *Maîtres Chanteurs.* — Deux êtres aimants, sans connaître leur amour réciproque, se croyant au contraire profondément blessés et méprisés, exigent l'un de l'autre un philtre mortel, soi-disant pour expier l'offense, en réalité par une impulsion dont ils ne se rendent pas compte ; ils veulent, par la mort, être délivrés de toute séparation, de toute dissimulation. L'approche de la mort, à laquelle ils croient, libère leur âme et les entraîne à une félicité brève et pleine d'effroi, comme s'ils avaient réellement échappé à la clarté du jour, à l'illusion, à la vie elle-même : c'est le motif de *Tristan et Yseult.*

Dans l'*Anneau du Niebelung* le héros tragique est un dieu dont l'esprit est altéré de puissance et qui, en suivant toutes les voies qui y conduisent, se lie par des contrats, perd la liberté et se trouve enveloppé par la malédiction qui pèse sur la puissance. La perte de sa liberté lui est démontrée précisément par ceci qu'il ne lui reste plus aucun moyen de s'emparer de l'Anneau d'or, symbole de la toute-puissance terrestre et, à la fois, incarnation des plus grands dangers pour lui-même, tant que cet anneau est entre les mains de ses ennemis. La crainte de la fin et du crépuscule de tous les dieux s'empare de lui, et aussi le désespoir de devoir attendre cette fin sons pouvoir s'y opposer. Il a besoin de l'homme libre et sans crainte, de l'homme qui puisse, sans son conseil et son assistance, en se révoltant même contre l'ordre divin, accomplir de son propre mouvement l'action héroïque interdite au dieu ; il ne le voit point paraître et lil se trouve forcé de se soumettre aux conséquences de p'engagement qu'il a pris, au moment même où vient de joindre une nouvelle espérance. C'est par sa main que doit périr ce qu'il a de plus cher ; la pitié la plus pure doit être punie par sa souffrance. C'est alors qu'il a enfin horreur de la puissance qui n'enfante que le mal et l'esclavage ; sa volonté brisée se soumet et il désire lui-même cette fin qui le menace de loin. Mais c'est maintenant seulement que se réalise ce qu'il avait le plus désiré précédemment : l'homme libre et sans peur apparaît; sa naissance fut un défi à toutes les coutumes établies; ses parents portent la peine d'avoir été unis par un lien contraire à l'ordre de la nature et à la coutume. Ils périssent, mais Siegfried vit. A la vue de son magnifique développement et de son splendide épanouissement le flot de dégoût se retire peu à peu de l'âme de Wotan. Il suit des yeux les destinées du héros, avec un amour et une sollicitude paternels. Comment Siegfried forge son épée, tue le dragon, s'empare de l'Anneau, échappe à la ruse la plus raffinée et réveille Brunehilde; comment la malédiction qui pèse sur l'Anneau ne le ménage pas plus que les autres, et l'enserre de plus en plus près; comment, fidèle dans l'infidélité, blessant par amour ce qu'il aime le plus, il est envahi par les ombres et les brumes du crime, mais finit par s'en dégager, resplendissant, tel le soleil, pour disparaître et mourir, en allumant dans le ciel un immense et radieux incendie qui purifie le monde de la malédiction... le dieu voit tout cela, lui dont la lance souveraine s'est brisée dans la lutte avec le plus libre des hommes et qui s'est vu ravir sa puissance; il le voit et son cœur se remplit de joie à cause de sa propre défaite, de sympathie pour le triomphe et la souffrance de son vainqueur. Son regard embrasse les derniers événements avec un bonheur douloureux, il est devenu libre par amour et il s'est délivré de lui-même.

Et maintenant, interrogez votre conscience, homme d'aujourd'hui ! Ce poème a-t-il été composé pour vous? Vous sentez-vous le courage d'étendre la main vers les étoiles de ce firmament de beauté et de bonté pour vous écrier: « C'est *notre* vie que Wagner a ainsi transportée dans les cieux ! »

Où sont, parmi vous, les hommes qui sont capables d'interpréter d'après leur propre vie l'image de Wotan et qui grandissent toujours davantage eux-mêmes plus ils s'effacent comme lui? Qui d'entre vous, sachant et se rendant compte que la puissance est mauvaise, serait prêt à renoncer à la puissance? Où sont ceux qui, comme Brunehilde, sacrifieraient leur science à leur amour, pour finir cependant par puiser dans leur vie la science suprême? « Le deuil profond de l'amour affligé m'ouvrit les yeux. » Et ceux qui sont libres et sans crainte, croissant et s'épanouissant en eux-mêmes dans une innocente spontanéité, où sont les Siegfried parmi vous?

Celui qui pose cette question et la pose en vain sera forcé de tourner ses regards vers l'avenir; et s'il devait découvrir dans un lointain quelconque ce « peuple » qui serait en droit de lire sa propre histoire dans les traits caractéristiques de l'art wagnérien, il finirait par comprendre aussi *ce que Wagner sera pour ce peuple*... quelque chose qu'il ne peut être pour aucun de nous, non point prophète d'un lointain avenir, comme nous pourrions être tentés de le croire, mais l'interprète et le glorificateur d'un passé.

APPENDICE

RÉFLEXIONS SUR RICHARD WAGNER

(JANVIER 1874)

A quel moment de sa vie Nietzsche a-t-il cessé d'être l'admirateur et le disciple de Richard Wagner ? On sait que l'auteur de *Zarathoustra*, douze ans après avoir publié *Richard Wagner à Bayreuth*, opuscule laudatif qui fut salué en 1876 par les adeptes du maître comme l'évangile de la philosophie wagnérienne, lança dans le monde ce pamphlet ironique et sévère, dont le titre seul suffit à indiquer les tendances. Le *Cas Wagner* suscita la colère du cénacle de Bayreuth. Mais du moins rappela-t-il aux wagnériens que Nietzsche existait encore et que son œuvre était moins négligeable qu'ils avaient prétendu l'affirmer quand parut *Humain, trop Humain*. « Froissement de vanité », « folie des grandeurs », déclarèrent-ils péremptoirement, sans prendre la peine de s'enquérir des origines d'un sentiment qui, chez Nietzsche, était antérieur au triomphe de Wagner.

Disciple du musicien-poète, à vrai dire, Nietzsche ne le fut jamais et son admiration se tempéra toujours d'importantes réserves que lui dictait sa clairvoyance. Mais, faisant taire ses scrupules, il se donna sans réserve à l'œuvre wagnérienne, parce qu'il y trouvait la possibilité de réaliser ce qui, aux environs de 1870, lui importait plus que toute autre chose, la régénération de la culture allemande. Et enfin, par-dessus tout, il aimait Wagner et ne cessa jamais de l'aimer. Le jeune professeur de philologie classique à l'Université de Bâle avait trouvé, à l'ermitage de Trebschen, près de Zurich, un accueil chaleureux et une cordialité qu'il avait ignorés jusqu'à ce jour. Pour la première fois, il entrait en contact intime avec un milieu véritablement supérieur et les idées de Wagner, développées au cours de longues conversations, ouvraient à sa juvénile intelligence des horizons à peine entrevus jusque là. D'autre part, Mme Cosima Wagner, la première femme de grand style qu'il eût rencontrée, révélait au savant, confiné dans ses études, — il avait vingt-quatre ans lorsqu'il fut nommé à Bâle en 1869 — de nouvelles façons de sentir et lui faisait connaître ces moralistes français dont il devait s'inspirer plus tard pour réaliser une œuvre si contraire aux doctrines wagnériennes.

Entre 1869 et 1873, Nietzsche fut souvent l'hôte assidu et choyé de Trebschen. De nombreux témoignages datant de cette époque font preuve, de part et d'autre, d'un attachement sincère. Quand l'œuvre de Bayreuth commença à prendre forme, Nietzsche s'y dévoua corps et âme. Il fut de toutes les réunions préparatoires, de tous les comités d'organisation et peu s'en fallut qu'il n'abandonnât la carrière universitaire pour s'improviser conférencier et collecteur, parcourant les pays allemands pour recueillir des fonds destinés à réaliser « le théâtre de l'avenir ».

Mais la propagande n'excluait pas la clairvoyance. Déjà Nietzsche jugeait froidement l'homme qu'il vénérait plus que tout autre. L'intimité de tous les jours lui avait révélé les petitesses dont le génie même le plus pur est rarement exempt. Doutait-il déjà de la grandeur de l'œuvre ? Le certain est que, dans les moments où il se livrait à un sévère examen de conscience, il se demandait si l'art wagnérien, dont il connaissait maintenant tous les détours, parviendrait jamais à réaliser les hautes espérances qu'il avait placées en lui. Et la *mission* de Wagner, à laquelle il croyait encore avec ferveur, lui semblait parfois s'égarer vers des considérations singulièrement terre à terre.

Au commencement de 1874, l'œuvre de Bayreuth parut soudain irrémédiablement compromise. Wagner s'était installé avec toute sa famille dans la petite ville bavaroise. Le théâtre-modèle était presque terminé, mais l'argent manquait pour parachever son aménagement intérieur et mettre en place la machinerie compliquée de la scène. Ce fut parmi les amis du compositeur une véritable consternation. « J'ai contracté une alliance avec Wagner », avait écrit Nietzsche. Mais que devenait cette alliance si le rêve commun de tant d'années allait ne pas se réaliser ? Nietzsche se pose brusquement la question et, au fond de lui-même, il trouve aussitôt la réponse : Qu'importe Bayreuth !

Souffrit-il, quand cette exclamation lui vint sur les lèvres ? Sans doute, mais son instinct de véracité était plus fort que son sentiment d'attachement pour Wagner. C'est alors qu'il note sur son calepin, rapidement et d'un seul jet, les réflexions dont nous publions plus loin la traduction. Avec une cruelle lucidité il juge l'œuvre du maître vénéré et, en même temps, il apprécie à leur juste valeur les hésitations du public, rébarbatif à la « musique de l'avenir ». Toutes les réserves qu'il avait faites, à part lui, lui reviennent à la mémoire et il les note avec une hâte fébrile. C'est, malgré certains flottements dans l'expression, malgré certaines obscurités, une analyse rigoureuse de la maladie wagnérienne, où nous sont révélées, en quelque sorte avant la lettre, toutes les qualités qui prêteront plus tard un accent original au moindre aphorisme du philosophe de *Par delà le bien et le mal*. Nietzsche, pour la première fois, prend conscience de ce qui le sépare de Wagner et son opposition avec l'art wagnérien s'affirme sous une forme concrète.

Quelques semaines plus tard, on apprend soudain que l'inquiétude des amis de Bayreuth n'avait pas été justifiée. Louis II de Bavière venait, en effet, de mettre 300.000 thalers (375.000 francs) à la disposition de Wagner et le « théâtre de l'avenir » pouvait enfin s'achever. La joie est grande parmi les partisans du maître et Nietzsche partage cette joie ! Les *Réflexions sur Wagner*, restées à l'état de notes intimes, sont enfouies au fond d'un tiroir et le jeune disciple s'apprête à faire son premier pèlerinage à Bayreuth...

De nouveau la *légende* de Wagner reprend le dessus dans les préoccupations de Nietzsche et le *vrai* Wagner, dont il vient d'esquisser les traits, s'efface dans sa mémoire. Peut-être estima-t-il aussi que la *cause* du musicien était d'importance plus haute que la *personne* du musicien. « La possibilité d'une culture allemande », qu'il rattache directement à « l'horizon de Bayreuth », revient au premier plan de ses préoccupations, et quand, enfin, deux ans plus tard, en 1876, le *Festspielhaus* allait enfin être ouvert au public, il fait taire toutes les objections, pour pouvoir offrir aux pèlerins de la nouvelle Jérusalem l'éloquent bréviaire de *Richard Wagner à Bayreuth*.

En écrivant ainsi l'apologie du musicien, Nietzsche prend congé du maître de sa jeunesse. Par un suprême effort de sa volonté (les brouillons qui ont été conservés démontrent son point de vue négatif), il dresse un monument de piété et d'admiration à celui qu'il a déjà cessé d'estimer. Ce décompte avec le passé est une véritable œuvre de libération. L'artiste, quand il idéalise sa souffrance, se débarrasse des liens d'une passion malheureuse. Ainsi Nietzsche idéalisa Wagner, pour oublier que l'homme qui avait été « le plus grand bonheur de sa vie » fut aussi celui qui le déçut le plus cruellement. Oublier, le put-il jamais complètement ? Il devait au contraire penser sans cesse à cette amitié qui lui avait procuré les fortes émotions de sa vie. Et quand, plus tard, dix ans après la brouille définitive, il écrivit le *Cas Wagner*, le mot *amitié* revient encore et sans cesse sous sa plume. « J'ai aimé et vénéré Wagner plus qu'il ne le fut jamais », écrit le philosophe en 1888. Faut-il un autre commentaire à ces quelques notes de sévère critique que l'on va lire, au cours desquelles Nietzsche, par amour de la vérité, démolit l'idéal de sa jeunesse? — H. A.

I.

Wagner tente de renouveler l'art en s'appuyant sur la seule base qui existe encore, sur le théâtre : là les masses sont encore véritablement émues et ne s'en font pas accroire comme dans les musées et les concerts. A vrai dire, il s'agit de masses grossières, et toute tentative de dominer de nouveau la théâtrocratie est apparue jusqu'à présent comme vaine. Problème : l'art doit-il continuer à être l'apanage d'une secte et vivre dans l'isolement ? Est-il possible de l'amener à la domination ? C'est là qu'il faut chercher la signification de Wagner ; il essaie de se procurer la tyrannie à l'aide des masses théâtrales. Sans doute, si Wagner avait été Italien, serait-il parvenu à atteindre son but. L'Allemand n'a aucune estime pour l'opéra, qu'il considère toujours comme quelque chose d'importé, comme quelque chose qui n'est pas de chez lui. On peut même dire qu'il ne prend pas au sérieux tout ce qui touche le théâtre.

2.

Il y a quelque chose de comique dans ceci : Wagner ne parvient pas à convaincre les Allemands qu'il faut prendre le théâtre au sérieux. En face de ses tentatives, ils demeurent froids et bonnasses; alors Wagner s'échauffe, comme si le salut de l'Allemagne dépendait de lui. Maintenant surtout, les Allemands s'imaginent avoir des occupations plus sérieuses et cela leur apparaît comme une joyeuse fantaisie que quelqu'un se tourne vers l'art d'une façon si solennelle.

Réformateur, Wagner ne l'est pas, car, jusqu'à présent, tout est resté dans le même état que par le passé. En Allemagne tout le monde prend ses affaires au sérieux; alors on rit de celui qui a la prétention d'accaparer pour son compte toute l'attention que l'on porte aux choses sérieuses.

Il faut considérer : l'influence de la crise financière ; l'incertitude générale de la situation politique ; les doutes qui s'élèvent sur la direction réfléchie des destinées allemandes.

Le temps où l'on se passionnait pour les choses de l'art (Liszt, etc.) est passé.

Une nation sérieuse ne veut pas que les quelques rares choses qu'elle prend à la légère dégénèrent ; il en est ainsi pour les Allemands des arts du théâtre.

Cause déterminante : l'importance de l'art, telle que le conçoit Wagner, ne cadre pas avec nos conditions sociales et le développement qu'a pris le travail. De là la répulsion instinctive contre ce qui apparaît comme mal approprié.

3.

L'importance que Wagner prête à l'art n'a rien d'allemand. Ici nous manquons même d'un art décoratif. Tout intérêt public pour l'art fait défaut. Ou bien il est savant, ou bien tout à fait vulgaire. De-ci de-là, on rencontre l'aspiration isolée vers le beau. La musique occupe une situation spéciale, mais la musique elle-même n'est pas parvenue à créer une organisation, à empêcher l'importation de la musique théâtrale. — Celui qui aujourd'hui applaudit au théâtre rougit le lendemain de son geste : nous avons nos autels du foyer domestique : Beethoven, Bach — alors le souvenir se prend à pâlir.

4.

Wagner s'est trouvé en face d'un public d'éducation très variée; la réceptivité n'était pas la même pour l'œuvre et pour la musique. Il a pris le public pour une unité et a cru que les accès de sympathie jaillissaient du même fond, c'est-à-dire qu'il considérait comme certain que l'effet d'ensemble n'était qu'une addition des effets de détail uniformément distribués. Il y avait, selon lui, une somme déterminée de plaisir produite par la musique, une somme égale produite par l'exécution théâtrale et enfin la même somme par le plaisir que suscite le drame.

Maintenant il a appris à ses dépens qu'une grande comédienne est dans le cas de lui brouiller son calcul. Mais alors son idéal s'intensifie. Combien supérieur sera l'effet produit si la musique, l'exécution, etc., allaient de pair avec le talent de la comédienne !

5.

Le premier problème que se pose Wagner est le suivant : « Pourquoi ne parviens-je pas à réaliser un effet au dehors, du moment que moi je ressens cet effet ? » Cette question le pousse à une critique du public, de l'Etat, de la société. Il établit entre l'artiste et le public le rapport du sujet à l'objet... et il le fait naïvement.

6.

Wagner est une nature de législateur : il néglige beaucoup de relations et ne s'empêtre pas dans les petites choses ; il coordonne tout en grand et ne peut être jugé par les détails pris isolément : la Musique, le Drame, la Poésie, l'Etat, l'Art, etc.

La musique ne vaut pas grand'chose, la poésie non plus, le drame non plus, l'art théâtral n'est souvent que de la rhétorique — mais tout cela, quand on voit grand, a son unité et se trouve au même niveau.

7.

Le génie de Wagner est une forêt qui se développe ; on ne saurait le comparer à un arbre.

8.

La sérénité de Wagner est pareille au sentiment de sécurité qu'éprouve celui qui sort des plus grands dangers, des excès les plus graves, pour rentrer dans ce qui est limité et intime ; tous les hommes avec qui il est en relations apparaissent comme des périodes déterminées de sa propre carrière (du moins ne comptent-ils pas autrement pour lui), c'est pourquoi il peut maintenant être gai et supérieur, car il peut *se jouer* de toutes les difficultés, de toutes les objections.

9.

L'une des qualités de Wagner, c'est qu'il ne connaît ni frein ni mesure, il monte jusqu'au dernier degré de sa force, de son sentiment.

L'autre qualité, c'est son suprême don de comédien, transposé dans un autre domaine et qui abandonne la voie la plus proche pour prendre possession d'un terrain nouveau. Pour se réaliser directement il lui manque la taille, la voix, et la modération qu'il faudrait.

10.

Wagner est un comédien né, mais il se trouve, en quelque sorte, dans la situation de Gœthe, qui était peintre sans avoir les mains d'un peintre. Son talent cherche des échappatoires et il les trouve.

Or il faut imaginer ce que peuvent devenir tous ces instincts en défaut lorsqu'ils agissent d'un commun accord.

11.

Si Gœthe est un peintre dévoyé, Schiller un orateur dévoyé, Wagner est un comédien dévoyé. Il ajoute à ses talents la musique.

12.

Wagner se trouve en face de la musique dans la situation d'un comédien : c'est pourquoi il est capable de faire parler l'âme de musiciens dissemblables et de placer côte à côte des univers différents (*Tristan, les Maîtres chanteurs*).

r3.

La simplicité dans la conception des drames est l'indice du comédien.

— Wagner apprécie ce qui est simple dans la construction dramatique, parce que c'est ce qui fait le plus *d'effet*. Il rassemble tous les éléments à effet, à une époque qui a besoin de moyens très vulgaires et très violents, à cause de l'état d'hébêtement où elle se trouve. Ce qui est magnifique, enivrant, déroutant, grandiose, terrible, bruyant, laid, extasiant, nerveux, — tout cela a droit de cité. Dimensions énormes, moyens énormes.

L'irrégularité, la splendeur surchargée et l'abondance des ornements produit l'impression de la richesse et de l'abondance. Il sait ce qui agit encore sur nos hommes; « nos hommes! » il les idéalise encore et il les place très haut.

14.

En tant que comédien, il tendait à n'imiter l'homme qu'agissant et véritable, agité par les passions les plus hautes. Car sa nature extrême voyait, dans toutes les autres conditions, faiblesse et défaut de vérité. Lorsque l'artiste dépeint des passions, il s'expose aux dangers les plus extraordinaires. Se préoccuper de ce qui enivre, de ce qui est sensuel, extatique, soudain, de ce qui veut être en mouvement à tout prix — abominables tendances!

15.

Son retour à la nature, c'est-à-dire à la passion, est suspect, parce que c'est de la passion que l'on parvient à tirer le plus d'effets. On ne saurait imaginer la possibilité d'un art qui serait de pure improvisation; vis-à-vis de la musique allemande ce point de vue est des plus naïfs. L'unité organique de Wagner est dans le drame, mais c'est pour cela qu'elle ne parvient pas (souvent pas) à pénétrer la musique, pas plus qu'elle ne pénètre le texte. Celui-ci laisse l'impression de l'improvisation. (L'improvisation n'est bonne que chez les artistes parfaits, et non pas chez ceux qui sont dans leur devenir; mais elle trompe toujours et produit une impression factice de richesse.)

16.

L'intempérance et l'imagination sans bornes étaient sans doute chez lui une seconde nature.

17.

Il ne faut pas être injuste et demander à un artiste la pureté et le désintéressement, tels que les possédaient, par exemple, Luther, etc. Mais en Bach et en Beethoven nous apparaît une nature plus pure. L'extase chez Wagner est souvent forcée et pas assez naïve; de plus, par des contrastes trop violents, il en accentue les effets.

18.

Le désir du repos, de la fidélité — après que les passions ont été déchaînées sans mesure — dans le *Hollandais volant*. — Dans *Tannhæuser* il cherche à motiver une série d'états extatiques chez un même individu; il semble croire que c'est seulement dans ces états que s'affirme l'homme naturel.

Dans *les Maîtres chanteurs* et dans certaines parties de ses *Niebelungen* il revient à la domination de soi ; il y est plus grand que dans les abandons extatiques. La limitation lui sied bien.

Il apparaît comme un homme discipliné par ses instincts artistiques.

19.

Dangers de la musique *dramatique*, pour la musique.

Dangers du drame musical pour le poète dramatique.

Dangers pour le chanteur.

20.

Entre la musique et les paroles il y a la possibilité d'un lien véritablement organique : dans le *lied*. Souvent aussi dans des scènes tout entières. Il existe un idéal qui consiste à amalgamer le drame et la musique dans un semblable rapport ; le modèle se trouve dans la danse du chœur antique. Mais aussitôt le but apparaît comme placé trop haut, car nous ne possédons pas encore le style du mouvement, pas encore de développement aussi savant dans l'orchestration que l'est celui de notre musique. Or, contraindre la musique à se placer au service d'une violence naturaliste, c'est la diminuer et y mettre de la confusion, pour la rendre ensuite incapable d'accomplir la tâche commune. Qu'un art comme celui de Wagner nous plaise infiniment, qu'il offre un horizon infini de développement artistique, il n'y a à cela aucun doute. Mais le sens des poèmes ! Pourvu que la musique ne devienne pas mauvaise et que la forme ne fasse pas défaut ! Au service des gesticulations dans *Hans Sachs* (Beckmesser) la forme dégénère inévitablement.

— La musique pour le personnage de Beckmesser atteint le superlatif ; elle ne saurait exprimer quelqu'un qui est battu davantage et davantage maltraité. On a véritablement pitié, comme quand on voit qu'un bossu est raillé.

21.

On ne peut sauter le degré qui mène de la danse à la symphonie. Que reste-il, sinon la contre-partie naturaliste de la passion véritable et sans rythme ? Mais l'art ne peut venir à bout de la nature sans style. Il y a des excès de l'espèce la plus douteuse dans *Tristan*, par exemple les explosions à la fin du second acte. Le dérèglement dans la scène du pugilat des *Maîtres chanteurs*. Wagner sent que, pour ce qui touche à la forme, il a toute la rudesse des Allemands et préfère s'enrôler sous la bannière de Hans Sachs que sous celle des Français ou des Grecs. Pourtant, notre musique allemande (Mozart, Beethoven) s'est assimilé la forme italienne, comme c'est le cas de notre chanson populaire, et c'est pourquoi, avec la richesse nuancée de ces lignes, elle ne correspond plus à la grossièreté paysanne et bourgeoise.

22.

La langue se hausse jusqu'à l'expression la plus forte — l'allitération. L'orchestre aussi. La justesse d'expression n'apparaît pas comme ce qu'il y a de plus important, mais la force enivrante du *pressentiment*.

23.

Dans le sublime, Wagner se conforme à la règle et au rythme ; dans les détails, il est souvent violent et sans rythme.

24.

L'interruption des grandes périodes rythmiques, le perpétuel enjambement de la phrase sur la mesure produit, en effet, l'impression de l'infini, de la mer ; mais c'est là un procédé d'art et non pas une loi régulière, malgré l'effort que fait Wagner pour lui en donner l'estampille. Nous nous y précipitons d'abord littéralement, nous cherchons des périodes, pour être désillusionnés, et finalement nous nous noyons dans les flots.

25.

Dans certaines harmonies, il a quelque chose d'agréable et de résistant tout à la fois, comme quand on fait jouer une clef dans une serrure compliquée.

26.

Pourrait-on parler chez Wagner de superbe « musique toute nue » ? Il a devant l'esprit l'image de l'être intime devenu visible, d'un processus de sentiment qui prend aspect de mouvement — c'est cela qu'il s'applique à rendre et c'est du suprême Schopenhauer de vouloir saisir directement la volonté.

La musique comme image d'une existence, par la succession.

27.

Il y a danger en ceci que dans le mouvement et l'action du drame résident les motifs pour le mouvement de la musique, de telle sorte que la musique se trouve dirigée par ces mouvements. Il n'est pas nécessaire que l'un des deux prenne la direction de l'autre. Dans l'œuvre d'art complète, nous avons le sentiment de la simultanéité conditionnée.

28.

Wagner considère comme uneerreur d'envisager, dans l'œuvre d'art de l'Opéra, un moyen d'expression — la musique — comme but, le but de l'expression étant considéré comme moyen. Par conséquent, c'est la musique qui est considérée par lui comme moyen d'expression — ce qui est caractéristique pour le comédien. Pour une symphonie, il y a donc lieu de demander dès lors : si c'est la musique qui est ici le moyen d'expression, qu'est-ce qui en est le but ? Le but ne saurait donc résider dans la musique ; ce qui par essence est moyen d'expression doit avoir quelque chose à exprimer. Wagner estime que c'est le drame. Sans le drame, il considère la musique seule comme un non-sens. Alors on peut se poser cette question : pourquoi tant de bruit ? En vertu de ce principe Wagner considérait la Neuvième Symphonie comme l'œuvre par excellence de Beethoven, parce que, par l'adjonction de la parole, le compositeur donnait à la musique sa signification, faisant d'elle un simple moyen d'expression. *Moyen* et *but* — Musique et Drame — doctrine ancienne. *Généralité* et *exemple* — Musique et Drame — doctrine nouvelle.

Si cette dernière doctrine est la vraie, la généralité ne peut, en aucune façon, être dépendante de l'exemple, en d'autres termes : la musique absolue est dans son droit et la musique du drame doit être, elle aussi, une musique absolue. Pourtant il ne faut envisager tout cela que comme symbole et image—il n'est pas rigoureusement exact que le drame n'est qu'un exemple pour la généralité de la musique. En quoi y a-t-il espèce et exemple ? Dans les mouvements des attitudes (pour ne parler ici que du drame mimique). Or, les mouvements d'une figure peuvent signifier, eux aussi, la généralité, car ils expriment des états d'âme intimes qui sont beaucoup plus abondants et plus nuancés que leur résultante sous forme de mouvements exécutés par l'homme intérieur. C'est pourquoi une attitude est souvent mal interprétée. De plus, il y a quelque chose d'infiniment conventionnel dans tous les gestes : l'homme absolument libre est une image trompeuse. Mais, si l'on abandonne le mouvement de la figure pour ne plus parler que de l'émotion qui l'agite, la musique devrait être la généralité, l'émotion de telle ou telle personne, le particulier. Or, la musique est précisément l'émotion du musicien exprimée en sons, donc en tous les cas celle d'un individu. Et il en a toujours été ainsi (si l'on fait abstraction de la doctrine purement formaliste de l'arabesque des sons). On se trouvait donc en présence d'une contradiction absolue: une expression tout à fait déterminée du sentiment jaillissant sous forme de musique (absolument précis) — et, à côté, le drame, côte à côte d'expressions de sentiments tout à fait déterminés par des paroles et des gestes. Comment ceux-ci peuvent-ils s'identifier ? Le musicien peut, à vrai dire, ressentir, dans son for intérieur, toutes les péripéties du drame et les rendre sous forme de musique pure (l'ouverture de *Coriolan*). Cette reproduction prend alors, en face du drame lui-même, le sens d'une généralisation ; les motifs politiques, les arguments sont négligés et seule parle l'absurde volonté. Dans toute autre acception, la musiqu dramatique est une mauvaise musique.

Que deviennent cependant la prétendue *simultanéité* et le parallélisme absolu, dans l'ensemble de l'action, chez le musicien et dans le drame ? La musique ne fait que déranger l'auteur dramatique, car pour exprimer quelque chose il lui faut du temps, souvent pour une seule émotion du drame toute une *symphonie*. Que devient, pendant ce temps, le drame? Wagner utilise, pour remplir ces intervalles, le dialogue, d'une façon générale les paroles.

Il faut alors ajouter une nouvelle puissance et une nouvelle difficulté : la *langue*. Celle-ci s'exprime en conceptions abstraites. Les conceptions abstraites sont soumises, elles aussi, à des *règles du temps* qui leur sont propres.

La mimique, le monde des conceptions abstraites, la musique, chacun de ces éléments exprime dans une chronométrie différente le sentiment qui est à sa base. Dans le drame parlé règne une puissance qui, pour s'affirmer, a besoin du temps le plus considérable, la conception abstraite. C'est pourquoi l'action est souvent un repos qui prend des formes plastiques et se manifeste par des groupes. Surtout dans l'antiquité : l'art plastique au repos exprime un état d'âme déterminé. La mimique se trouve donc dans une dépendance directe avec le drame parlé.

Or, le musicien a besoin de temps tout à fait différents, et, au fond, on ne saurait lui imposer aucune loi : un sentiment entamé peut se prolonger longtemps chez un musicien et être bref chez un autre. Quelle exigence, donc, de vouloir que le langage des idées et le langage des sons aillent de pair !

Pourtant, la parole elle-même soutient un élément musical. La phrase violemment sentie possède une mélodie qui est aussi l'image d'une forte émotion de la volonté. Cette mélodie peut être utilisée au point de vue artistique et on peut l'interpréter à l'infini.

L'assemblage de tous ces facteurs paraît irréalisable ; tel

musicien rendra certaines émotions que suscitent chez lui le drame et ne saura rien faire de la plus grande partie de ce drame, de là probablement le récitatif et la rhétorique. Le poète ne parviendra pas à venir en aide au musicien et, par le fait, ne pourra lui-même se tirer d'affaire; il souhaite de ne versifier qu'autant de texte qu'on peut en chanter. Mais de cela il ne possède que la conscience théorique et non pas la conscience intime. L'acteur, d'autre part, en tant que chanteur, devra faire une foule de choses qui ne sont pas dramatiques, ouvrir par exemple la bouche, etc.; il lui faut adopter des manières conventionnelles. Or, tout cela serait changé, s'il arrivait une fois au comédien d'être à la fois musicien et poète.

Wagner utilise le geste, le langage, la mélodie de la parole et, en outre, les *symboles reconnus* de l'expression musicale. Il suppose, comme condition, une musique très développée qui a déjà conquis l'expression déterminée, reconnaissable et revenant toujours à nouveau, pour reproduire une infinité d'émotions. Par ces citations musicales il rappelle à l'auditeur un état d'âme particulier, où l'interprète veut qu'on le situe. Dès lors, la musique est devenue véritablement un « moyen d'expression », et c'est pourquoi, au point de vue artistique, elle se trouve à un degré inférieur, car elle n'est plus organique par elle-même. Maintenant le maître musicien parviendra encore à combiner les symboles de la façon la plus ingénieuse; mais la connexion et le plan se trouvant au delà et en dehors de la musique, celle-ci ne saurait être organique. Pourtant, il serait injuste de reprocher cela à l'auteur dramatique. Il a le droit d'utiliser la musique comme moyen en vue du drame, de même qu'il utilise la peinture comme un moyen. Une pareille musique, si on la prend telle qu'elle est, peut être comparée à l'allégorie peinte ; le sens propre ne se trouve pas dans l'image que l'on voit, c'est pourquoi cette image peut être très belle.

29.

Tout ce qui est grand, surtout quand cela est nouveau, est dangereux ; la plupart du temps on le voit s'imposer comme s'il n'y avait rien d'autre qui fût justifié.

30.

Gœthe ne doutait pas non plus qu'il fût capable de faire ce qui lui plaisait. Son goût et sa faculté de réalisation marchaient de pair. La présomption.

Tout ce qui agissait fortement sur Wagner, il prétendait le réaliser. Il ne comprenait chez ses modèles que ce qu'il pouvait imiter. Nature à la Schopenhauer.

31.

Wagner est une nature dominante. Il ne se trouve dans son élément que lorsqu'il peut dominer, alors seulement il est modéré et solide. L'entrave mise à son instinct de domination le rend excessif, excentrique et rébarbatif.

31 *bis*.

Wagner est trop immodeste pour un Allemand ; que l'on songe donc à Luther, notre chef de file.

32.

L'homme qui se sent capable de ces extases démesurées, de ces formidables aliénations de soi conserve rarement sa modestie, car seul celui qui sait se sent poussé à la modestie ; l'enthousiaste qui ignore est sans limites. Il faut ajouter à cela le culte du génie nourri par Schopenhauer.

33.

Wagner est homme moderne et ne sait pas se donner du

courage et s'affermir par la foi en Dieu. Il ne croit pas être dans la main d'un être de bonté, mais il croit en lui-même. Personne n'est plus tout à fait honnête vis-à-vis de soi-même quand il n'a foi qu'en soi. Wagner met de côté toutes ses faiblesses par le fait qu'il les met au compte de notre époque et de ses adversaires.

34.

Il se décharge de ses faiblesses par le fait qu'il les met au compte des temps modernes. Il a une foi naturelle en la bonté de la nature lorsque celle-ci agit librement.

Il évalue tout, l'Etat, la société, la vertu à la mesure de son art, et, se trouvant dans un état de mécontentement, il souhaite que le monde soit anéanti.

Se débarrassant des remords et des torts, parce qu'il se sent grandir, sans cesse, il oublie vite l'injustice ; élevé sur un degré nouveau, celle-ci lui apparaît déjà de mince importance, comme si elle était cicatrisée. Il sait se consoler de tout, comme Schopenhauer.

35.

La faculté artistique ennoblit l'instinct effréné et lui impose des limites,le concentre (vers le désir de rendre l'œuvre aussi parfaite). C'est ce pouvoir qui ennoblit tout la nature de Wagner. Toujours il se dresse vers des buts plus élevés, aussi élevés qu'il peut les apercevoir ; ces buts deviennent toujours meilleurs et enfin ils apparaissent de plus en plus déterminés et par cela même plus près. C'est ainsi que le Wagner actuel ne semble plus correspondre au Wagner d'*Opéra et Drame*, socialiste ; le but d'autrefois paraît plus noble, mais il est seulement plus lointain et plus indéterminé. Sa conception actuelle de l'univers, de l'Allemagne, etc., est plus profonde, bien qu'elle soit d'essence plus conservatrice.

36.

Il est heureux que Wagner ne soit pas né dans une classe plus élevée de l'échelle sociale, qu'il ne soit pas né noble et que son activité ne se soit pas exercée dans une sphère politique.

Il ne s'est pas abstenu de réfléchir à des possibilités politiques ; pour son malheur il ne l'a pas fait en présence du roi de Bavière, lequel, tout d'abord, ne lui a pas représenté son œuvre ; en second lieu, l'a à moitié sacrifié par des représentations provisoires et, enfin, qui lui a fait une réputation très impopulaire, parce que c'est à l'influence de Wagner que l'on attribuait les excentricités de ce prince.

Il s'est tout aussi malheureusement compromis avec la révolution ; il perdit les protecteurs fortunés, éveilla la crainte et apparut finalement aux partis socialistes comme renégat ; tout cela sans aucun avantage pour son art et sans aucune nécessité supérieure. C'est enfin un indice de sa maladresse, car il ne sut nullement deviner la situation de 1848.

En dernier lieu, il offensa les Juifs, qui ont maintenant le plus d'argent en Allemagne et qui détiennent la presse. Lorsqu'il le fit, ce ne fut pas parce qu'une vocation l'y pressait, plus tard ce fut de la vengeance.

S'il a eu raison avec la confiance extrême qu'il place en Bismarck, un avenir qui n'est pas très éloigné nous l'apprendra.

37.

La jeunesse de Wagner est celle d'un dilettante avec des talents multiples qui n'arrive à rien.

38.

Il se sauva de son emploi parce qu'il ne voulait plus servir.

39.

J'ai souvent absurdement douté du don musical chez Wagner.

40.

Aucun de nos grands musiciens n'a été un aussi mauvais musicien que Wagner l'était encore dans sa vingt-huitième année.

41.

Sa nature se divise peu à peu : à côté de Siegfried-Walther-Tannhæuser se place Hans Sachs-Wotan. Il apprend très tard à comprendre l'homme. Tannhæuser et Lohengrin sont les chimères d'un adolescent.

42.

Wagner s'est tellement habitué à sentir en même temps dans des arts différents qu'il est devenu complètement insensible à la musique nouvelle, cela au point qu'il la rejette théoriquement. Il en est de même pour les œuvres poétiques. De là ses nombreux différends avec des contemporains.

43.

Aucune piété ne vient au-devant de lui, le musicien le considère comme un intrus, comme illégitime.

44.

La « fausse toute-puissance » développe chez Wagner quelque chose de « tyrannique ». Il a le sentiment qu'il est *sans héritiers* — c'est pourquoi il cherche à donner à ses idées réformatrices une base aussi large que possible pour les transmettre en quelque sorte par adoption. L'aspiration à la légitimité.

Le tyran ne permet à aucune individualité de subsister à côté de la sienne et celle de ses confidents. Le danger pour Wagner est grand s'il n'accorde pas leur place à Brahms, etc. ; ou bien aux Juifs.

45.

Ses dons de comédien s'affirment en ceci qu'il n'est *jamais* comédien dans sa propre vie. En tant qu'écrivain il est rhéteur, sans la force de persuader.

46.

Dans son évaluation des grands musiciens, il emploie des expressions trop fortes, c'est ainsi qu'il appelle par exemple Beethoven un saint. Présenter l'adjonction des paroles dans la Neuvième Symphonie comme une action capitale, il faut avouer que c'est un peu fort ! Il éveille la méfiance par ses éloges aussi bien que par ses critiques. Le gracieux et l'agréable aussi bien que la beauté pure, le reflet d'une âme parfaitement équilibrée lui échappent, aussi cherche-t-il à les déprécier.

47.

Placer Shakespeare et Beethoven côte à côte, c'est là l'idée la plus audacieuse, la plus folle que l'on puisse imaginer.

48.

Wagner, en tant qu'écrivain, ne reproduit pas l'image fidèle de ce qu'il est véritablement. Il ne sait pas composer : l'ensemble ne prend pas de relief, dans les détails il fait des digressions, il est obscur, il n'est pas insouciant et supérieur. Il est dépourvu d'une sereine arrogance. Tout ce qui est agréable et gracieux lui fait défaut et aussi la précision dialectique.

49.

Une forme particulière de l'orgueil de Wagner ce fut de se comparer aux grands hommes du passé : à Schiller, à Gœthe, à Beethoven, à Luther, à la tragédie grecque, à Shakespeare, à Bismarck. C'est seulement avec l'époque de la Renaissance qu'il n'a pas trouvé de terme de comparaison ; mais il a inventé l'esprit allemand par opposition avec l'esprit latin. Il y aurait une intéressante caractéristique de l'esprit allemand à faire d'après son modèle.

50.

Wagner est certainement l'homme qui goûte actuellement avec le moins de préventions les petites vertus allemandes et l'étroitesse d'esprit, car il les voit succomber et il conspire avec elles contre ce qui triomphe maintenant.

51.

Comment Wagner a-t-il recruté ses adhérents ? Des chanteurs qui, en tant qu'acteurs du drame, devenaient intéressants et auxquels il offrait une nouvelle possibilité d'agir, peut-être avec une voix médiocre. Des musiciens qui se faisaient instruire par le maître de la diction musicale ; la diction musicale doit être si géniale que l'on ne saurait arriver à la conscience de l'œuvre elle-même. Des musiciens d'orchestre qui autrefois s'ennuyaient au théâtre. Des musiciens qui s'appliquaient à enivrer et à fasciner le public par des moyens directs et qui apprirent les effets du coloris de l'orchestration wagnérienne. Toutes les catégories de mécontents, qui de n'importe quel bouleversement espéraient gagner quelque chose pour eux-mêmes. Des hommes qui prennent feu et flamme pour toute espèce de « progrès ». Ceux qui s'ennuyaient en écoutant la musique que l'on faisait jusqu'à présent et qui trouvaient maintenant que leurs nerfs étaient plus vigoureusement secoués. Des hommes qui se laissent entraîner par tout ce qui est téméraire et audacieux. — Il eut bientôt pour lui les virtuoses, bientôt une partie des compositeurs ; à peine si l'un ou l'autre peut se passer de lui. Des littérateurs avec tous les obscurs besoins de réforme. Des artistes qui admirent sa façon de vivre indépendant.

52.

Wagner, en tant que penseur, est au même niveau que Wagner en tant que musicien et poète.

53.

L'art rassemble une fois toutes les qualités excitantes qu'il possède encore pour agir sur les Allemands modernes... Le caractère, le savoir, tout est réuni. Un formidable effort pour se maintenir et dominer, et cela dans une époque qui est rébarbative à l'art. Poison contre poison. Toutes les exaltations se tournent, en utilisant la polémique, contre des forces considérables rébarbatives à l'art. On attire à soi des éléments religieux et philosophiques, l'aspiration vers l'idylle, tout, tout !

54.

Il faut songer quelle est l'époque qui ici se crée un art : une époque déchaînée, haletante, sans pitié, avide de gain, informe, incertaine dans ses fondements, presque désespérée, dépourvue de naïveté, consciente de part en part, sans noblesse, violente, lâche.

55.

Par l'échec il ne faudrait pas irriter Wagner davantage, on finirait par le rendre trop furibond.

56.

Une sorte de contre-réformation ; la contemplation transcendantale a été affaiblie à l'extrême ; la beauté, l'art, l'amour de la vie ont été fortement vulgarisés, sous le contre-coup de l'esprit protestant. Christianisme idéalisé d'essence catholique.

57.

L'art de Wagner plane au-dessus des sommets, il est transcendantal ; que doit en faire notre pauvre bassesse allemande ? Il vous a un aspect de fuite hors de ce monde ; il est la négation de ce monde, il ne transfigure pas. C'est pourquoi il n'agit pas directement comme moralisateur, indirectement d'une façon quiétiste. Nous ne voyons Wagner préoccupé que d'une chose, procurer à son art un asile en ce monde ; mais que nous importe un *Tannhæuser*, un *Lohengrin*, un *Tristan*, un *Siegfried !* Il semble pourtant que ce soit la destinée de l'art, à une époque comme la nôtre, d'enlever à la religion agonisante une partie de sa force. De là l'alliance de Wagner avec Schopenhauer. On devine que peut-être bientôt la civilisation n'existera plus que sous forme de sectes, menant une existence claustrale et se séparant du monde qui les entoure. Le vouloir-vivre de Schopenhauer trouve ici son expression artistique : quelle sourde agitation sans but ! quelles extases ! quels désespoirs ! quels accents de souffrance et de désir ! quels cris d'amour et d'ardeur ! Rarement un gai rayon de soleil mais beaucoup de fantasmagories dans les éclairages !

Dans une semblable position réside pour l'art sa force et sa faiblesse ; il est bien difficile de revenir de là-bas vers la vie simple. Ce n'est plus de rendre la réalité meilleure qui est le but, mais de l'anéantir, de la faire s'évanouir sous le charme. La force réside dans le caractère sectaire : cet art est extrême et exige de l'homme une acceptation absolue. — Un homme est-il capable de devenir meilleur sous l'influence de cet art et de la philosophie de Schopenhauer ? Certainement, pour ce qui est de la véracité. Si, du moins, à une époque où le mensonge et les conventions sont si ennuyeux et si dépourvus d'intérêt, la véracité n'était pas si intéressante ! Si divertissante ! Si pleine de charme esthétique !

58.

Ne pas oublier que c'est une langue de théâtre que parle l'art wagnérien ; il n'a pas sa place au foyer familial, dans la *camera*. Cette langue ressemble à celle d'un discours populaire qu'on ne saurait imaginer sans une forte exagération même de ses passages les plus nobles. Elle doit exercer son action dans le lointain et donner une forme au chaos populaire, par exemple le *Kaisermarsch*.

Beaucoup d'erreurs naissent du fait que celui qui juge prend pour point de départ un art partiel (l'art du foyer).

59.

Il est très possible que Wagner fasse perdre aux Allemands le goût de s'occuper des arts distincts. Peut-être même pourrait-on tirer de l'influence qu'il exercera plus tard l'image d'une culture unitaire qu'on ne saurait réaliser en additionnant des aptitudes et des connaissances spéciales.

60.

Il possède le sentiment de l'utilité dans la diversité, c'est pourquoi je le tiens pour un représentant de la culture.

NOTES POUR LE « CAS WAGNER »

(1885-1888)

Le « problème Wagner » ne cessa d'intéresser Nietzsche pendant les dernières années de sa vie intellectuelle. Il le confondait avec le « problème de la modernité », un de ceux auxquels il a le plus réfléchi, et comme son amitié pour le génial compositeur resta, malgré la séparation, l'événement important de toute son existence, ce fut sur la personne de l'œuvre et sur Wagner qu'il exerça le plus volontiers ses facultés critiques. Nous l'avons vu juger sévèrement le musicien, avant même que d'écrire son apologie. Séparé de Wagner, quand la publication d'*Humain, trop humain* eut rendu toute communion impossible, il n'en resta pas moins préoccupé sans cesse de ce qui touchait aux idées du maître. N'appartenaient-ils pas tous deux à la même sphère intellectuelle, n'avaient-ils pas les mêmes amis, les mêmes disciples ? Ce fut, entre les deux hommes, pendant quelques années, une véritable lutte d'influences, où celle de Wagner devait finir par triompher.

Par toutes les fibres de son cœur, nonobstant les réserves que lui commandait son intelligence, Nietzsche tenait à Bayreuth. Il avait trop sacrifié au culte qu'il poursuivait maintenant de sa haine pour n'en pas conserver une profonde, une inguérissable blessure. Le romantisme, le christianisme, ces deux maladies dont souffre l'homme moderne, il avait pu en faire le diagnostic en s'étudiant lui-même, avant d'étudier Wagner. Dans la fureur qu'il mit à les combattre, on devine une secrète affinité dont sa négation même affirme la puissance. Nietzsche avait pu renier Wagner, mais le « problème Wagner » resta pour lui le plus intéressant des problèmes.

Zarathoustra fourmille de passages où le philosophe chante sa libération, et dans tous les volumes d'aphorismes on retrouvera des allusions à Wagner. Quand *Parsifal* fut exécuté pour la première fois à Bayreuth en 1882, Nietzsche séjournait non loin de là, à Trautenburg. Fut-il tenté de refaire le pèlerinage qui en 1876 lui avait procuré une si amère désillusion ? En tous les cas, il s'intéressa à la représentation et trouva tout naturel que sa sœur voulût y assister. Le 25 juillet il écrivait à son ami le musicien Peter Gast : « Dimanche j'ai été à Nauenbourg pour préparer un peu ma sœur à l'audition de *Parsifal*.... » Et, tandis qu'il travaille la partition, des réminiscences lui viennent. « J'avoue qu'avec une véritable terreur je me suis de nouveau rendu compte à quel point je suis parent de Wagner... Vous entendez-bien, cher ami, que, par là je ne veux pas louer *Parsifal !* Quelle soudaine décadence ! Quels tours à la Cagliostro ! »

Mais Nietzsche ne pouvait se dérober complètement au charme de la musique wagnérienne. Adversaire par principe des idées de Wagner, il reste l'admirateur du grand artiste qu'il avait aimé. Il échappe aux séductions de Kundry, mais le magicien Wagner captive encore ses sens.

Une curieuse lettre écrite de Nice, en date du 21 janvier 1887, au même Peter Gast, enregistre cette impression :

Dernièrement j'ai entendu pour la première fois (à Monte-Carlo) le prélude de *Parsifal*. Quand je vous reverrai je veux vous dire exactement ce que j'ai *compris*. En faisant abstraction de toutes les questions déplacées (à quoi peut servir une pareille musique, à quoi elle *doit* servir), et si l'on se place à un point de vue purement esthétique, on ne peut se demander si Wagner a jamais fait quelque chose de meilleur. La plus haute conscience psychologique, par rapport à ce qui doit être dit, se *trouve* exprimée et *communiquée* ici ; la forme la plus brève et la plus directe de cette conception ; chaque nuance du sentiment poussée jusqu'à l'épigramme ; une précision de la musique, en tant qu'art descriptif, qui fait songer à un écusson travaillé en relief ; et, en fin de compte, un sentiment sublime et extraordinaire, un événement de l'âme placé au fond de la musique dont Wagner peut tirer le plus grand honneur ; une synthèse d'émotions qui pour beaucoup d'hommes, même d'« hommes supérieurs », pourraient sembler incompatibles ; une sévérité justiciaire, une « élévation » au sens effrayant du mot, une compréhension et une pénétration qui sectionne l'âme comme avec un couteau— et encore : de la compassion avec ce que l'artiste aperçoit et juge. Il y a des choses semblables chez *le Dante* et nulle part ailleurs. Un peintre a-t-il jamais peint un regard d'amour aussi mélancolique que Wagner, avec les derniers accents de son prélude (1) ?

Les deux fragments dont nous donnons plus loin la traduction sont des notes préparatoires pour *le Cas Wagner*, mais leur texte n'a pas été utilisé pour la rédaction définitive de cet opuscule. Ils serviront en tous cas à préciser davantage les relations entre deux hommes dont les « univers intellectuels » se confondent si souvent pour aboutir à des voies différentes.

En condamnant Wagner, Nietzsche lui a rendu le plus magnifique hommage. Il a tenu à préciser cet hommage dans un chapitre d'*Ecce homo* : « Je crois que je sais mieux que n'importe qui de quels prodiges Wagner est capable : l'évocation de cinquante univers de ravissements étranges que personne d'autre que lui ne peut atteindre à tire d'ailes. Et, tel que je suis, assez fort pour faire tourner à mon avantage ce qu'il y a de plus problématique et de plus dangereux afin de devenir plus fort encore, j'appelle Wagner le plus grand bienfait de ma vie. Ce qui nous nuit, c'est que nous avons profondément souffert, aussi l'un par l'autre, plus que les hommes de ce siècle seraient capables de souffrir. Cette alliance associe éternellement nos noms dans l'avenir. » — H. A.

I

1.

Aujourd'hui, en Allemagne, le malentendu au sujet de Richard Wagner est énorme, et comme j'ai contribué à l'augmenter, je veux payer ma dette en essayant de l'amoindrir...

2.

Ce que j'ai écrit moi-même, autrefois, dans mes « jeunes années », au sujet de Schopenhauer et de Wagner — et, plutôt que de l'écrire, je l'ai *peint*, peut-être en fresques trop auda-

(1) Le prélude de *Parsifal* n'a pas de conclusion. Au concert l'exécution se termine par un rappel du « motif de la foi » emprunté au premier acte. — H. A.

cieuses, exubérantes, trop juvéniles, — je ne veux du moins pas l'examiner ici, dans ses détails, pour déterminer jusqu'à quel point ce fut vrai ou faux. En admettant cependant que je me fusse alors trompé, mon erreur ne constituerait un déshonneur ni pour ceux que j'ai nommés, ni pour moi-même. C'est quelque chose de se tromper ainsi ; c'est quelque chose aussi d'induire à ce point en erreur quelqu'un de mon espèce ; ce fut, de toute façon, pour moi un inappréciable bienfait, lorsque je décidai de peindre « le philosophe » et « l'artiste », qui sont en quelque sorte mon propre « impératif catégorique », de ne pas utiliser mes couleurs nouvelles pour quelque chose d'imaginaire, mais de pouvoir poser mes touches en quelque sorte sur un dessin préparé d'avance. Sans le savoir, je ne parlai que pour moi et au fond seulement de moi-même. Cependant, tout ce que j'ai alors vécu, j'y vis pour une catégorie particulière d'hommes des expériences typiques qu'il me parut être mon devoir d'exprimer. Et celui qui lit ces écrits, d'une âme jeune et fougueuse, devinera peut-être les vœux difficiles par lesquels je m'engageai alors pour la vie, par lesquels je me décidai à vivre ma vie ; puisse-t-il être du petit nombre de ceux qui ont le droit de s'engager dans une voie semblable et de faire des vœux identiques !

3.

Il y eut une époque où, secrètement, je commençai à rire de Richard Wagner ; ce fut au moment où il se préparait à jouer son dernier rôle pour se présenter devant ces bons Allemands avec les attitudes d'un faiseur de miracles, d'un sauveur, d'un prophète et même d'un philosophe. Et comme je n'avais pas encore cessé de l'aimer, mon propre rire me mordit au cœur, ainsi qu'il arrive à chacun de ceux qui se séparent de leur maître pour trouver enfin, leur propre chemin. C'est vers cette époque que fut écrite l'étude un peu vive qu'on lira plus loin et dont il me semble que bien des jeunes Allemands pourront encore tirer profit. Moi-même, tel que je suis disposé aujourd'hui, je souhaiterais que tout cela fût dit d'une façon plus patiente et aussi plus cordiale et plus délicate. Dans l'intervalle, j'ai trop deviné la douloureuse et épouvantable tragédie cachée derrière la vie de l'homme qu'était Richard Wagner.

4.

Négligeons momentanément la question de savoir quelle valeur Richard Wagner peut avoir et aura encore pour celui qui n'est pas musicien. Incontestablement Wagner a donné aux Allemands de cette époque l'idée la plus large de ce que *pourrait* être un artiste : le respect que l'on doit à l'artiste a grandi soudain jusqu'à des proportions démesurées ; partout il a soulevé de nouvelles évaluations, de nouveaux désirs, de nouveaux espoirs; le caractère même de son œuvre d'art, seulement promise, incomplète et imparfaite, n'y eut peut-être pas la moindre part. Qui donc n'a pas appris à son école ? Non pas directement, ainsi qu'ont fait les exécutants et les hommes à attitudes, de toutes espèces, mais indirectement, « à l'occasion de Richard Wagner », comme on pourrait dire. Même les problèmes de la connaissance philosophique ont été puissamment influencés par son œuvre, il n'y a à cela aucun doute. Il y a aujourd'hui une foule de questions esthétiques dont avant Wagner même les gens les plus subtils n'avaient pas le flair — avant tout le problème du comédien et des rapports de celui-ci avec les différents arts, pour ne point parler des problèmes psychologiques, tels que le caractère et l'art de Wagner les font naître en quantité. Il faut concéder cependant que, pour autant qu'il s'aventure lui-même sur le terrain de la connaissance, loin de mériter des éloges, il est digne de la réprobation la plus absolue ; c'est en intrus aussi immodeste et maladroit qu'il pénètre dans les jardins de la science, et la façon dont Wagner se met à « philosopher » apparaît comme du dilettantisme de l'ordre le plus répréhensible ; qu'on n'ait même pas su en rire, cela peut paraître foncièrement allemand et fait partie du vieil et très germanique «culte de l'obscurité ». Mais si l'on veut à tout prix lui rendre aussi des honneurs et lui élever des statues comme à un « Penseur » — la bonne volonté, la soumission de ses partisans ne sauraient y manquer — eh bien, je préconiserais de le représenter comme le *génie de l'obscurité allemande en personne*, tenant un flambeau d'où se dégagerait une épaisse fumée, enthousiasmé et trébuchant par-dessus une pierre. Quand Wagner pense, il trébuche !...

5.

Mais le musicien Richard Wagner ? —Wagner et encore Wagner, c'est aujourd'hui la devise...

6.

Avec tout cela, nous autres amis de la musique, nous sommes à bout de patience. Nous avons si longtemps fait la meilleure mine au mauvais jeu de la wagnérie ! A l'aide de toutes les vertus et de toutes les esthétiques nous nous sommes convaincus et persuadés, durant un interminable jour de pluie, que le plus mauvais temps peut être du beau temps. « Combien de charme, nous sommes-nous dit, se trouve caché dans l'orage et dans les noirs nuages menaçants ! Comme la pluie s'entend à tomber sur la *mélodie infinie !* Quel incomparable spectacle est celui d'un coup de foudre au milieu de l'interminable et grise tristesse ! Et le tonnerre donc ! » Mais, enfin, nous voulons voir de nouveau le ciel se dégager et, pour le moins, le *beau soir* que nous avons bien mérité, après une journée si vertueuse, mais si mauvaise ! — Vraiment ? Est-ce le soir ? Déjà le soir tombe-t-il ? Votre meilleur art, la musique, est-il, lui aussi, à son déclin ?... Mes amis, voici quelqu'un qui n'y croit plus. Nous sommes encore bien éloignés du déclin, et l'art de Wagner ne correspond ni au midi ni au couchant de notre art ; il n'est qu'un dangereux accident, une exception et un problème par quoi toutes les sévères consciences d'artistes ont été mises à l'épreuve ! Nous avons appris à dire *non* au bon moment ; tout musicien sincère et profond dit aujourd'hui *non* en face de Wagner et de lui-même, dans la mesure où il « wagnérise » encore, — et il le fera avec d'autant plus d'énergie qu'il aura été à l'école de Wagner et que Wagner lui aura appris quelque chose ..

7.

Il se peut que les musiciens mal doués, avides d'argent et d'honneur, soient aujourd'hui en mauvaise posture; précisément pour eux il y a, dans la façon dont Wagner fait de la musique, un attrait raffiné. Car il est *facile* de composer avec les procédés et les artifices de Wagner ; il se peut aussi, étant donné le besoin démagogique d'exciter les « masses », qui est propre à nos artistes d'aujourd'hui, que cela soit rémunérateur, c'est-à-dire d'un effet plus considérable, plus « écrasant », plus « frappant », plus « saisissant » et quelles que soient les épithètes favorites et traîtresses de la populace théâtrale et des dilettantes enthousiasmés. Mais, que signifient, en fin de compte, en matière d'art, le bruit et l'enthousiasme des masses ? La *bonne* musique n'a jamais de « public » ; elle n'est et ne saurait être « ouverte » à tous, elle appartient aux êtres de choix, elle doit exister, toujours et exclusivement — pour parler en image — pour la « *camera* ». Les « masses » devinent celui qui s'entend le mieux à les flatter; elles témoignent, à leur façon, de la reconnaissance à tous les talents démagogiques et elles leur rendent la pareille aussi bien qu'elles peuvent. (Comment les « masses » s'entendent à témoigner de la reconnaissance, et avec quel « esprit », quel « goût », la mort de Victor Hugo en a fourni un témoignage instructif.) Au cours de tous les siècles français, a-t-on jamais imprimé et dit en France tant de sottises qui déshonorent qu'à cette occasion? Mais aux obsèques de Richard Wagner les flatteries de la reconnaissance s'égarèrent jusqu'à proférer le « pieux » souhait : « le salut pour le sauveur ! »

8.

Il est incontestable que l'art wagnérien agit aujourd'hui sur les masses. Ne trouvons-nous pas là une indication précisément pour ce qui concerne cet art? Il y a trois bonnes choses dans l'art, trois choses dont les masses n'ont jamais eu le sens : la noblesse, la logique et la beauté — *pulchrum est paucorum hominum* — pour ne point parler d'une chose meilleure encore, le *grand style*. C'est du grand style que Wagner se trouve le plus éloigné; ce que ses procédés ont de démesuré et d'héroïquement fanfaron est l'opposé même de ce qu'il y a dans son art de tendre séduction, de charmes multiples, d'inquiet, d'incertain, de captivant, de momentané, de secrète exaltation, de toute cette mascarade supra-sensible des sens malades et quel que puisse être le nom que l'on donne à tout ce qui est typiquement « wagnérien ». D'abord et avant tout l'attitude saisissante! Quelque chose qui renverse et fait frissonner! Qu'importe la « raison suffisante » ! Une sorte d'ambiguïté, même dans le rythme de la phrase, fait partie de ses procédés favoris, une sorte d'ivresse et de somnambulisme qui ne sait plus « déduire » logiquement et qui pousse une volonté dangereuse à obéir et à céder aveuglément. Il y a quelque chose de très séduisant dans l'illogique, dans le demi-logique — Wagner s'en est rendu compte à fond, — surtout pour les Allemands qui prennent le manque de clarté pour de la « profondeur ». La virilité et la sévérité d'un développement logique lui sont restées fermées, mais il trouva quelque chose qui pourrait faire plus d'effet. « La musique, a-t-il écrit, n'est toujours qu'un moyen, le but c'est le drame. » Le drame? Au fond, ce n'était autre chose que l'attitude! C'est ainsi du moins que Wagner le comprit pour lui-même.

9.

Que l'on observe donc nos *femmes*, quand elles sont « wagnérisées » : quelle absence de « libre-arbitre » ! Quel fatalisme dans le regard mourant ! Quelle soumission ! Quelle résignation! Peut-être se doutent-elles même que, dans cet état de volonté « suspendue », elles ont un charme et un attrait de plus pour certaines espèces d'hommes ! Quelle autre raison leur faudrait-il encore pour adorer leur Cagliostro, leur faiseur de miracles? Chez les véritables « ménades » de l'adoration wagnérienne on peut même conclure sans hésitation à de l'hystérie, à de la maladie. Il y a quelque chose qui n'est pas normal dans leur sexualité ; ou bien ce sont les enfants qui manquent, ou bien, au meilleur cas, les hommes.

10.

Il se peut qu'il en soit autrement des jeunes gens wagnériens. C'est peut-être précisément le libre arbitre, la liberté de la volonté chez Wagner que ces jeunes gens découvrent dans son art insidieux. D'une façon générale, ce fut certainement la même chose que, vers 1828, les disciples passionnés de Victor Hugo vénérèrent chez leur idole. Ces jeunes gens wagnériens, dont le lustre et les vertus juvéniles reflètent encore pour le moment l'image de Richard Wagner, vénèrent en lui le Maître des grands mots et des grandes attitudes — la musique de Wagner est toujours attitude, — l'avocat de tous les sentiments enflés, de tous les désirs sublimes ; ensuite le novateur et le briseur d'entraves dans la lutte contre la discipline artistique ancienne, plus sévère et peut-être plus limitée, le pionnier de nouveaux accès, de nouveaux points de vue, de nouveaux lointains, de nouvelles profondeurs, de nouvelles altitudes de l'art ; enfin, et ce n'est pas là l'argument le moins négligeable, ces jeunes Allemands vénèrent en Wagner un chef, quelqu'un qui est capable de commander, de se reposer sur lui seul, de renvoyer toujours à lui-même, de s'affirmer avec opiniâtreté et toujours au nom du « peuple élu », des Allemands ! Bref, ce qui séduit c'est le caractère de tribun populaire et de démagogue de cet artiste, car Wagner lui aussi fait partie des démagogues de l'art qui savent agir sur l'instinct des masses et qui, par là même, subordonnent les instincts de ces jeunes gens dont les désirs vont à la puissance.

De quel goût abominable est, chez Wagner, cette mise en scène de soi-même, ces jeunes gens enthousiastes ne s'en sont pas encore aperçus. La jeunesse a droit au mauvais goût, c'est son droit à elle. Mais si l'on veut savoir où un vieux preneur de rats roué peut mener l'innocence et l'empressement inconsidéré des jeunes gens, jusqu'où va sa séduction, qu'on jette un regard sur ces marécages littéraires du fond desquels, dans ces dernières années, le maître vieilli, en compagnie de ces « jeunes », aimait à chanter (« chanter » est-ce bien là le vrai mot ?) — je veux parler des *Feuilles de Bayreuth* si mal famées ! C'est là véritablement un *marécage* : de l'arrogance, du germanisme, et de la confusion dans les idées, en un triste pêle-mêle, un intolérable sirop, sucré de compassion, coulé par là-dessus ; mêlé à tout cela un penchant purement théorique pour les légumes verts et une larmoyante sympathie pour les bêtes ; tout à côté une haine sans fard de la science, une haine véritable et foncière qui n'a rien de théorique et, en général, le persiflage et la calomnie de tout ce qui bouchait et bouche encore la route de Wagner (combien le gênaient la nature *noble* de Mendelssohn et la nature *pure* de Schumann !) ; avec cela une habile recherche des troupes d'appui, des avances faites aux partis puissants, par exemple le jeu malpropre des regards tournés vers les symboles *chrétiens* (Wagner, le vieil athée, l'antinomiste et l'immoraliste, plein d'onction, fait même une fois appel au « sang du Sauveur » !); dans l'ensemble l'immodestie d'un pontif encensé lourdement qui profère, comme des révélations, ses sentiments obscurs au sujet de tous les domaines imaginables, de pensées qui lui échappent complètement et lui sont interdites ; et tout cela enfin dans un langage qui est véritablement, par son obscurité et son exagération, un allemand de marécage, tel que même les disciples les plus anti-allemands de Hegel n'auraient pu l'écrire.

Mais, pour ce qui est de la musique qu'il faut pour cette langue, la musique de Wagner « dernière manière », quelques rimes révéleront ce qu'il y a de dangereux dans cette musique de *Parsifal*.

— Est ce encore allemand ? —
C'est des cœurs allemands qu'est venu ce lourd hurlement ?
Et ce sont les corps allemands qui se mortifient ainsi ?
Allemandes sont ces mains tendues de prêtres bénissants,
Ces excitations des sens à l'odeur d'encens !
Et allemands ces heurts, ces chutes et ces vacillements,
Ces incertains bourdonnements ?
Ces œillades de nonnes, ces *Ave*, ces bim-bams !
Ces extases célestes, ces faux ravissements,
— Est-ce encore allemand ? —
Songez-y ! vous êtes encore à la porte :
Car ce que vous entendez, *c'est Rome,*
La foi de Rome sans paroles (1) !

II.

— Ce Wagner, *dernière manière,* est au fond un homme brisé et vaincu, mais qui poussa à sa dernière limite son grand art de comédien. Ce Wagner qui finit même encore par parler des « ravissements » qu'il tirait de sa sainte com-

(1) Ces vers ont été placés plus tard par Nietzsche à la fin de l'aphorisme 256 de *Par delà le Bien et le Mal.*

munion protestante, tandis que, dans le même temps, avec sa musique de *Parsifal*, il tendait les bras à tout ce qui est *romain*, ce flatteur de toutes les vanités, de toutes les obscurités, de toutes les prétentions allemandes qui allait s'offrir partout, — ce Wagner dernière manière serait-il le dernier et le plus haut sommet de notre musique et l'expression de la synthèse enfin réalisée de « l'âme allemande », l'Allemand par excellence ? — Ce fut au cours de l'été 1876 qu'à part moi j'ai abjuré cette croyance ; et c'est à ce moment que commença ce mouvement de la conscience allemande dont on découvre aujourd'hui des signes toujours plus sérieux, toujours plus précis, à ce moment que commença la *décadence* de la wagnérie.

12.

Pour la hiérarchie. — Peut-être est-il possible de révéler aujourd'hui déjà à quelle place doit être mis Wagner ; je veux dire qu'il n'appartient pas à la grande lignée des esprits originaux et véritables du plus haut rang, non à ce « sanctuaire des sanctuaires » olympien, d'où l'on voit, avec étonnement et avec une froideur sereine, livrer assaut de pareils plébéiens ambitieux et suants, lesquels semblent croire que la « bonne volonté » et cette « sueur devant la vertu », dont a parlé avec un mauvais goût rural le paysan et poète grec Hésiode, suffisent à renverser l'éternelle et immuable hiérarchie des âmes, ou bien qu'il n'est même besoin que de « l'esprit mécontent qui vise sans cesse à du nouveau », dont Wagner a voulu faire son propre démon. Par contre, à Wagner appartient un tout autre rang et un tout autre honneur et, de fait, ce n'est ni un rang inférieur ni un mince honneur. Wagner est un des trois génies de comédiens, en art par qui la foule, au cours de ce siècle (et ne sommes-nous pas au siècle des « masses ?) apprit à connaître l'idée de « l'artiste ». Je veux parler de ces trois hommes singuliers et dangereux :

Paganini, Liszt et Wagner. Celui-ci était prédestiné autant à l'« imitation » qu'à l'invention, prédestiné *à créer dans l'art même de la contre façon* ; son instinct a deviné tout ce qui peut être exploité et utilisé en vue de la diction musicale, de l'expression, de l'effet, de la fascination, de la séduction. Médiateurs démoniaques et interprètes artistiques, tous trois devinrent et sont encore aujourd'hui les maîtres de tous les artistes exécutants. Tous ces artistes sont allés à leur école, c'est donc chez les comédiens et les musiciens de toute espèce qu'il faudra chercher le foyer et aussi l'origine du véritable « culte wagnérien ». Si l'on fait cependant abstraction de ces milieux à qui l'on peut concéder un droit à leur croyance et à leur superstition, et si l'on envisage l'aspect général de ces trois génies de comédiens et leur signification la plus secrète, je ne puis m'empêcher de soulever toujours la même question : Ce qui, chez tous trois, semble s'exprim[illegible] [illegible] une forme nouvelle, n'est-ce pas peut-être simplement le vieil et éternel « Cagliostro », sous un déguisement nouveau, mis en scène encore une fois, « mis en musique », mis en religion, — conformément au goût du nouveau siècle (du siècle de la foule, comme je l'ai dit) ? Ce n'est donc plus le Cagliostro du siècle passé, séducteur d'une civilisation noble et fatiguée, c'est le Cagliostro démagogique. Et notre musique, au moyen de laquelle on fait ici des tours de *magie*, que signifie, je vous prie de me le dire, cette musique ?

II

1.

— « Donc, mon ami, il faut convenir, d'après son jugement, lors même qu'on ne l'approuverait pas, qu'il a beaucoup aimé Wagner, car un adversaire ne va jamais aussi profondément au fond de son sujet. Il n'y a aucun doute, tandis que Wagner le fait souffrir, il souffre aussi avec Wagner. »

2.

Je me suis longtemps efforcé de mon mieux pour voir en Richard Wagner une sorte de Cagliostro. Qu'on me pardonne cette idée hasardeuse qui a du moins l'avantage de ne pas être inspirée par la haine et l'aversion, mais par la magie que cet homme incomparable a exercée sur moi, comme sur les autres, sans oublier que, d'après mes observations, « les génies » véritables, ceux du plus haut rang, quels qu'ils soient, ne « fascinent » pas au même titre, de sorte que l'idée du *génie*, à elle seule, ne me semble pas suffire à expliquer cette influence mystérieuse.

3.

Qu'on veuille donc bien avouer combien de traits wagnériens il y a dans le romantisme français! Ces tendances à l'hystérie érotique chez la femme que Wagner aimait particulièrement et a mise en musique se retrouvent surtout à Paris. Qu'on questionne donc à ce sujet les aliénistes! Nulle part les passes magnétiques et les manœuvres hypnotiques, au moyen desquelles notre mage musical, notre Cagliostro pousse et incite ses petites femmes au somnambulisme avec les yeux ouverts et l'esprit fermé, ne sont aussi bien comprises que parmi les Parisiennes. Le voisinage des désirs maladifs, l'ardeur des sens exaspérés, quand le regard est dangereusement voilé par des émanations du supra-sensible, où donc faut-il placer tout cela si ce n'est dans le romantisme de l'âme française? Un charme agit ici qui, inévitablement, convertira un jour les Parisiens à la religion de Wagner.

Or, il faut que Wagner soit à tout prix l'artiste allemand par excellence. C'est ce que l'on décrète aujourd'hui en Allemagne, c'est ainsi que l'on vénère Wagner en un temps qui porte de nouveau au pinacle la vantardise germanique. Ce Wagner « essentiellement allemand » n'excite pas du tout. Je suppose qu'il est la chimère de très obscurs jeunes gens et jeunes filles d'Allemagne qui, par ce décret, voudraient se glorifier eux-mêmes. Qu'il y ait quelque chose d'allemand en Wagner, c'est probable; mais quoi? Peut-être seulement le degré et non la qualité de ses dons? Peut-être seulement ceci que, dans son œuvre, tout est plus fort, plus abondant, plus audacieux, plus dur que n'aurait pu le faire un Français du dix-neuvième siècle? Qu'il ait été plus sévère pour lui-même et que, durant une grande partie de sa vie, il ait vécu à sa manière, en athée antinomiste et immoraliste? Qu'il ait inventé le personnage d'un homme très libre, Siegfried, lequel peut sans doute paraître trop libre, trop dur, trop joyeux, trop anti-chrétien pour le goût latin? — Il est vrai qu'il a su réparer en fin de compte ce péché contre le romantisme français. Le Wagner de la dernière manière, dans ses vieux jours, avec sa caricature de Siegfried, je veux dire son Parsifal, est venu au devant non seulement du goût latin, mais encore, littéralement, du goût catholique-romain, jusqu'à ce qu'il ait fini par prendre congé en pliant le genou devant la croix, affirmant, non sans éloquence, la soif qu'il avait du « sang du Sauveur ». Il a pris congé de lui-même aussi! Car c'est chez les romantiques vieillis une règle funeste de terminer leur vie en se « reniant » et en se méconnaissant eux-mêmes de façon à *effacer* leur vie!

4.

La déduction de l'œuvre à son créateur; la terrible question de savoir si c'est l'abondance ou les privations, la folie de la privation qui pousse à créer; la compréhension soudaine que tout idéal romantique est une fuite devant soi-même, la condamnation de soi et le mépris de soi chez celui qui l'a inventé...

C'est, en fin de compte, une question de force : cet art romantique tout entier pourrait être transformé, par un artiste abondant et maître de sa volonté, en son contraire, en un art anti-romantique, ou bien — pour employer ma formule — en un art *dionysien* ; de même que toute espèce de pessimisme et de nihilisme, dans la main du plus fort, ne devient qu'un marteau et un instrument de plus, au moyen desquels s'édifie un nouveau degré vers le bonheur.

Je reconnais d'un seul regard que Wagner, s'il a atteint son but, l'a fait de la même façon que Napoléon a atteint Moscou. A chaque étape il avait perdu tant de choses qui n'étaient pas remplaçables qu'à la fin de la marche et au moment de la victoire apparente le sort était déjà décidé. Les derniers vers de Brunehilde (deuxième variante) sont désastreux (1). C'est ainsi que Napoléon parvint à Moscou, Richard Wagner à Bayreuth.

Il ne faut jamais s'allier à une puissance maladive qui est vaincue d'avance !

Que n'ai-je eu davantage confiance en moi-même !

L'incapacité de Wagner *à marcher* m'a toujours fait de la peine (plus encore son incapacité *à danser* — et sans la danse il n'y a pour moi ni élévation, ni félicité).

La revendication des passions complètes est révélatrice : celui qui en est capable appelle le charme du contraire, je veux dire du *scepticisme*.

5.

J'ai aimé et vénéré Richard Wagner plus qu'il ne le fut

(1) Nietzsche cite ces vers des Nibelungen qui lui semblaient particulièrement caractéristiques dans un aphorisme sur la religion qui porte le n° 743, au XIIe volume de ses *Œuvres complètes* (*Œuvres posthumes contemporaines de la Volonté de Puissance*).

jamais. S'il n'avait pas fini par avoir le mauvais goût (ou la triste obligation) de faire cause commune avec des « esprits » d'une qualité impossible, avec ses adhérents, les wagnériens, je n'aurais eu aucune raison de prendre déjà congé de lui de son vivant, de lui, le plus profond et le plus audacieux et aussi le plus méconnu parmi ceux qui sont aujourd'hui difficiles à connaître, parmi ceux dont la rencontre a contribué, plus que toute autre, à développer chez moi la Connaissance, en faisant cependant la réserve que sa cause et ma cause ne voulaient pas être confondues et qu'il a fallu une bonne dose de maîtrise de soi avant que j'apprisse à séparer le *sien* et le *mien* par le sectionnement qui convenait. Que j'aie pris conscience des problèmes du comédien (un problème qui est peut-être plus loin de moi que tout autre, et cela pour une raison difficile à exprimer), que j'aie découvert et reconnu le comédien au fond de chaque artiste, le type spécifiquement artistique, c'est au contact avec cet homme que j'en suis redevable. Il me semble que j'ai des artistes et des comédiens une idée pire que celle que se faisaient les philosophes qui m'ont précédé. L'amélioration du théâtre m'importe peu, encore moins sa « cléricalisation » ; la véritable musique wagnérienne ne m'appartient pas assez ; pour mon bonheur et pour ma santé je pourrais même m'en passer (*quod erat demonstrandum et demonstratum*).

6.

Une époque de démocratie fait monter le comédien au pinacle, à Athènes comme aujourd'hui chez nous. En cela Wagner a dépassé jusqu'à présent tout ce que l'on peut imaginer et il a fait naître une conception supérieure du comédien qui peut faire frémir. Musique, poésie, religion, culture, littérature, famille, patrie, relations — tout cela cède le pas à l'*art*, je veux dire aux attitudes de théâtre.

7.

La peinture en lieu et place de la logique, l'observation de détail, le canevas, la prédominance du premier plan et de mille détails — tout cela répond aux besoins des hommes nerveux, chez Wagner comme chez les Goncourt. Richard Wagner appartient au mouvement français : des héros et des monstres, des passions poussées à l'extrême et, avec cela, rien que des détails, un *frisson* momentané.

8.

Voici les deux formules qui me font comprendre le phénomène Wagner.

L'une d'elles est la suivante :

Les principes et les pratiques de Wagner, dans leur ensemble, se réduisent à des calamités physiologiques dont ils sont l'expression (« l'hystérisme » sous forme de musique).

L'autre se présente ainsi :

L'effet nocif de l'art wagnérien est la preuve de sa *corruption*. Ce qui est parfait guérit, ce qui est morbide rend malade. Les calamités physiologiques que Wagner provoque chez ses auditeurs (respiration irrégulière, troubles de la circulation, irritabilité extrême avec brusque coma) sont la réfutation de son art

Avec ces deux formules je ne fais que tirer la conséquence de ce principe général qui m'apparaît comme le fondement de toute esthétique : à savoir que les valeurs esthétiques reposent sur des valeurs biologiques, que les sensations de bien-être esthétique sont des sensations de bien-être biologique.

9.

Wagner, sous la contrainte d'une incroyable sexualité maladive, ne savait que trop bien ce que perd un artiste en perdant la liberté et l'*estime* de soi-même. Il est condamné à être comédien. Son art lui-même devient pour lui une perpétuelle tentation de fuite, un moyen de s'oublier, de se *stupéfier*. Ce moyen transforme et détermine, en fin de compte, le caractère de son art. Celui qui, à ce point, n'est « pas libre » a besoin d'un monde de haschich, de vapeurs étranges, lourdes et enveloppantes, de toute espèce d'exotisme et de symbolisme de l'idéal, ne fût-ce que pour se débarrasser une fois de sa réalité... Il a besoin de la musique wagnérienne... Une certaine catholicité de l'idéal est, avant tout, chez un artiste, presque la preuve certaine du mépris de soi, du « marécage » : le cas de Baudelaire en France, le cas d'Edgar Allan Poë en Amérique, le cas de Wagner en Allemagne. — Me faut-il encore dire que Wagner doit aussi son *succès* à sa sensualité ? que la musique convertit à soi, à Wagner, les instincts les plus bas ? que cette atmosphère d'idéal sacré, de catholicisme aux trois huitièmes, est un art de séduction de plus ? (Il permet d'une façon ignorante, innocente, *chrétienne* de laisser agir « l'enchantement » sur soi...) Qui donc hasardera le terme, le terme véritable, pour les *ardeurs* (1) de la musique de *Tristan* ? Je mets des gants quand je lis la partition de *Tristan*... La wagnérie qui étend ses ravages est une légère épidémie de sensualité qui « s'ignore » ; à l'égard de la musique de Wagner, toutes les précautions s'imposent.

10.

La femme hystérico-héroïque que Richard Wagner a inventée et mise en musique est une hybride d'un goût douteux. Que ce type n'ait pas complètement dégoûté, même en Allemagne, cela tient à ceci (et nullement à bon droit) qu'un poète infiniment plus grand que Wagner, le noble Henri de Kleist, a fait en sa faveur le plaidoyer du génie. Je suis bien éloigné de croire que Wagner s'est inspiré de Kleist.

(1) *Ardeurs*, en français dans le texte.

Elsa, Senta, Isolde, Brunehilde Kundry sont, au contraire, les enfants du romantisme francais.

11.

Les héros de Wagner sont les types tout à fait modernes de la dégénérescence ; ses héroïnes sont des phénomènes hystéro-hypnotiques. Wagner peint ici sur le vif, il se conforme à la nature jusqu'à la minutie. La musique est avant tout l'analyse psycho-physiologique d'états morbides et, pour les psychologues de l'avenir, elle peut être plus intéressante au point de vue clinique qu'au point de vue musical. Que ces braves Allemands, en l'écoutant, se plaisent à divaguer sur les sentiments primitifs de la vertu et de la force germanique, c'est là un des indices les plus douloureux de l'état inférieur de la culture psychologique en Allemagne. Nous autres, quand nous entendons de la musique de Wagner, nous sommes à l'hôpital, et, pour le dire encore une fois, cela nous intéresse beaucoup.

12.

De cette musique, qui est la plus mauvaise de toutes les mauvaises musiques, avec son inquiétude et son chaos qui s'avance à l'aventure, de mesure en mesure, de cette musique qui veut signifier la passion et qui est en vérité au degré le plus bas de la dépravation esthétique, je n'ai nulle pitié. Ici il faut faire une fin.

13.

Entre musiciens. — « Nous sommes des musiciens tardifs. Un énorme passé nous est échu en héritage. Notre mémoire ne fait que citer perpétuellement. Entre nous, nous pouvons faire des allusions presque savantes : nous nous comprenons déjà. Nos auditeurs, eux aussi, aiment à nous entendre faire des allusions ; ils sont flattés et ont l'impression d'être, eux aussi, des savants. »

14.

Le manque de caractère intellectuel. — Lorsque Richard Wagner se mit à me parler de la jouissance que lui procurait la communion chrétienne (la sainte Cène protestante), c'en fut fini de ma patience. Il était un grand comédien, mais sans aucun soutien, et son âme était la proie de tous les stupéfiants violents. Il a traversé toutes les évolutions par lesquelles ont passé ces bons Allemands, depuis les jours du Romantisme : Gorge aux Loups et Euryanthe, frisson à la Hoffmann, puis « émancipation de la chair » et soif de Paris ; ensuite le goût du grand opéra, la musique de Meyerbeer et de Bellini, le tribun populaire, plus tard Feuerbach et Hegel (la musique devait sortir de l'« inconscient »), puis la Révolution, puis la déception et Schopenhauer, et le rapprochement avec les princes allemands ; puis les hommages rendus à l'empereur, à l'empire et à l'armée et aussi au christianisme (lequel, depuis la dernière guerre et ses nombreux « sacrifices humains », fait de nouveau partie du bon goût en Allemagne), avec des malédictions proférées contre la « science ».

15.

Vers la fin de sa vie, Wagner s'est effacé; involontairement il avoua qu'il désespérait et qu'il s'affaissait devant le christianisme.

C'est un *vaincu*, et il est heureux qu'il en soit ainsi, car autrement quelle confusion aurait encore engendré son idéal ! Sa position vis-à-vis du christianisme me décida, en même temps que je me décidai au sujet du schopenhauérisme et du christianisme.

Wagner a tout à fait raison de plier le genou devant tous

les chrétiens profonds, mais qu'il ne s'avise pas d'abaisser à ses attitudes les natures plus élevées qui lui sont supérieures. Son intellect, sans sévérité et sans discipline, était lié servilement à Schopenhauer. Tant mieux !

16.

Pour ce qui est de Wagner, il y a un moment dans ma vie où je le repoussai avec violence. Eloigne-toi de moi ! me suis-je mis à crier. Cette sorte d'artistes est peu sûre, précisément là où je n'admets pas la plaisanterie. Il essaya de « s'arranger » avec le christianisme existant, en étendant sa main gauche vers la Communion protestante (— il m'a parlé des ravissements que lui a procurés ce repas —) et la main droite vers l'Eglise catholique. Il offrit son *Parsifal* et se fit reconnaître, par tous ceux qui ont des oreilles pour entendre, comme un « romain » *in partibus infidelium*.

17.

Ce que les écrits des esprits obscurs, mal disciplinés et dépourvus de philologie ont de plus désagréable, ce n'est pas leur argumentation vicieuse et la marche incertaine et vacillante de leur logique, ainsi qu'on en trouve, par exemple, les traces chez Richard Wagner, chez Victor Hugo, ou chez George Sand. C'est le vague des idées mêmes qu'ils expriment par des mots. Cette sorte de gens n'a dans le cerveau que d'informes pâtés de notions confuses. — Le bon auteur se distingue non seulement par la force et la brièveté de sa phrase; on devine, on flaire encore chez lui, si l'on est doué de narines subtiles, qu'il se maîtrise et qu'il s'exerce sans cesse à fixer et à affermir ses idées de la manière la plus sévère (c'est-à-dire de rendre par ses expressions des idées claires et déterminées) et qu'avant qu'il ne l'ait fait il ne se résout pas à écrire. — Au reste, il y a maint charme aussi dans l'incertain, dans le crépusculaire, dans les demi-teintes. C'est ainsi que

Hegel agissait peut-être surtout à l'étranger par son art de parler des choses les plus raisonnables et les plus froides à la façon d'un homme ivre. Dans le vaste royaume de la contemplation, ce fut là une des manières les plus étranges qui aient jamais été inventées ; on peut la considérer comme l'affaire propre de la généralité *allemande*. Car, partout où ont pénétré les Allemands et les « vertus » allemandes, nous avons apporté aussi le goût des alcools subtils et grossiers. Peut-être faut-il trouver, là aussi, la cause de la puissance fascinatrice de notre musique allemande.

18.

Le style de Wagner a contaminé aussi ses disciples.

La langue allemande des wagnériens est l'absurdité la plus fleurie que l'on ait écrite depuis l'époque de Schelling. Wagner, en tant que styliste, appartient encore à cette école contre laquelle Schopenhauer a déversé sa colère, et l'humour arrive à son comble quand, « sauveur de la langue allemande », il s'élève contre les Juifs. — Pour caractériser le goût de ces jeunes gens, je prends la liberté de donner un seul exemple. Le roi de Bavière disait un jour à Wagner : « Donc, vous n'aimez pas non plus les femmes ? — Elles sont si ennuyeuses ! » Nohl (l'auteur d'une *Vie de Wagner* traduite en six langues) trouve dans cette opinion l'expression d'un « juvénile embarras ».

19.

F.-A. Lange écrit : « La compréhensibilité des choses se trouve-t-elle peut-être en ceci que l'on ne fait de son intelligence qu'un emploi médiocre ? » (Contre les gens de Bayreuth.).

20.

Si l'on enlève de la musique la musique dramatique il reste encore assez de choses pour la bonne musique.

21.

Il faut faire avant tout des coupures énergiques dans l'œuvre de Wagner, de sorte qu'il n'en reste plus que les trois quarts : d'abord son récitatif, qui met les plus patients au désespoir... Ce n'est chez Wagner qu'un effet de sa vanité s'il veut conserver jusque dans ses plus petits détails *l'enseignement* de son œuvre... Le contraire serait plus juste !... Il lui manque la facilité de présenter ce qui est nécessaire, comment saurait-il nous imposer la nécessité ?

22.

Qu'est-ce qui pourra seul nous rétablir ? — *L'aspect de la perfection !*

NOTES

La troisième *Considération inactuelle* fut composée à Bâle de mars à juillet 1874, puis à Bergün (Grisons) de la mi-juillet au début d'août de la même année ; elle fut achevée à Bâle en septembre et entièrement imprimée dans le même mois (chez C. G. Naumann, à Leipzig). La publication eut lieu en octobre, à Chemnitz, chez E. Schmeitzner, qui avait en même temps acquis de E.W. Fritsch l'édition des deux premières *Inactuelles*. A dater de 1886 la première édition des trois premières parties retourna chez E. W. Fritsch à Leipzig (sans date). La seconde édition parut en octobre 1892 chez C. G. Naumann à Leipzig (*Unzeitgemässe Betrachtungen*, II ter Band, 1893).

La présente traduction de *Schopenhauer éducateur* a été faite sur le premier volume des *Œuvres complètes* de Frédéric Nietzsche, (p. 385-494), publié en 1895 par le *Nietzsche-Archiv.*, chez C. G. Naumann à Leipzig.

La quatrième *Considération inactuelle* fut commencée à Bâle en février 1875 et la rédaction en fut continuée jusqu'en mai, reprise en septembre et poussée, en octobre, jusqu'au chapitre IX. En mai 1876 Nietzsche se décida à publier les huit premiers chapitres à l'occasion des fêtes de Bayreuth. Au cours de l'impression il écrivit encore trois chapitres, le 17 et le 18 juin, à Badenweiler (Bade) et les publia avec les huit premiers à la mi-juillet, immédiatement avant les représentations de l'*Anneau du Niebelung*, chez E. Schmeitzner, à Chemnitz. Une seconde édition parut en juillet 1886 (sans date) chez E. W. Fritsch, à Leipzig. L'œuvre fut réimprimée par C. G. Naumann et incorporée au tome II des *Considérations inactuelles*, publié en 1893.

La présente traduction de *Richard Wagner à Bayreuth* a été faite sur le premier volume des *Œuvres complètes* de Frédéric Nietzsche (p. 495-589), publié en 1895 par le *Nietzsche-Archiv*, chez C. G. Naumann à Leipzig.

Les *Réflexions sur Richard Wagner* (*janvier 1874*) ont été traduites sur le dixième volume des *Œuvres complètes* (*Œuvres posthumes*, tome X) de Frédéric Nietzsche (p. 427-450), publié en deuxième édition en 1903 par le *Nietzsche-Archiv*., chez C. G. Naumann à Leipzig.

Les *Notes pour le Cas Wagner* (*1885-1888*) ont été traduites sur le quatorzième volume des *Œuvres complètes* (*Œuvres posthumes*, tome VI) de Frédéric Nietzsche (p. 149-171), publié en 1904 par le *Nietzsche-Archiv*, chez C. G. Naumann à Leipzig.

TABLE DES MATIÈRES

ACHEVÉ D'IMPRIMER

le vingt deux juin mil neuf cent vingt-deux

PAR

MARC TEXIER

A POITIERS

pour le

MERCVRE

DE

FRANCE

Lightning Source UK Ltd.
Milton Keynes UK
UKHW021833010922
408167UK00004B/207

9 782011 950413